新时代中国经济转型发展研究

RESEARCH ON CHINA'S ECONOMIC TRANSFORMATION AND DEVELOPMENT IN THE NEW ERA

陈文晖◎著

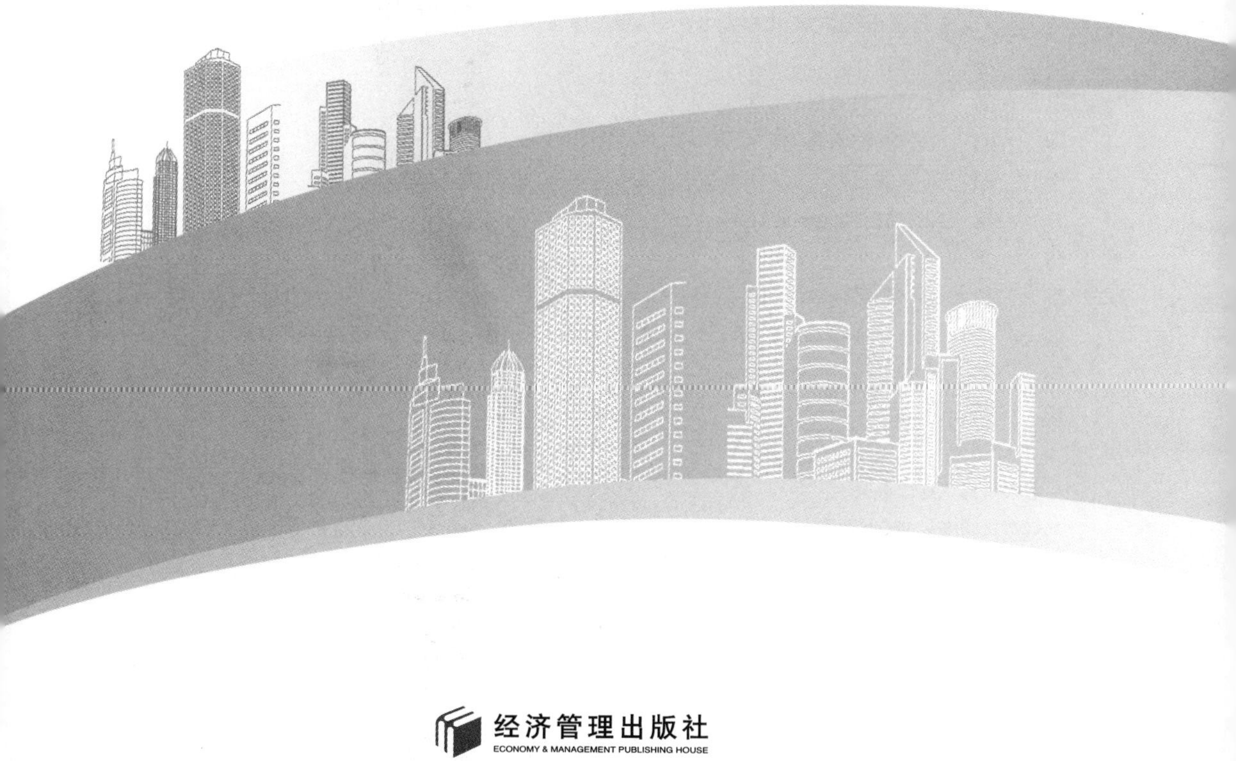

经济管理出版社
ECONOMY & MANAGEMENT PUBLISHING HOUSE

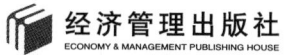

图书在版编目（CIP）数据

新时代中国经济转型发展研究／陈文晖著.——北京：经济管理出版社，2018.11
ISBN 978-7-5096-5628-0

Ⅰ.①新… Ⅱ.①陈… Ⅲ.①中国经济—经济增长—研究②中国经济—转型经济—研究 Ⅳ.①F124.1②F123.9

中国版本图书馆 CIP 数据核字（2018）第 015777 号

组稿编辑：杨　雪
责任编辑：杨　雪　郭玲敏
责任印制：黄章平
责任校对：董杉珊

出版发行：经济管理出版社
　　　　　（北京市海淀区北蜂窝 8 号中雅大厦 A 座 11 层　100038）
网　　址：www.E-mp.com.cn
电　　话：（010）51915602
印　　刷：北京玺诚印务有限公司
经　　销：新华书店
开　　本：720mm×1000mm/16
印　　张：19.5
字　　数：288 千字
版　　次：2018 年 11 月第 1 版　2018 年 11 月第 1 次印刷
书　　号：ISBN 978-7-5096-5628-0
定　　价：65.00 元

·版权所有　翻印必究·

凡购本社图书，如有印装错误，由本社读者服务部负责调换。
联系地址：北京阜外月坛北小街 2 号
电话：（010）68022974　　邮编：100836

序

通过回顾中共十九大、总结十八大以来党和国家事业的历史性变革和历史性成就，党中央作出中国特色社会主义进入了新时代的重大政治判断，并提出当前我国社会主要矛盾已经转化为人民日益增长的美好生活需要和不平衡不充分的发展之间的矛盾。站在新的历史方位，中国经济转型发展将迎来新的历史机遇。

该书以习近平新时代中国特色社会主义思想为指引，全面分析我国当前宏观经济发展的主要特征、主要矛盾和发展难点，解读社会主义新时代背景下"创新、协调、绿色、开放、共享"五大发展理念的新特征、新内涵，站在中国社会主义发展新时代、新任务的高度，探寻新时代中国经济转型发展路径。

该书提出的发展路径问题也是当前中国最迫切需要解决的问题。概括起来，当前中国经济转型和高质量发展需要解决好以下三个重点问题：①转型发展中的空间布局优化与区域协调发展问题；②人口、资源、环境的协调问题；③乡村振兴与城乡一体化问题。

实现经济转型和高质量发展，首先要解决好转型发展中的空间布局优化与区域协调发展问题。我国的基本国情是区域差异大、生产力布局不合理以及发展不平衡。我国地形地貌复杂，生态脆弱区、敏感区分布面积大，要推动各地区依据主体功能定位去发展，坚持推进"多规合一"，优化国土空间结构和生产力布局。要大力实施区域协调发展战略，将区域、城乡、陆海等不同类型、不同功能的区域纳入国家战略层面进行统筹规划、整体部署、协调推进。要加大力度支持老少边穷地区改善基础设施条件，提高基本公共服务水平，培育发展优势产业和绿色经济。积极推动京津冀协同发展，以"共抓大保护、不搞大开发"为战略导向推动长江经济带发展，发挥"一带一路"建设的引领带动作用，因地制宜地加快培育发展符合西部地区比较优势的特色产业和新兴产业，支持资源型地区经济转型发展。

实现经济转型和高质量发展，要解决人口、资源、环境的协调问题，即强化生态文明建设。近年来，以习近平同志为核心的党中央坚定不移地推进生态文明建设，锐意深化生态文明体制改革，全国各地各级、各行各业砥砺奋进、积极探索、创新实践，生态文明理念日益深入人心，生态文明制度体系加快形成，生态环境治理明显加强，生态文明建设成效显著。中共十九大报告对生态文明的理念及其本质作了全新的概括和升华，进一步明确了生态文明建设的总体要求，开启了生态文明建设的新征程。本书在总结我国生态文明建设的成绩与问题的基础上，提出了诸如构建产权清晰、多元参与、激励约束并重、系统完整的生态文明制度体系，健全和落实资源有偿使用和生态补偿机制，加快建立绿色低碳循环发展的经济体系以及根据不同类型区域主体功能定位完善差别化的考核评估办法等对策建议，符合未来我国生态文明建设的趋势和要求。

实现经济转型和高质量发展，还要解决乡村振兴与城乡一体化发展问题。中共十九大报告着眼于城乡发展不平衡、农村发展不充分等问题，提出了乡村振兴战略。乡村振兴不仅是乡村经济的振兴，也是乡村生态的振兴。要按照产业兴旺、生态宜居、乡风文明、治理有效、生活富裕的总要求，建立健全城乡融合发展体制机制和政策体系，加快推进农业农村现代化。加强农村资源节约与环境保护，统筹山水林田湖草保护建设，保护好绿水青山，保留好乡村风貌。

面对新趋势、新机遇和新矛盾、新挑战，我国经济社会发展需要转变发展方式、优化空间结构、培育新的增长动力。当前，我国发展中的不平衡、不充分问题必须要在发展中通过深化改革加以解决，这就需要很好地贯彻"创新、协调、绿色、开放、共享"的发展理念，以崭新的视角深入推进供给侧结构性改革，强化科技创新、制度创新，力求平稳跨越"中等收入陷阱"，以实现经济社会的全面和谐发展。让我们共同行动起来，为实现人民对美好生活的向往做出无愧于新时代的新贡献！

  本书作者陈文晖研究员是我的一位勤奋好学的学生，多年来不断进行理论探索，并把其理论研究成果与社会实践结合起来，努力为推动国家发展贡献力量。希望作者以本书出版为契机，勤于思索，务实创新，取得更具实践价值和理论意义的研究成果。匆匆数语，是为序。

陈宗兴

前　言

党的十九大作出中国特色社会主义进入了新时代的重大政治判断。当前我国经济已由高速增长阶段转向高质量发展阶段，正处在转变发展方式、优化经济结构、转换增长动力的攻关期。

在中共中央政治局就建设现代化经济体系进行第三次集体学习会议上，习近平同志强调建设现代化经济体系是一篇大文章，既是一个重大理论命题，更是一个重大实践课题，需要结合理论和实践进行深入探讨。他同时还强调建设现代化经济体系是我国发展的战略目标，也是转变经济发展方式、优化经济结构、转换经济增长动力的迫切要求。习近平同志的指示精神是对党的十九大报告中"加快完善社会主义市场经济体制"要求的进一步延伸和深化，为我国经济转型与高质量发展指明了方向和路径。

当前，中国经济发展能否走出"中等收入陷阱"是决定我国经济能否顺利实现转型与高质量发展的关键。诸多国家的发展历程表明：这一阶段既可能是经济社会发展矛盾凸显、冲突集中爆发的时期，也有可能是经济社会发展的黄金期和机遇期。有的国家因盲目发展陷入"陷阱"，导致其后多年的经济衰退；也有的国家方向正确，跨越"中等收入陷阱"，经济走向新一轮繁荣。传统理论认为：经济发展会带来国家财富和劳务生产增加以及人均国民生产总值的提升。但是，这一理论正受到了若干国家发展现实和困境的挑战，一些国家人均国民生产总值虽然迅速增长，但其社会的政治和经济结构并未得到相应改善，贫困和收入分配不公正情况仍十分严重。20世纪80年代之前，经济学家把增长与发展分为两个问题：增长研究，重点研究发达国家实际国民生产总值的增加问题；发展研究，重点发展中国家如何走向发达的问题。80年代以后，经济学家逐渐从全球角度来研究增长与发展问题，把经济发展同经济增长区别开来。经济发展是一个长期、动态的进化过程，具有更加丰富的内涵，不仅涉及物质增长，而且涉及社会和经济制度以及文化的演变；既包括经济规模在数量上的扩大，还在于经济活动效率的提升。

针对我国经济社会发展新趋势、新机遇和新矛盾、新挑战，党中央在《中共中央关于制定国民经济和社会发展第十三个五年规划的建议》中提出了"创新、协调、绿色、开放、共享"五大发展理念，明确要求用新的发展理念引领转型升级发展。现阶段我国经济社会的转型与高质量发展，实质上就是在现有经济增长的基础上，转变发展方式、优化经济结构、培育新增长动力，同时实现创新、协调、绿色、开放、共享发展。

从创新发展的角度来看，在1978年召开的全国科学大会上，邓小平同志就指出"四个现代化"的关键是科学技术的现代化，并着重阐述了"科学技术是生产力"的马克思主义这一观点。改革开放40年来，我国创新发展取得了一系列令人瞩目的成就。特别是党的十八大以来，创新摆在了国家发展全局的核心位置，各地都相继制定、调整了创新驱动发展以及加快科技成果转化等的政策、措施，进一步完善了创新体系，在经济整体下行的形势下，创新起到了有力的推动作用，促进了经济发展。但是，目前我国的创新发展还存在着推动机制不足、企业创新能力不足、科技成果转化不足、知识产权意识淡薄等一系列问题。新时代推动创新发展，还需要凝聚社会共识，提升大众创新意识；加强基础研究，提升科技创新动力；创新激励机制，提高企业创新能力；完善人才机制，注重引进创新人才；完善体制机制，加速创新成果转化。

从协调发展的角度来看，改革开放促进了我国经济持续的高速增长，但是这种增长却伴随着一系列的结构问题，主要表现在城乡之间、产业之间、区域之间、经济增长和能源利用之间、经济增长与生态环境之间、国内发展与境外依赖之间等多个方面，这些结构性问题的积累将会导致我国经济增长的原动力削弱，经济变动的风险加大，特别是在国际性金融危机的冲击之下，这类结构性问题将会不断地显现出来，并会极大程度地阻碍经济的持续增长。新时代协调发展理念的主要内容包括区域协调发展、城乡协调发展、物质文明和精神文明协调发展、思想道德建设和社会诚信建设协调发展、经济建设和国防建设融合发展等。所以，未来需要进一步加快实现"四化"协调发展，促进区域协调发展，着力推进城乡一体化建设，深入推进"双文明"建设，积极推进军民融合发展。

从绿色发展的角度来看，由于在一定时期过分强调GDP增长，导致一些地方政府更加关注短期的经济增长，而忽视了长期的社会发展问题，尤其是环境保护问题。所以，改革开放给我国带来经济高速发展的同时，也伴随着大量的环境污染和生态破坏。在此背景下，绿色发展作为一个重要的新理念，开始指导新时期我国生态文明建设。绿色发展既是应对全球气候变化的战略选择，也是破解我国发展所面临的资源环境瓶颈的必由之路。新时代推动绿色发展，需要转变政府职能加强监管力度，完善生态环保领域法律法规政策体系，规范我国生态经济市场秩序，提升绿色技术研发与成果转化能力，增强全社会可持续发展意识，积极开展生态文明建设国际交流与合作。

从开放发展的角度来看，改革开放40年来，我国的对外开放工作经历了经济特区—沿海开放城市—沿海经济开放区—内陆开放型经济这样多层次的探索和实践，实现了由外向内、由沿海向内地逐步推进，目前正在向全球开放的格局演进。但是，由于受国际金融危机的影响，全球经济依然处于深度调整期，各国对国际市场的争夺越发激烈，吸引资金的竞争加剧，各种投资的风险大幅提高。西方国家贸易保护主义势力抬头，反倾销、反补贴、市场准入等贸易壁垒及部分国家单方面挑起的贸易战越来越猖獗，贸易摩擦也不断增多。与此同时，国际经济政治秩序也正发生深刻变化。面对诸多的外部挑战与压力，我国仍需要坚持双向开放，统筹国内国际两个市场；坚持自主创新，重新审视"以市场换技术"倡议；加大对外开放力度，深入实施自贸区和"一带一路"倡议；强化制度创新，形成对外开放发展新体制；凸显大国责任与担当，在全球治理中不断贡献中国智慧。

从共享发展的角度来看，20世纪80年代初期，邓小平同志就提出"个人利益要服从集体利益，局部利益要服从整体利益，暂时利益要服从长远利益，或叫作暂时小局服从大局，小道理服从大道理"。中共十一届三中全会以来，我党始终以人民利益为向导，在领导改革开放的过程中，不断强调政治上发展民主，经济上进行改革。始终强调以经济建设为中心，全面提高人民的切身利益。2015年3月，习近平在博鳌亚洲论坛作了《亚洲新未来：迈向命运共同体》主旨演讲，第一次系统、全面、深刻地阐释了"迈向命运共同体"的基本内涵。一方面，要坚持合作共赢、共同发展；另一方面，要坚持"共同、综合、合作、可持续"的安全观，是迈向命运共同体的主要宗旨和努力目标之一，将"共享发展"提到了一个全球经济社会共享发展的层面。新时代推动共享发展，还需要全面增加公共服务供给，缩小收入分配差距，建立更加公平、更可持续的社会保障制度，扩大劳动人口就业能力，并且要立足于多边贸易机制建设和国际争端机制创新，推进人类命运共同体建设。

当前，我国经济发展正进入一个充满挑战的新时代，人口红利、出口红利、楼市红利等都在失去，同时产能过剩、地方债务、泡沫经济隐患重重，加之生态环境恶化和社会事业发展滞后等现实问题必须要在发展中通过调整加以解决，这都需要很好地贯彻落实"开放、创新、绿色、协调、共享"五大发展理念，以崭新的视角深入推进供给侧结构性改革，全力推动自主创新，力求平稳跨越"中等收入陷阱"，以实现经济社会的全面和谐与可持续发展。

目 录

第一章 中国经济增长周期性分析 ... 1
- 第一节 中国经济增长阶段分析 ... 1
- 第二节 中国经济增长周期类型分析 ... 5

第二章 "中等收入陷阱"与跨越 ... 10
- 第一节 "中等收入陷阱"理论 ... 10
- 第二节 跨越"中等收入陷阱"的经验 ... 15

第三章 经济增长理论 ... 19
- 第一节 科技进步与经济增长 ... 19
- 第二节 经济增长周期性理论 ... 22
- 第三节 经典经济增长理论 ... 23
- 第四节 现代经济增长理论 ... 27
- 第五节 第二次世界大战后各经济体增长特征与启示 ... 36

第四章 中国经济增长 ... 43
- 第一节 技术进步与中国经济增长 ... 44
- 第二节 园区经济与中国经济增长 ... 58
- 第三节 投资基金与中国经济增长 ... 74
- 第四节 数字经济与中国经济增长 ... 86

第五章 开放发展 ……………………………………………… 101

第一节 新时代开放发展理念解读 ………………………… 101
第二节 开放发展的中国道路 ……………………………… 109
第三节 当前中国开放发展的机遇 ………………………… 118
第四节 当前中国开放发展的挑战 ………………………… 121
第五节 新时代推动开放发展的路径 ……………………… 127

第六章 协调发展 ……………………………………………… 139

第一节 新时代协调发展理念解读 ………………………… 139
第二节 协调发展的中国道路 ……………………………… 147
第三节 中国当前协调发展的机遇 ………………………… 150
第四节 当前中国协调发展的挑战 ………………………… 153
第五节 新时代推动协调发展的路径 ……………………… 162

第七章 绿色发展 ……………………………………………… 169

第一节 新时代绿色发展理念的形成和发展 ……………… 169
第二节 绿色发展的中国实践 ……………………………… 177
第三节 当前中国绿色发展的机遇 ………………………… 183
第四节 当前中国绿色发展的挑战 ………………………… 185
第五节 新时代深化绿色发展的路径 ……………………… 188

第八章 创新发展 ……………………………………………… 195

第一节 创新发展的国家理念 ……………………………… 195
第二节 中国创新发展的历程与特征 ……………………… 200
第三节 各国实施创新发展战略比较 ……………………… 202
第四节 我国创新发展的机遇与挑战 ……………………… 205
第五节 新时代推动创新发展路径再思考 ………………… 216

第九章　共享发展 ……………………………………………………… 232

第一节　新时代共享发展理念解读 ……………………………… 232
第二节　共享发展的中国道路 …………………………………… 238
第三节　当前中国共享发展的机遇 ……………………………… 244
第四节　当前中国共享发展的挑战 ……………………………… 247
第五节　新时代推动共享发展的路径 …………………………… 254

第十章　新时代中国经济转型发展展望 …………………………… 261

第一节　新时代经济转型思路 …………………………………… 261
第二节　深入推进供给侧结构性改革 …………………………… 263
第三节　大力引领园区科技创新 ………………………………… 265
第四节　跨越"中等收入陷阱" ………………………………… 268

参考文献 …………………………………………………………………… 273

第一章　中国经济增长周期性分析

理论上，经济发展可划分为四个发展阶段。第一阶段是以传统农业经济为主的马尔萨斯的贫困陷阱；第二阶段是刘易斯二元经济发展，分别表现为"M型"经济增长、"L型"经济增长；第三阶段是刘易斯拐点；第四阶段是索洛新古典增长。对于中国经济增长而言，目前正处于L型经济底部与刘易斯拐点处，因此培育经济增长新动能对于今后经济进入新阶段具有特别重要的意义。

第一节　中国经济增长阶段分析

中国经济增长自改革开放以来算起，经济增长经历了中高速增长、"L型"增长、经济新常态、转向高质量发展等不同阶段。2000年是一个转折点。2000年以前处于低收入水平之上的中高速增长，2000~2010年处于中等偏下收入水平的中高速增长，2010~2014年处于中等偏上收入水平阶段（人均GDP在8000美元）的"L型"中高速发展阶段。基于"L型"的增长形态，经济发展步入新常态，由中高速增长转到中速增长的转换期。目前中国经济由中高速增长阶段转向高质量发展阶段。

一、中高速发展阶段（1978~2010年）

改革开放40年来，我国经济基本上经历了一个中高速增长的过程，期间尽管有阶段性回落，但总体上保持了平稳上升态势。具体而言，除了1998~2010年受两次金融危机因素（1997年亚洲东南亚金融危机，2008年美国次贷危机引发的全球金融危机）的影响外，其他年份大体上保持了两位数增速。

自 2010 年开始,经济发展步入新常态。

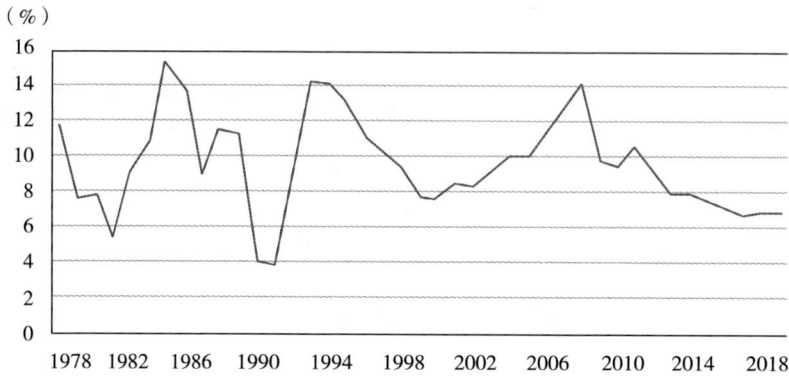

图 1-1 1978~2018 年中国 GDP 增长率变化情况

注:根据国家统计局统计数据整理而得。

二、经济"L型"增长阶段(2010~2014年)

2010 年之前,经济年均增长接近 10%,创造了"中国经济奇迹"。从 2010 年开始,GDP 增速从 10.6% 逐年滑坡至 2016 年的 6.7%,自 2014 年房地产长周期拐点出现以后,经济增速经历了一轮快速下滑。如表 1-1 所示。

表 1-1 2006~2017 年我国 GDP 数据及修订情况　　单位:亿元,%

年份	GDP			GDP 增长速度		
	修订后	修订前	变化	修订后	修订前	变化
2006	219438	217657	1782	12.7	12.7	0.03
2007	270232	267019	2213	14.2	14.2	0.03
2008	319516	316752	2764	9.7	9.6	0.03
2009	349081	345629	3452	9.4	9.2	0.16
2010	413030	408903	4127	10.6	10.6	0.01
2011	489301	484124	5177	9.5	9.5	0.05
2012	540367	534123	6244	7.9	7.7	0.11
2013	595244	588019	7226	7.8	7.7	0.07

续表

年份	GDP			GDP 增长速度		
	修订后	修订前	变化	修订后	修订前	变化
2014	643974	35910	8064	7.3	7.3	0.04
2015	685506	676708	8798	6.9	6.9	0.04
2016	76583			6.7		
2017	827122			6.9		

资料来源：国家统计局。

从改革开放后近 10 年的发展来看，经济增长呈现出"L 型"态势。中国经济增长进入了一个全新的发展拐点。近 10 年 GDP 数据呈逐年增长的趋势，从 2006 年的 21.77 万亿元人民币增长到 2015 年的 67.67 万亿元人民币，10 年时间中国 GDP 提高了 210.8%。但年度增长率确实呈逐年下降的趋势。如图 1-2 所示。

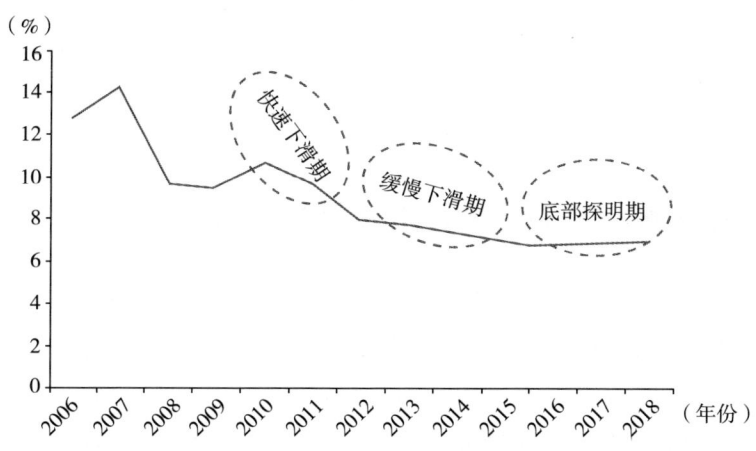

图 1-2　2006~2018 年我国年均 GDP 增长速度

从图 1-2 增长曲线可以看出，自 2010 年开始，中国经济增长进入新的发展周期，形成新的拐点，呈"L 型"增长态势。2016 年我国 GDP 为 74.4 万亿元（本书中除明确指明为美元、日元、港元等特定货币单位之外，所表述的货币单位元均指人民币元，下同），GDP 同比增长 6.7%，2017 年 GDP 达到 82.7 万亿元，增速 6.9%，与 2016 年相比稳中有升。

三、对中国经济新常态的认识（2016 年）

自 2010 年以来，理论界对于中国经济增长速度放缓的开始阶段的认识并不统一。一部分学者认为，中国经济增长放缓只是暂时性的，经过几年调整后，仍有可能恢复到 10% 以上，甚至更高。也有部分学者认为，中国经济改革开放后的快速增长时期已经结束，可能会在接下来一个较长时间内维持 7% 左右的增长。

2014 年 12 月召开的中央经济工作会议对"经济进入新常态"作出系统阐释，指出了消费需求、投资需求、出口和国际收支、生产能力和产业组织方式、生产要素相对优势、市场竞争特点等九大"新常态"趋势性变化，并提出了"认识新常态，适应新常态，引领新常态，是当前和今后一个时期我国经济发展的大逻辑"。

2014 年的中央经济工作会议，可以说是从政府层面对经济新常态作出的解读，也是政府从政策层面对中国今后经济发展做出的系统安排。在新常态下，中国经济发展的基本理念、战略部署、发展路径与以往相比都将发生根本性变化。

四、中国经济转向高质量发展（2018 年）

"高质量发展"是 2018 年国务院政府工作报告首次提出的新表述，表明中国经济由高速增长阶段转向高质量发展阶段。

2018 年国务院政府工作报告指出："按照高质量发展的要求，统筹推进'五位一体'总体布局和协调推进'四个全面'战略布局，坚持以供给侧结构性改革为主线，统筹推进稳增长、促改革、调结构、惠民生、防风险各项工作。"

过去几年，中国经济最终消费不断上升，服务业占比不断提高，宏观经济运行的稳定性大大增强，中等收入群体规模不断增强，供给侧结构性改革取得了一定的成效，市场功能进一步增强，科技创新和技术扩散正在快速提升，这些都为高质量发展提供了有力的技术支撑。

从实现经济高质量发展的要求分析，经济高质量发展需要微观主体在面对公平竞争的市场经济秩序时，实行全要素的市场自由流动；整体经济发展的产业结构、市场结构、区域结构进一步升级和优化，各地经济发展进入良性发展轨道；在全国范围内，则要求经济发展进一步均衡，区域经济发展差距、地区经济差距进一步缩小。

第二节　中国经济增长周期类型分析

所谓经济周期是指国民总产出、总收入与总就业的波动。这种波动以国民经济中的许多成分普遍而同期地扩张或收缩为特征，周期从前一个波谷历经扩张、波峰、收缩、再到波谷形成一个完整的过程。按照具体内容来分，有库存周期、产能周期、创新周期、房地产周期、债务周期、杠杆周期、金融周期等。

一、产能周期

自改革开放以来，我国大致经历了四轮产能周期。如图1-3所示。

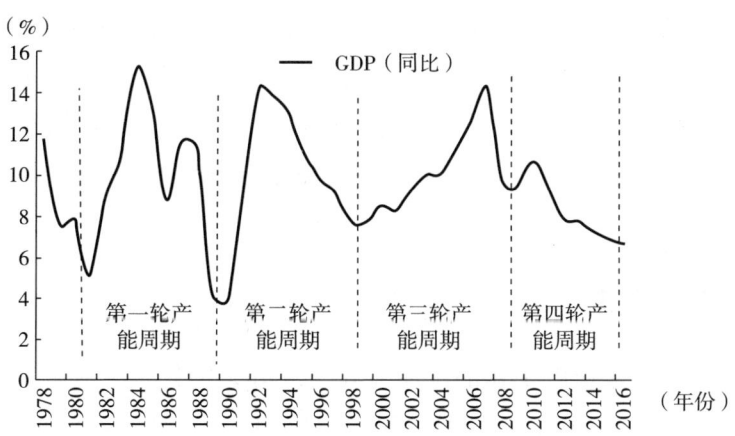

图1-3　中国经济增长的产能周期

资料来源：任泽平. 中国宏观经济分析框架［J］. 发展研究，2017（11）.

第一轮产能周期从 1980 年开始。1978 年十一届三中全会吹响了经济改革发展的号角，推动了经济的快速发展。1982 年之后经济开始扩张，1985 年是扩张的小高潮，1986 年短暂衰退，1987~1988 年继续扩张，到 1988 年经济过热为波峰，宏观调控之后直线下行，1990 年触及经济谷底，该轮周期持续 8 年。

第二轮产能周期始于 1991 年。1992 年邓小平南方谈话，重启市场化改革和对外开放使得经济迅速反弹，到 1995 年达到顶点，1997 年由于受亚太金融危机的影响，经济开始回落，1998 年触底，该轮产能周期历时 7 年。

第三轮产能周期从 1999 年开始。2000 年经济开始新一轮复苏，2001 年粮食库存开始下降预示总需求的增长，但经济回暖被"非典"打断，直到 2004 年触底反弹，2005 年及之后几年里经济强劲增长，2007 年增速达到惊人的 14.2%。2008 年由美国次贷危机引发的全球金融危机，将全球经济拉入谷底，我国经济也随之步入低速发展，此轮产能周期持续 8 年。

第四轮产能周期从 2009 年开始。此轮周期的复苏形成一个小波谷，由于全球金融经济危机来袭，我国政府采取了 4 万亿元财政的强力刺激，所以 2009 年开始经济即迅速拉升，并保持了 2010~2011 年经济稳定。从 2011 年之后经济进入新常态，本轮产能周期至 2017 年历时 8 年。从 2012 年以来，我国经济的主要特点是调结构、去产能。综合各行业 PPI、行业集中度和投资增速的变化情况，绝大多数行业处在去产能进程中，上游行业因价格大幅上涨，去产能节奏放缓，少数行业产能已接近出清，并给制造业投资带来上升动能[①]。中共十九大的召开，经济开始转向高质量发展阶段，成为新的产能周期的拐点。

二、库存周期

"库存周期"是指由企业的产品库存管理导致的短期宏观经济周期性波动。库存周期平均长度为 40 个月，属于短周期。自 1996 年以来，中国经历了 5 轮完整的库存周期，平均库存周期为 40 个月（见图 1-4）。

---

① 钟正生，夏天然. 产业周期 VS 库存周期：制造业复苏的故事究竟有多真？[EB/OL]. http://futures.jrj.com.cn/2017/04/27074922392617.shtml，2017-04-27.

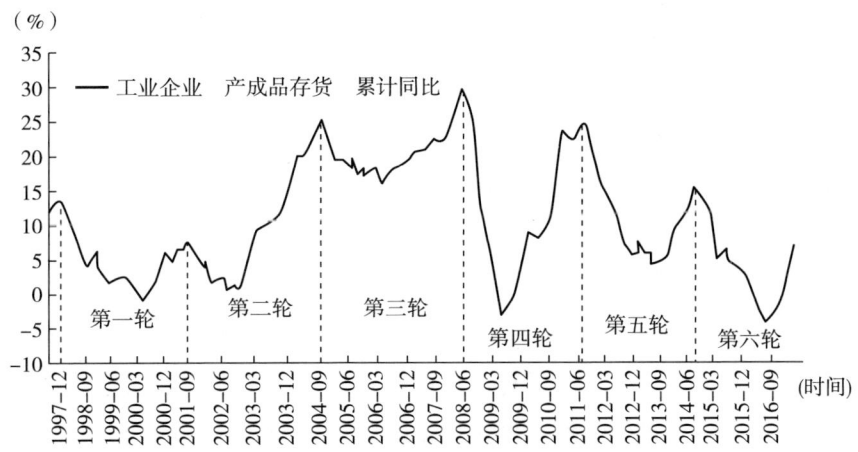

图1-4 中国经济增长库存周期

资料来源：任泽平. 中国宏观经济分析框架[J]. 发展研究，2017（11）.

第一轮（1996年末~2001年）周期为40.6个月，第二轮（2001~2004年）为44.6个月，第三轮（2004~2008年）为42.7个月，第四轮（2008~2011年）为38.5个月，第五轮（2011~2014年）为34.5个月。

自2014年8月开始进入第六轮库存周期。大多数研究者认为本轮周期从2016年6月开始进入主动补库存阶段，杨帆等研究认为中国的货币环境和信贷条件不足以支持企业开启新一轮的产能投资，无论是企业投资意愿，还是信贷环境，都不足以证实新一轮产能投资周期即将到来，目前为企业处于主动补库存末期。

从周期长度和阶段判断来看，本轮制造业补库存的周期已经走到了中后段，本轮库存周期因叠加去产能的背景，大概率是一个弱周期。经济进入新常态以来，稳增长、调结构是主基调，2015年12月18~21日的中央经济工作会议提出了"三去一补一降"，即"去产能、去库存、去杠杆、降成本、补短板"五大任务。

近几年是属于制造业去产能的大时代，十九大政府报告不再提GDP发展速度，而是确立了今后发展的主基调：更加注重经济发展中质量和效益的提升。质量和效益的提升重在全要素生产率的提升，因而以技术创新为核心的创新发展和以战略性新兴产业发展为主方向的投资结构的调整将成为今后发展的主旋律,因此本轮库存周期的结束与新一轮周期的启动取决于投资结构调整效应初步显现的时间,库存周期会拉长。

三、实体周期与金融周期

从我国的情况来看,自 1996 年以来,我国经历了两个半金融周期。1996~2001 年和 2001~2008 年为以经济转型为基础的 5~7 年短金融周期。这两个时期,金融周期除受自身运行规律的影响之外,在很大程度上受我国经济转型与政府对经济干预的影响。1996~2001 年的金融周期经历了 20 世纪 90 年代末的国企改革直到我国加入 WTO,并在该周期尾部出现银行不良率大幅高企。

2002~2008 年的金融周期里出现了股市泡沫并在 2007 年破灭,而全球金融危机又延长了此次周期的底部。这两次周期的开启和结束有着浓厚的政府干预色彩,从而波动周期比较频繁。①

2009 年至今,进入新的金融周期。根据国泰君安宏观团队的研究,目前,我国经济处于金融周期的拐点,处在一个超级金融周期的顶部阶段,之后将进入周期的下半场。

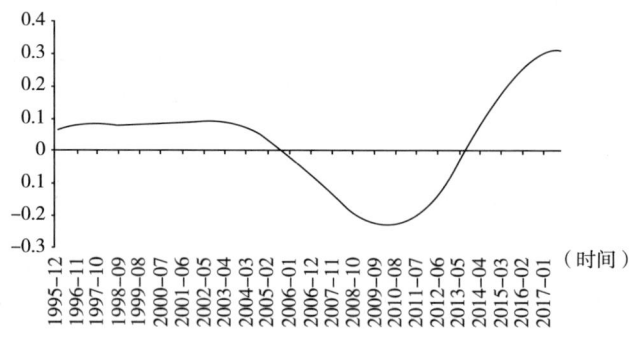

图 1-5 中国经济增长的金融周期

资料来源:任泽平,甘源,站在中国金融周期的顶部:风险与应对. [EB/OL]. 恒大研究院,2018 (6).

---

① 但斌. 树不能长到天上——中国超级金融周期的出路何在? [EB/OL]. 新浪网. http://blog.sina.com.cn/s/blog_ 4a78b4ee0102x0ka.html.

长期以来，在政府调控与市场行为博弈中，债券市场、影子银行、股本市场、保险市场、房地产市场基本覆盖了当下中国的所有金融资产领域，由全民炒楼、全民炒股、全民买理财以及机构金融套利、影子银行等所推高的金融业 GDP 占比已接近 10%，2017 年国家金融工作会议提出"服务实体经济、防控金融风险、深化金融改革"三大任务。

基于国内金融监管的整体政策导向强调控制风险，信贷规模的扩张会受到明显约束，房地产投资投机受到遏制，债券市场、保险市场将得以规范化发展，资金脱虚向实，以及供给侧结构性改革之下去杠杆、去泡沫，资产价格必将稳定回落，资源配置将会得到重新优化整合，全社会经济风险与收益实现再平衡，金融周期拐点借此形成。

实体经济周期的拉长和资本市场金融周期的缩短，将成为今后金融经济周期的一个发展趋势，解决过剩产能和让低效率的僵尸企业破产退出市场，同时真正培育一批伟大的企业，将是经济稳健复苏和金融市场健康发展的关键，也是经济实现持续复苏的必经之路。因为不论"新周期"还是"短周期"，在市场出清中，能否诞生一批伟大的企业，以及十九大之后国企改革是否能得到实质性推进，这也是中国未来资本市场走向繁荣核心所在①。

---

① 中国社会科学院经济研究所课题组. 宏观经济与政策跟踪 [EB/OL]. 中国社会科学院经济研究所官网，2017-06-13.

第二章 "中等收入陷阱"与跨越

"中等收入陷阱"这一概念，由世界银行于2006年的《东亚经济发展报告》中最先提出并使用，世界银行在该报告中研究指出，当一个经济体达到人均GDP超过3000~10000美元时，进入世界中等发展水平的行列。之后，通过制定和适时推出进一步推动经济发展的战略规划与发展方式，以及推进技术创新与技术进步，则会从中等收入发展阶段迈向发达经济体的高收入发展阶段。相反，若不能顺利实现发展战略和发展方式的转变，不能解决快速发展中所累积的问题，不能通过技术创新推进技术进步，最终会导致经济长期停摆在原有状态而徘徊不前，由此形成"中等收入陷阱"。

第一节 "中等收入陷阱"理论

在20世纪后期的工业化浪潮中，东南亚和拉丁美洲的部分国家在经历了一个高速增长的繁荣期之后，于20世纪中后期达到中等收入国家水平。但是，这些国家在后来的发展中由于没有在人力资源培育、积极实施推进技术创新等方面及时采取有效的措施，从而在失去较低人力资源成本优势的同时，也没有形成同先进的发达国家在尖端技术和现代服务业等方面竞争的优势；在战略规划与发展方式方面，没有创设出推动经济社会发展的新动能；在社会治理方面，也没有营造出现代化发展的环境，导致经济社会发展长期停滞不前，人均GDP一直在4000~12000美元徘徊，形成"中等收入陷阱"。

一、世界银行对"中等收入"的界定

(一) 从收入水平分析

世界银行曾在 2014 年、2015 年以人均 GDP 为标准对各国经济发展水平进行了分类,如表 2-1 所示:

表 2-1 世界银行对中等收入水平的分类

类别	划分标准
"贫困陷阱"	人均 GDP 低于 1000 美元
中等偏下收入国家	人均 GDP 低于 1045 美元
中等偏上收入国家	人均 GDP 为 4126~12735 美元
高收入国家	人均 GDP 高于 12736 美元

世界银行的资料显示,早在 1960 年,就有 101 个经济体达到中等收入水平,而在 2008 年,只有 13 个经济体达到高收入水平,日本和韩国则是其中的典型代表。1972 年,日本人均 GDP 不到 3000 美元,1984 年早已经远超 10000 美元;1987 年韩国的人均 GDP 刚刚突破 3000 美元,1995 年成功突破了 11469 美元。[1]

(二) 从国别结构分析

世界上有一百多个经济体,人均 GDP 达到一定规模后,其经济增长曲线分为四类,如图 2-1 所示。

第一类,经济发展持续低速增长,落入低收入陷阱,如非洲。

第二类,经济发展中转变失败。从刚开始的高速发展到后面的换挡失败,陷入了"中等收入陷阱",如拉丁美洲、东南亚的部分经济体。

第三类,经济增速换挡成功,之后稍显疲惫,收敛到中速增长,再逐渐保持在低速增长。

---

[1] 卢曾. 中国如何跨越中等收入陷阱 [D]. 昆明:云南财经大学,2012.

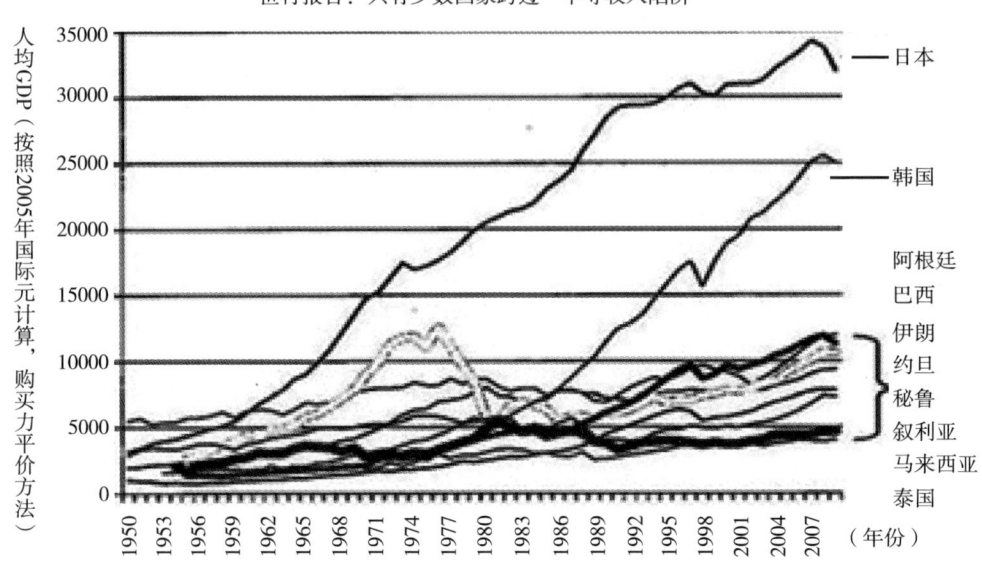

图 2-1 各国进入"中等收入陷阱"的状况

资料来源：世界银行报告《2030 年中国》。

第四类，持续高速发展的经济体，如现阶段的美国，代表了如今科学技术发展的最高水平。[1]

二、"中等收入陷阱"的成因

从全球范围分析，"中等收入陷阱"早在 20 世纪 60 年代初期就出现了。当时主要发生在以巴西、泰国等为代表的拉丁美洲国家和东南亚国家。那么，究竟是何原因导致此现象的产生呢？研究发现，导致"中等收入陷阱"的原因主要有如下几个方面[2]。

（一）发展失速

"中等收入陷阱"产生的根本原因是经济增长问题。在不同经济体内，社会矛盾通过不同的方式得以解决。在经济持续增长的经济体内，矛盾一般通

---

[1] 任泽平. 中国宏观经济分析框架 [J]. 发展研究, 2017 (11)：40-43.
[2] 郑之杰. 跨越"中等收入陷阱"的国际经验教训 [J]. 红旗文稿, 2014 (19)：17-19.

过增量调整的方式得以解决；在经济增长缓慢的经济体内，矛盾一般会被迫进行存量调整，这样就会陷入"停滞—动荡—失序—无力"的恶性循环。经济体的持续发展是避免跌落"中等收入陷阱"的最好保障。

(二) 结构失衡

东南亚和拉丁美洲的部分国家长期存在结构失衡。

1. 产业结构失衡

这些国家普遍忽视具有比较优势的农业等劳动密集型产业，将大量的人力、物力投入钢铁、造船等资本密集型产业，导致产业投入和发展失去平衡，工业和农业的发展比例失调。

2. 研发投入失衡

人才的缺乏和研究开发能力的低下严重影响经济结构的转型升级。数据显示，2009年，韩国研究与发展（Yesearch and Development，R&D）投入占GDP的比重超过2%，同年，智利只有0.7%。2009年，韩国共有9000多件专利获得授权，同年，马来西亚只有181件。

3. 城乡失衡

城乡发展失衡是结构失衡的重要表现。大量的农村人口迁入城市，医疗、社保、住房以及就业问题频发。没有工业化支撑的城市化会给城市带来很多问题和灾难。

4. 社保机制失衡

保险、救济、安置等方面构成了社会保障体制。财政资金不足会导致社会保障方面投入的欠缺，不利于社会的发展和稳定。

5. 环境发展失衡

许多国家为了发展工业，肆意破坏自然环境。巴西大量砍伐亚马逊热带雨林的树木，工业化种植经济作物；阿根廷过度放牧；泰国的森林资源基本被毁损；马尼拉和雅加达大量垃圾被直接倒入海中。

(三) 资金失血

经济发展要有长远眼光，不能依靠借短放长，要形成自己的经济发展体系，摆脱经济发展过多依赖发达国家的发展状态。一旦将自身的经济发展命脉放在其他国家的手中，外资大量离开，国内的企业就会陷入破产倒闭的困境。巴西在20世纪中期发展迅猛，但后期未能建立自身的金融体系，过多依赖外资；20世纪末的金融危机使得巴西经济跌至谷底，经济发展一度陷入崩溃的困境。墨西哥和阿根廷等国也大致如此。

(四) 应对失措

从历史发展的轨迹中可以发现，很多陷入"中等收入陷阱"的国家没能抓紧危机处理的最佳时间，从而使得危机不断扩大，直至整个经济体系崩溃。

第一，坚持"举债增长"战略。举债增长的发展战略使得部分国家和地区经济现状好转，但也加重了潜在的危机。此外，欧美国家相继采取紧缩政策，这在一定程度上加剧了拉丁美洲国家的债务负担。

第二，推行"原教旨市场决定论"经济政策。20世纪80年代，拉丁美洲国家经济发展停滞不前，他们将"看不见的手"视作救命稻草，政府却作壁上观。经济监控缺位下的救助方案不仅未能消除债务危机的根源，反而导致国际收支更趋恶化。

第三，拉丁美洲的不少国家没有依据本国国情和经济基础建立社会福利制度，反而照搬西方发达国家的高福利制度。20世纪80年代，阿根廷和乌拉圭的社会保障税率分别高达34%~45%和54%~57%，接近欧洲国家；此外，不少拉丁美洲国家社会保障税率为20%~30%，高于加拿大和美国。这样社会背景下建立的社会福利制度严重扭曲了市场价格信号，导致了资源配置失当和宏观财政上的债台高筑。

第四，亚洲金融危机后，部分东南亚国家仍然依靠低成本的生产方式拉动经济，没有找到新的经济增长点。

第二节 跨越"中等收入陷阱"的经验

一、跨越"中等收入陷阱"的主要经验

相关的研究资料和数据显示,并非所有的国家和地区都陷入了"中等收入陷阱"的泥潭。韩国、日本、新加坡以及中国香港和中国台湾等国家和地区则是通过转换经济增长动力机制和调整经济发展体制,成功跨越"中等收入陷阱"。主要经验如下[①]。

(一) 调整经济发展方式

从20世纪50年代初开始,日本开始实现产业发展的转化升级,从轻工业到重工业再到第三产业,发展审时度势,抓住每一个潜在的时机,完成了"贸易立国"—"技术立国"—"文化立国"发展方式的转变。

20世纪80年代,为保护本国经济的发展,西方发达国家提出贸易保护主义,这对极大依赖贸易出口的韩国来说是致命一击。韩国政府提出"产业结构高级化"的目标。一方面加快产业转型,从依靠劳动力和资金的粗放型经济发展模式转为依靠研发投资和科技含量的知识型、技术型产业。另一方面加快产业升级,在发展知识型、技术型产业的同时注重侧重点,关注以电子工业为核心的技术知识密集型产业,逐步转移制造型工业,改造低附加值产业;国内主要抓研发、设计等前端工程及营销、售后服务等后端高附加值工程。这为韩国在全球产业调整过程中抢占先机,实现可持续发展奠定了重要基础。

(二) 依靠技术创新立国

高收入经济体在发展到中等收入时,一般会更加注重提高经济体的创新能力和技术水平,这样才能在国际竞争中占据有利地位。其中较为典型的就是韩国和日本。

---

① 郑之杰. 跨越"中等收入陷阱"的国际经验教训 [J]. 红旗文稿, 2014 (19): 17-19.

20世纪80年代,韩国提出实施"科技立国"战略,主要目标是利用新技术改进旧产业,促进本国产业结构的改造升级。90年代,韩国又进一步深化"科技立国"战略,该战略的主要目标是减轻对发达国家的技术依赖,提倡发展本国高新技术产业。几乎与韩国同一时间,日本也确立了"创新立国"战略,并把它作为日本新时期经济发展的一项基本国策来贯彻实施。

(三) 提高全要素生产率

20世纪70年代,韩国经济保持发展,但是不难发现,这一阶段的韩国经济主要依靠资本投入,全要素生产率对经济增长的贡献为负值。到20世纪80年代,韩国政府和市场及时改变调整,韩国全要素生产率对经济的贡献率逐年增加,从负数达到了28.94%,全要素生产率成为仅次于资本的第二大发展动力,超过了劳动投入部分。1998~2011年,韩国全要素生产率对经济增长的贡献率达到44.87%,超越资本要素,成为促进经济增长的主导因素,韩国实现了真正意义上的经济转型。

日本的经济发展跌宕起伏,从1951~1974年的高速增长到1975~1993年的平稳增长期,再到1994~2005年长期的经济不景气的状况持续达10年左右,可以发现,每一个时期全要素生产率与经济的发展速度均呈现同向升降的趋势。

(四) 调整收入分配格局

韩国政府在调整收入分配格局方面主要是通过税收管理政策以及通过社会保障措施调整收入再分配格局。20世纪80年代以后,韩国的基尼系数明显降低,收入分配趋于均等化。1991年,韩国的基尼系数相较于1980年下降了50%,数据表示韩国社会的收入差距逐步缩小。

(五) 实现城乡均衡发展

20世纪中叶,随着工业化进程的不断加快,韩国居民城乡收入差距逐步拉大。为了缩小这种差距,韩国政府相继出台相关政策缩小城乡差距。

1970年,韩国政府启动"新村运动",旨在缩小城乡差距、促进工农协调发展。相关数据显示,韩国全国人口中农村人口占比从1970年的44.7%下降到 2005 年的 6%。农民不再局限于在传统的农业生产部门就业，大量的非农业生产部门中出现了农民的身影，城乡收入分配也因此发生了显著变化。20 世纪 90 年代初，韩国农村居民人均收入已经达到城市居民人均收入的 95%，城乡收入差距已基本消失。

第二次世界大战后，日本处于复苏中，工业化、城市化得到了一定程度的发展，与此同时也带来了日本城乡发展差距扩大，大量农村人员涌入城市，大城市人口迅速增长，由此带来了农村人口减少、农村经济日渐衰落等一系列问题。针对这一问题，日本政府先后制订了三轮综合开发计划，注重农村的服务建设问题，有效解除了农民进城的后顾之忧。在系统完备的方案政策下，日本的城乡问题得到有效改善，在多年的坚持下，日本成为了世界上城乡差距较小的国家。

二、境外跨越"中等收入陷阱"的启示

（一）经济结构调整是关键

以日本和韩国为例，当进入中等收入国家行列后，适时进行经济发展方式的调整。如日本抓住时机，果断完成了产业的转换升级，韩国提出"产业结构高级化"的政策目标，经济发展从以劳动密集型、粗放型发展战略，转为主要依靠技术知识密集型产业发展。反观阿根廷、巴西等许多拉丁美洲国家和马来西亚、泰国等东南亚国家，却未能实现这种成功转型。如巴西、阿根廷、墨西哥等国当时是转而发展资本密集型的钢铁、造船等重化工业，知识密集型产业及第三产业发展没有跟上，导致产业结构比例失衡。

中国已进入了中等收入国家行列，目前进行的"调结构、转方式"可谓正当其时，通过调整经济结构，适时转换发展方式，完成由数量型发展到质量效益型发展的转变，就能成功迈向高收入发达国家行列。

（二）技术创新是核心

从"贸易"到"技术"再到"文化"，这样的转变体现了日本政府对技术创新态度的转变。20 世纪 90 年代，韩国进一步实施"科技立国"战略，发展本国高新技术产业。而跌入"中等收入陷阱"的国家，则在技术创新、

技术进步等方面没有根本的举措，反而在"拉美化"危机和亚洲东南亚金融危机等外部因素的冲击之下应对失措，"举债式增长"战略取代了技术创新增长战略，致使经济发展陷入了长期停滞不前的状态。

中国目前技术对经济增长的贡献率已达到60%以上，进入实施的国家"十三五"科技创新规划从"先发优势、原始创新能力、创新发展空间、大众创业万众创新、科技体制改革、科普和创新文化"六个方面进行了系统部署。随着我国科技创新重大战略部署的实施和显现成效，我国经济就必然能实现成功赶超和跨越式发展。

（三）协调共享是抓手

以韩国为例，在20世纪70~80年代通过推行"新村运动"，缩小城乡差距，实现城乡均衡发展；通过多层次的纳税政策调整城乡居民收入的初次分配格局，通过建立完备的社会保障体系调整居民的再分配格局，缩小社会高收入阶层与低收入阶层之间的收入差距，实现收入分配趋于均等化。而陷入"中等收入陷阱"的国家的共性是，一味地关注城市的发展，忽视工业化的进步，城市人口激增，社会问题凸显，社会矛盾爆发，社会保障机制失衡。降低了事关民生的医疗、社保、就业等方面的投入，不利于社会的稳定和经济的发展。

中国在党的十八大以来，以习近平为核心的党中央致力于和谐共享协调发展，既是基于中国现实国情，同时也是更好地借鉴了国际经验与教训，中国将在和谐发展、协调发展与共享发展中共创辉煌，实现中华民族的复兴。

第三章 经济增长理论

20世纪30~40年代以来,人类社会已经经历了三次工业革命,特别是近年来电子计算机技术、生物技术以及原子能、激光与空间技术等新技术的发展,促使了许多新兴部门的产生,引发了发达国家产业结构的新变化。同时也引领了经济学革命,有关经济增长理论的研究,也从经典经济增长思想过渡到了现代阶段。

第一节 科技进步与经济增长

一、历次工业技术回顾

(一) 第一次技术革命

16~17世纪,经典力学理论的诞生及应用开创了近代历史上一次新的科学革命,为后来的以蒸汽动力带动的技术革命奠定了理论基础。18世纪中后期,蒸汽动力技术革命(蒸汽机的发明)为人类从传统的手工工业领域进入机械化大生产奠定了技术基础。由此形成了18世纪60年代到19世纪40年代的第一次工业革命。

这次产业革命以蒸汽机的广泛使用为标志,开创了工厂制下以机器生产代替传统手工业的机械化时代。

(二) 第二次技术革命

19世纪中后期,电磁学的发展又为新的技术革命奠定了理论基础。随之而来的便是电力技术革命,电动机的发明及应用形成了钢铁、化工、电力三大产业技术,并为新的产业革命铺设了道路。

19世纪70年代,第二次工业革命出现,形成了汽车、飞机、无线电三大产业,人类步入以电力的广泛应用为标志,由传统制造业向电气化、自动化、规模化产业转化的电气化时代。

(三) 第三次技术革命

19世纪中后期至20世纪中叶,信息理论的问世对人类社会产生了更加广泛的影响。信息论经历了早期的一般系统论、控制论和信息论"老三论"(SCI论)和其后进一步发展而形成的耗散结构论、协同论、突变论"新三论"(DSC论)。

SCI论、DSC论先后创立后在理论界产生了极大影响,如控制论产生后不久,就出现了工程控制论和生物控制论两个比较活跃的分支领域。工程控制论成为电子线路、电力机械、气动和液动等自动化系统的理论基础。生物控制论推动了仿生学的发展和人工智能的研究。耗散结构论、协同论、突变论的提出,推动了系统科学的发展,并在企业管理中得到实际应用。

著名未来学家阿尔文·托夫勒认为,它可能代表了一次科学革命。20世纪中后期相对论、量子力学、基因理论的创立与信息系统理论被称为现代科学四大基础理论,相对论与量子力学(狄拉克)、基因理论形成科学界"两大学说",宇宙大爆炸模型、物质结构——夸克模型、全球大地结构——板块模型、遗传基因DNA分子结构——双螺旋模型被称为四大科学模型,随之而来的便是以信息控制技术为核心的技术革命。

电子计算机技术、生物技术以及原子能、激光与空间技术等新技术的发展,引发了"知识工业"等新兴部门的产生,因此,有人将其归纳为目前世界上发生的一次新的技术革命,即第三次技术革命。

这次技术革命可以归纳为以信息技术、生物技术、纳米技术为代表的三大技术。与之相对应的产业革命表现为以信息产业、生物产业、新材料产业为代表的第三次产业革命,人类就此步入全新的信息化时代。

(四) 新型技术革命正在孕育

自21世纪以来,综合科学技术与新型产业的发展成为新特征,技术创新与产业革命在如下领域交叉发生,相互影响:信息科技与信息产业;生命科学与生物技术及生物产业；能源科技与新能源产业；纳米科技与新材料产业；空间科技与航天航空等应用产业。

综合科技与新型制造业成为新的技术革命与产业革命的主题。

以多维立体打印技术及应用为例，依据数字设计文件制造出固体结构的三维、四维打印技术，在打印过程中，打印机将根据计算机设计的模型从底部开始逐层堆积塑料、金属、合金等材料，最终形成所需产品。一旦物品能够通过这种打印机在家里或办公室远程打印出来，基于三维、四维打印技术的远程制造业新技术必然会引发一场新的制造业革命。

再以云技术与移动互联网技术应用为例，已经形成了分享经济的新的产业形态和经济形态，这与过往的科技革命和产业革命都已大不相同，它将技术、产业与经济社会形态聚集在一起，正在逐渐改变着人们的生产方式与生活方式，对人类社会将产生不可预见的深刻影响。

二、技术革命变动的特点与趋势

（一）技术革命与产业革命周期逐步缩短

从16~17世纪经典力学理论的诞生，到18世纪中后期蒸汽动力技术革命，前后跨越一个多世纪。而19世纪中后期电磁学的创新到电力技术革命，再到电气化工业革命相隔不到半个世纪。近现代科学技术向产业革命演化的周期已越来越短，科学与技术更加接近，技术创新与产业应用之间的边界更加模糊，科学、技术与产业之间的关系日益紧密。

（二）科技与产业的交叉与融合特征明显

现代科技催生的科技创新作为推动人类社会进步的第一生产力，与产业周期的区分不仅日益紧密，而且几乎同步并进甚或交叉发展。

从20世纪50年代至今，以信息技术为核心的技术创新催生出了诸多新兴产业，"互联网+"、物联网、云技术、人工智能等诸多新兴行业正在蓬勃兴起，基于信息技术应用的分享经济更是对当前和今后的社会生产和生活带来日益深刻的影响。

第二节　经济增长周期性理论

经济是有波动周期的,表现为多样性周期。按经济增长周期的长短,分为长波周期理论、中波周期理论和短波周期理论。经济学家们认为,不同经济周期是由不同的经济技术原因导致的。

一、长波周期理论

长波周期理论又称为康德拉季耶夫周期,这个理论的产生是在1925年,由苏联经济学家康德拉季耶夫首次提出。康德拉季耶夫以英国、美国以及法国等大牌的资本主义国家为研究对象,对这些国家从18世纪末到20世纪初100多年时间内的价格水平、利率水平、工资高低等多达36个统计指标进行研究,提出在资本主义社会的经济发展过程中存在3个长波:1789年至1849年(共60年);1849年至1896年(共47年);1896年至1929年(共33年),整个过程的时间跨度为140年,这表明在经济发展过程中一个周期的长波波动大致为50~60年。与此同时,他也提出新技术的产生通常会出现在经济长期波动过程中的下降阶段,并在下一经济周期的上升阶段被广泛应用。康德拉季耶夫认为,经济周期中存在长波波动的根本原因是资本主义经济实质中的资本积累。

在康德拉季耶夫的长波理论提出之后,熊彼特在此基础上对长波理论进行了深入研究,认为在资本主义经济中长、中、短三种周期并存。他把资本主义经济运动划分为三个长周期:1780~1842年,1842~1898年,1898~1946年。并以其创新理论为基础,解释长波的存在,他认为每一个长波周期都包括一次产业革命及其消化过程。

二、中波周期理论

中波周期理论又叫朱格拉周期。它是由法国著名经济学家朱格拉于1860年在其著作《论法国、英国和美国的商业危机及其发生周期》中提出的,朱格拉认为市场的经济周期存在着一个为期9~10年的波动。最早追溯到朱格拉在研究人口出生、死亡以及婚配等社会指标时,他发现任何社会经济运动都可以转化为繁荣、危机与萧条三个社会阶段中的任何一个,而正是这三个阶段的反复更迭造成了周期现象的出现。周期的波动并非是政治活动、战争等事件造成的,而是经济自发产生和出现的现象,它与人民的消费习惯、储蓄行为等有着直接的联系。

朱格拉周期的长度大部分为10年,而且在这个10年的波动间隔中,通常由2~3个小周期构成。这种复杂的循环方式最主要表现在金融信贷产业上,比如第一次世界大战后全世界的银行信贷获得巨大的发展,形成因设备投资的变化而发生的朱格拉循环,体现出来的经济波动就是这种中波周期循环。

三、短波周期理论

短波周期理论又称为基钦周期理论,该理论是在1923年首次被提出的,当时是在英国经济学家基钦的著作——《经济因素中的周期与趋势》中被提出的。基钦在研究了英国和美国在1890~1922年的物价水平、利率等经济指标以后,分析认为经济周期实际上应该存在主要和次要两种。次要周期一般为3~4年一次的短周期,其平均长度约为40个月左右;主要周期通常由2~3个次要周期构成。基钦周期通常表现在一些主导经济命脉的国家产业上,形成因为库存投资的变化而产生的基钦循环;通过短波周期的确定,可以更好地理解经济的总循环。①

后来,有经济学家用存货的周期变动和创新的起伏变化,尤其是能在短时间内生产出来的设备的变化来说明基钦周期。

第三节 经典经济增长理论

一、生产要素理论

最先开始提出生产要素重要性的是经济学家配第,他认为:"土地为财富

---

① 陈昌智. 经济发展大辞典[M]. 北京:人民出版社,2017.

之母，而劳动则为财富之父和能动的要素"。虽然他在著作中并没有将其明确定义为生产要素理论，但是后来的经济学家一般将配第的理论定义为生产要素理论的开端。此后，亚当·斯密在《国民财富的性质和原因的研究》中将商品的价格分解为土地、劳动和资本，这实际上形成了生产要素的三个要素，所以这又被称为"生产要素三元论"。在19世纪与20世纪的交会之际，马歇尔在《经济学原理》一书中注意到组织的重要性，因此他将组织作为经济增长的第四个生产要素，至此形成"生产要素四元论"。

随着技术进步对社会推动作用的增强，有经济学家将技术作为经济增长的第五个生产要素，生产要素理论上升到"生产要素五元论"。在20世纪80年代，我国技术经济学家徐寿波提出人力、财力、物力、运力、自然力和时力六种资源，也被称作"生产要素六元论"。

二、资源禀赋理论

资源禀赋理论又称赫克歇尔—俄林理论，该理论的基本原理是：资本较为充裕的国家在资本密集型商品上具有相对优势，而劳动力较为充裕的国家则是在劳动力密集型商品上具有相对优势。这就使得一个国家在国际贸易活动中，倾向于出口使用其相对充裕生产要素生产出的产品，转而进口使用本国相对短缺的生产要素制成的产品。

根据赫克歇尔—俄林模型的原理，在国际市场竞争中，如果假定参与国际竞争的各个国家生产同一个产品的技术水平相同，那么这两个国家生产这一产品价格的不同主要是来自于产品本身的成本差异。而更深层次的，这种产品本身成本的差异又源自这两个国家在产品的生产过程中使用的生产要素价格的差异，按照资源禀赋理论，生产要素价格的不同主要取决于这两个国家在生产该种产品的生产要素上面的相对充裕水平，即生产要素的禀赋。这样，在国际贸易中，每个国家都会选择生产密集使用本国相对充裕——具有相对禀赋优势的生产要素的产品。[1]

---

[1] 周梅妮．交易效率与偏好对国际贸易的影响［J］．商业时代．2006（5）．

三、哈罗德—多马模型

哈罗德—多马模型又被称作哈罗德—多马经济增长模型，该模型将经济增长抽象地表达为3个宏观经济变量——经济增长率（G）、储蓄率（S）、资本—产出比率（V）之间的函数关系，其经济含义是：一个国家的经济增长率通常与这个国家的储蓄率成正比、与资本—产出比率成反比。

数学表达式为：$G = \dfrac{S}{V}$。

与此同时，经济增长率还可以分为实际增长率、均衡增长率和自然增长率。其中，实际增长率就是在社会现实情况下实际达到的经济增长水平，均衡增长率（也称为有保证的增长率）是厂商感到合乎意愿的增长率，自然增长率是自然资源、劳动力增长和技术进步所允许达到的最适宜的、最大的增长率[①]。

实际增长率：$G_A = \dfrac{S_A}{V_A}$。

均衡增长率：$G_W = \dfrac{S_W}{V_W}$。

自然增长率：$G_N = \dfrac{S_R}{V_R}$。

由以上三个公式可以发现，当G_A和G_W存在差异时，经济会因此发生短期波动。当G_W和G_N有不同时，经济会因此长期波动。所以要实现长期均衡增长，即$G_A = G_W = G_N$，这个实现的概率非常低，所以后来的研究学者常常称这种增长为"刃锋式"的增长。

四、传统菲利普斯曲线理论

1958年经济学家菲利普斯在《1861～1957年英国失业和货币工资变动率之间的关系》中提出通货膨胀率与失业率之间有负相关关系，即通货膨胀与

---

① 黄剑文. 经济增长理论的演进与启示 [J]. 中共山西省委党校学报, 2008 (4).

失业之间是一种反向变动的关系，从而最早提出菲利普斯曲线。其数学方程式可表达为：w=dw/w=h(u, du/dt)，其中，w 为工资变化率，u 为失业率，t 为时间。

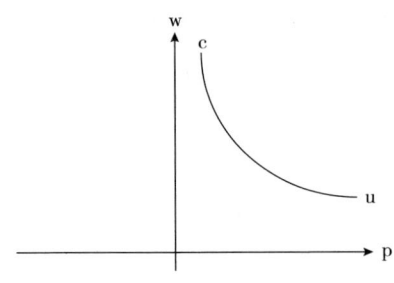

图 3-1 传统菲利普斯曲线

菲利普斯的研究结果形成了著名的传统"菲利普斯曲线"。

之所以把 20 世纪 50 年代这一问题的研究称之为原始菲利普斯曲线，是因为菲利普斯首次提出这个研究结果和结论，同时也是因为菲利普斯仅仅是基于对失业率和工资变动率在数理统计基础之上所做出的概括和总结，而并未从理论上对这一曲线进行说明。

在单个劳动市场供求关系条件下，货币工资率的变化与过度劳动需求的变化是成比例的。由于劳动市场对劳动力的过度需求，必然引起货币工资率的增长，同时劳动市场的过度需求自然使失业率降低。

用函数关系表示，过度需求模式如下。

工资调整函数：w=dw/w=k[(ND-NS)/NS]

失业率函数：d=(ND-NS)-u

在工资调整函数中，用劳动市场的过度需求来解释工资率变化的相关情况，这样，失业率函数就使得过度需求与失业率之间建立了联系，从而解释了劳动过度需求的变化。

五、奥肯定律

"产出—物价"菲利普斯曲线是美国经济学家奥肯于 1962 年提出，因此称之为"奥肯定律"。"奥肯定律"进一步丰富了传统菲利普斯曲线的内容,具体描述了经济增长率、物价上涨率、失业率三者之间的变化率关系。

该曲线描述的是经济增长率与物价上涨率之间的变动关系。与凯恩斯主义菲利普斯曲线相比,是以经济增长率及其变动因素代替了"失业—物价"菲利普斯曲线中的物价上涨率及其变动因素。同时指出,经济增长率的变化与失业率的变化是负相关关系,经济增长率的变化与物价上涨率的变化是正相关关系。

这样,"奥肯定律"的函数表达式为:

$(Y-Y_f)/Y_f = -\alpha(U-U^*)$,$\alpha = 2$

奥肯定律的提出是基于经济增长偏离的理论。奥肯认为,经济增长存在现实经济增长率与潜在经济增长率。现实经济增长率表明的是在一定时期内,由社会总需求决定的产出增长的情况;潜在经济增长率则是各种资源都得到充分有效的利用时所实现的经济增长。但事实上,经济增长率与潜在经济增长率之间并非是完全相等的,这种"偏离"与物价上涨率之间又存在和呈现出同向的对应变动关系。从现实经济周期波动的实际考察,奥肯的"偏离"论,实质上是一个动态变量的概念,可以用变化率即"偏离率"来加以考量,那么反映在现实经济因素中,"偏离率"与经济波动在一定周期内的经济增长之间实际上就是一种正向变动的相关关系。当经济波动处于上升时期时,"偏离率"会伴随着需求的扩张呈上升趋势;当经济波动处于下降或回落状态时,"偏离率"会伴随着需求的收缩随之呈下降趋势。

"产出—物价"菲利普斯曲线从经验数据验证了经济周期中失业变动与产出变动的经验关系,失业率每高于自然失业率1%,实际GDP将低于潜在GDP的2%。由此揭示了劳动力市场与产品市场的重要联系。

第四节 现代经济增长理论

一、信息经济理论

从20世纪60年代开始,信息成为一种经济资源,信息经济迅速形成。

信息经济的形成在工业社会生产力的发展下是必然的，可以说，在很大程度上是信息、知识、技术积累和发展共同推动了经济社会的发展。

斯蒂格勒在《信息经济学》的论文中提出了信息经济学的概念。之后，美国学者马克卢普也在1962年提出了"信息经济"。他认为知识产业应当包括"教育、科学研究与开发、通信媒介、信息设施和信息活动"五个方面。

1973年，美国社会学家丹尼尔·贝尔进一步完善这一概念，提出发达国家已经实现了从前工业社会到工业社会的发展，经过不断前进，最终将成功进入后工业社会阶段。在丹尼尔·贝尔区分工业社会和后工业社会之后，波拉特和马克卢普等又通过对大量数据的研究和分析，实证解释了西方发达国家从工业化过渡到信息化时代的主要标志：一国有50%以上经济活动已经与信息活动有关。

二、制度经济理论

对制度的研究，经济学史上可以分为两个学派：西方制度经济学和马克思主义制度经济理论。

(一) 马克思主义学派的制度理论

马克思主义经济学的一大基本特点是以制度分析方法来论证阐明理论。也就是说，马克思是首位以制度分析方法来构建经济理论框架的经济学家。马克思主义经济学以其辩证和历史的唯物主义为方法论，构建了研究制度的独特体系与相关方法，解释了经济制度产生、发展的客观规律。马克思主义经济学的创立被人们认为是对长期制度变革最有力的论述。

1. 马克思主义对制度本质的解析

马克思主义学派的相关学者认为，制度的本质反映的是不同集团、阶级之间人的经济利益关系，由于人与人之间不同的经济利益关系以及体现的不同的分配制度会直接影响人们在经济活动中的动力，经济活动的效率也会因此受到相应的制约。因此马克思认为在本质上，制度解决的问题是人们相互的利益关系。

2. 马克思主义对制度起源的说法

马克思提出，人类社会存在和发展是物质生活的基础。因此马克思以人们的物质生活为出发点研究经济制度，并将制度分成了经济制度和政治、法律制度两个层次。在第一个层次制度的基础上，产生第二个层次的制度。因此，为了研究制度起源，要首先说明的是第一个层次——生产关系或经济制度的起源。马克思得出结论，要以人类物质生产活动为出发点来研究制度起源，制度的形成也不是一成不变的，会随着生产力的发展和经济关系的变化而变化[①]。

（二）西方制度经济学派的制度理论

在西方制度经济学派的视角下，制度问题的核心观点是以私有产权具有最高效率作为立论基础的，他们研究问题始终围绕着这一点。

1. 制度的内涵

在分析框架中，制度大概有以下内涵：制度的本质是用以彼此约束对方的行为的社会游戏规则。

2. 制度的起源

有关于制度的起源问题，学术界迄今为止也没有达成一致，概括说来主要有：合作起源说（制度作为一种机制，为了解决个体理性和集体理性的冲突而出现）；交易费用起源说（交易费用引起了制度变迁）；历史说法（制度的产生是为了让社会效率达到最优状态）。

3. 制度的功能

在西方制度经济学派学者的观点中，制度的功能就是体现在对经济发展的激励和监督制约上。主要表现在：降低交易成本；为经济服务；为合作创造基础；激励机制；外部利益内部化[②]。

[①][②] 王亮. 经济发展中的制度因素——马克思主义制度经济理论与西方制度经济学的比较研究[J]. 长春工业大学学报（社会科学版），2008，20（5）：42-45.

三、新经济理论

新经济是人类进入20世纪80~90年代以来，由信息技术创新引发的信息产业及其相关产业的发展，进而引起社会经济增长方式、经济结构、经济运行方式等的变化。新经济作为一种时代特征，与历史上每一次因技术革命引发，并使人类步入一个新的经济时代的新的工业革命一样，将全球经济的发展带入了一个新的历史进程。

新经济的概念从20世纪初就已初显端倪，到20世纪80~90年代，由信息技术革命所推动的新材料与新能源、生命科学与生物技术、环境科学与技术、航空航天与空间技术、海洋科学与技术等技术创新成为新的时代特征，形成了以经济全球化为特征、以高新技术产业发展为代表的新的经济运行状态。这种新的经济运行状态的出现标志着人类社会步入了一个新的经济发展时代。

（一）新经济的主要特征

新经济是相对于传统经济而言的，两者明显的差别主要体现在：

1. 社会财富的生产要素发生了明显变化

古典经济学认为创造社会财富的主导因素为土地、资本和劳动力"三要素"，在新经济时代，知识、信息、技术、组织效率及创新能力成为创造社会财富的主导要素。

2. 社会资源配置与商业运行模式的转换

从资源配置角度来看，传统经济的特点明显表现为，经济发展对自然资源具有较高的依赖程度，土地等物质资本在资源要素中发挥着重要作用；新经济时代则更加注重利用现代科技手段，充分利用信息资源，提高资源要素的配置效率。从商业运行模式上来看，传统经济正如古典经济学所概括的，是生产决定消费，生产模式在一定程度上决定和支配消费方式和消费行为；而新经济下的商业模式，消费行为的主导性更加突出，商业模式以个性化、多元化的柔性商品与服务为特点，并在社会经济生活中占据越来越重要的地位。

(二) 产业结构与经济增长的新特征

新经济的特征，相对于现代经济意义上的传统经济来说，主要表现在社会经济高度信息化、产业结构轻型化、经济持续增长，同时出现低财政赤字环境下的低通货膨胀与低失业率的"三高三低"的特点。

1. 社会经济高度信息化

信息技术的革命首先是从互联网的应用开始的。网络技术在社会经济生活中的应用，首先带来的是信息的高度开放与全球化。信息消费的不排他性、低复制成本使越来越多的个体与组织进入网络社会。互联网、地区网、行业网、专业网越来越成为构成社会生活交往的主干。源代码的开放、供应链和搜索技术的应用，外包业务、离岸生产商务模式的形成，将世界连成了一体，使地球变成了村庄。

信息的高度社会化标志着信息交换的手段与方式已渗透到人类社会生活的方方面面，直接影响和改变着人们的行为方式。对于作为经济社会活动主体的厂商或企业而言，厂商的商业模式、组织结构、决策方式也将随着交易成本、边际成本以及相应的产出水平的改变，而与传统厂商的行为方式有了很大的不同。

2. 产业结构轻型化

在新经济环境下，知识直接转化为产品，信息转化为生产力，高新技术产业化的程度越来越高。产品经过重复加工，创造出更多的附加价值，财富的积累不再绝对依赖于自然资源要素禀赋。美国商务部的研究报告表明，20世纪90年代，美国信息技术产业对实际经济总量增长的贡献平均超过25%。高新技术产业的发展带来产业结构的有效提升和产业结构的轻型化，代表了未来产业的发展方向。

经济学家保罗·罗默在其著作《新经济增长理论》中指出，"知识"是一个重要的生产要素，它可以提高投资的收益。即在资源增量很少、资源存量不多的情况下，知识可以重复使用，在使用过程中其价值不会减少反而会增加。知识具有连续增长、报酬递增的特征。知识本身不仅是生产的手段与目的，而且也是分配与使用的最终产品。正是知识的这一特点提高了资本的边际报酬。知识在现代社会中已被视为智力资本，它的投入加速了高新技术产业的崛起，并成为一国经济持续发展的标志。

3. 社会开放系统化

传统经济是以区域经济发展为主，经济运行相对封闭、保守。新经济下的社会经济运行已经完全是一个开放性的全球化系统。社会分工打破了地域限制，信息资源的全球化共享与利用，使地球空间变得相对缩小，交易方式更加便捷，人们获取信息在时间、空间和成本上形成最优化，从而极大地改变了人们的社会生活方式。

总之，新经济代表了一种新的产业发展的模式与潮流，它不仅是产业形式上的创新，更包含了产业内部传统经济组织结构与制度的变革和社会生产方式的变革。

四、新经济结构理论

新经济结构理论是在后发展国家如何转型追赶先进国家的背景下提出的，中国当代发展经济学的代表林毅夫是这一理论的倡导者。新经济结构理论主要由"要素禀赋""有效的市场"和"有为的政府"三大核心思想组成。

"要素禀赋"理论包含了比较优势理论和动态要素禀赋理论两大核心内容。比较优势理论强调发展本国自身具有比较优势的产业，由此形成在国际上的竞争力。而本国潜在的和现行的比较优势产业，则来源于改过的要素禀赋。一国的要素禀赋包括劳动力、资本和自然资源等，它内生决定了该国最优的产业结构，一国的产业政策只有选择发展符合自身比较优势的产业，企业才能在国际上形成和具有竞争力。如果撇开自身国家的比较优势，盲目模仿发达国家的产业结构和产业政策，就会失去参与国际竞争的优势，从而使经济发展陷入被动或失败。动态要素禀赋论强调的是一国的要素禀赋是随着资本的积累、生产力的发展而不断发生变化，与之相应的最优产业结构也会随之演变，这种演变主要是发展中国家通过技术模仿、研发与创新获得的后发优势。对处于追赶型的后发优势国家而言，通过不断的技术引进、消化吸收与研发创新，以此加快推动产业升级和结构变迁，并将升级后的产业结构变为优势产业，参与国际竞争。

"有效的市场"理论综合了古典经济学"看不见的手"和新古典经济学"看得见的手"，强调政府通过"看得见的手"在改善市场环境、保证产品及要素市场的有效竞争等方面发挥积极作用。

从"有效的市场"机理中不难看出，政府在创设公开有序市场竞争环境中的作用，这就是"有为的政府"。完全的市场竞争机制与垄断性市场竞争机制都属于极端的市场竞争环境，从极端的市场竞争走向有效的市场竞争环境，是无法通过市场机制的自发作用形成的，只有通过政府宏观政策的调控作用，通过有效的产业政策的选择，通过创设公开公正的法律制度环境，以此来改善市场的竞争秩序，从而达到资源配置及要素价格的形成在市场竞争中不发生扭曲，企业由此能够在有效市场竞争环境下，实现资源的最优配置及企业利润的最大化。

新结构经济学对于中国未来发展的意义在于，首先，发展中国家要基于自身的要素禀赋结构，选择比较优势的产业结构参与国际竞争，与此同时，积极通过技术模仿、技术引进与消化吸收、技术创新等途径，推动产业升级，形成后发优势。作为发展中国家，中国必须实事求是地面对与发达国家的技术差距，认识到在某些方面是可能的。但是，想过多依赖前沿创新来实现经济增长至少短期内是不现实的，更可行的是推动要素结构变迁。其次，中国目前的经济结构转型需要符合中国经济进入"新常态"的现状，政府应通过"有效市场"和"有为政府"协同发力，借助禀赋结构具备比较优势的领域，通过前沿创新驱动推动产业从中低端走向中高端，借助技术的不断引进与创新发展，将升级后的产业进一步向高端升级，实现"弯道超车"和可持续增长。

五、分享经济与零成本理论

现代的分享经济是以创新扩散理论为基点，利用现代信息技术，以使用权分享为主要特征，整合海量、分散化资源，满足多样化需求的经济活动总和。

　　分享经济从资源配置和利益分配的角度出发，以生产资料和生活资源的使用而非拥有为产权基础，通过以租代买等模式创新，充分利用知识资产与闲置资源，显示了跨行业、跨地区、网络化的特征。分享经济的本质在于零成本参与、分享价值、共享利润。分享经济是对原有资源的调整和优化，没有生产成本只是改变商业模式。分享经济是帮消费者赚钱不是让消费者投资的，这是分享经济的基本原则和基础。分享经济，一方面可以理解为平台公司在互联网等信息技术基础之上进行的一种商业模式创新，主要作用是通过信息互联、互享，降低交易成本，优化供给效率——也就是在产量不变的情况下提升福利水平，或者在福利水平不变的情况下减少生产。另一方面也可以视为催生了一种新的消费模式，培育了新需求。其中一个关键点在于，随着新科技手段和新商业模式的结合，消费者不仅能以更小的代价满足其原有需求，更能激发新的个性化、精细化需求。基于上述双重属性，分享经济的发展对于实现长期可持续经济增长和带动短期居民消费都有积极作用。

　　"分享"的实质是在某种商品所有权既定的情况下，交易、让渡其使用权，而作为产权的组成部分，"所有权"和"使用权"两种权利在分享之中都应被界定和保护，以使在"物有所主"的前提下，被分享的对象能"物尽其用"。从理论上讲，这一状况同制度经济学大师罗纳德·科斯（Ronald Coase）提出的所谓"科斯定理"有关，即当交易成本为零或极小时，明确产权（无论如何分配）对资源配置效率至关重要。值得强调的是，以上逻辑绝不仅仅停留在理论层面。从产权角度来看，分享平台的实践可以归结为通过信息技术等工具，发现、汇集、分享商品所有权和使用权的偏离信息，并促成"使用权"的分享或转移。在此过程中，平台公司为其信息网络的参与者提供了一种服务，即"降低交易成本"。而当交易成本不断下降以至趋近于上述假定时，产权的重要性不但不应被削弱，反而还应进一步突出。按照科斯的观点，此时如果没有清晰界定被分享物的产权并施以有效保护，必然催生道德风险和不良的经济外部性，进而降低分享活动的效率与社会价值。

　　"零成本"是一个相对的概念。在分享经济中，以优步、滴滴出行为例，优步、滴滴出行等"分享"的组织者，主要从信息成本、信誉成本和结算成本三方面为参与者提供"降低交易成本"的服务。传统的市场由于受时间、空间的限制，往往成不了规模，但互联网突破了物理条件的限制，借助P2P、B2C等商业模式将双边或多边市场信息聚合使用，降低了交易成本，同时边际成本为零，能形成规模经济。此外，还利用数据建立起信用体系解决了信息不对称。从企业"组织者"的角度来看，以企业为单位从事经济活动的主要目的在于节省交易成本，根据科斯定律，其规模应止于当内部组织的交易成本等于公开市场上的交易成本时。相应地，当公开市场的交易成本不断减小甚至趋近于零时，企业的必要规模也会相应减小，直至出现大量以个人为主体的自雇型经济单位，或称为"一个人的企业"。在很大程度上，上述情景基本反映了现实中分享经济的组织结构特征。

从技术创新的角度来看，交易成本的降低在于移动互联网的应用。正是由于互联网和移动互联网的加速普及有力推动了分享经济的飞速发展。著名分享经济研究者杰里米·里夫金坦言："分享经济带来了一场改变人类生活方式的资源革命，它带来了经济生活的全新组织方式，将会超越传统的市场模式"[1]。

市场研究机构的数据显示，2015年分享经济在全球的市场交易规模约为8100亿美元，其中美国分享经济市场规模已达到5100亿美元，占到美国GDP的3%[2]。

在我国，分享经济正在高速起步，2017年我国共享经济市场交易额约为49205亿元，比2016年增长47.2%[3]。"分享经济"这一概念于2016年首次进入我国《政府工作报告》，2016年的《政府工作报告》中提出："支持分享经济发展，提高资源利用效率，让更多人参与进来、富裕起来。"

2018年3月5日，李克强总理在第十三届全国人民代表大会第一次会议上作的《政府工作报告》中，就"促进大众创业、万众创新上水平"的工

---

[1] 杰里米·里夫金.零边际成本社会[M].北京：中信出版社，2014：11.
[2] 陈静.我国分享经济高速起步[N].经济日报，2016-03-29.
[3] 国家信息中心.中国共享经济发展年度报告（2018）.

作部署中，进一步指出要"发展平台经济、共享经济，形成线上线下结合、产学研用协同、大中小企业融合的创新创业格局，打造'双创'升级版"。分享经济作为一种新业态在我国实现产业转移与升级过程中的作用愈加突出。

第五节　第二次世界大战后各经济体增长特征与启示

由于各经济体的经济基础、资源条件、科学技术，甚至是体制制度存在着重大差异，因此在经济增长方式方面，也存在着差异。

一、各经济体经济增长特点

（一）美国经济增长的特点

总体上说，美国应该属于科技创新拉动增长型，产业结构"高度化"。美国在第二次世界大战后经济实现了持续时间最长的经济增长期，技术创新成为推动经济增长的强大动力。

一是研究开发能力增强。自1960年以来，美国联邦政府和企业在研究开发方面的支出，平均每年占国内生产总值的2.5%；其中，联邦政府的开支约占48%，其余为私人企业和学校等。而研究开发对于生产率提高的贡献率，根据美国劳工部的估计，1963~1992年年平均大约占到0.2%。①

二是科技创新和技术发明推进生产率迅速提高，以信息技术和知识经济为支撑的高新技术行业成为美国经济的"支柱行业"。

三是不断开发和应用新技术的制造业成为推动美国经济增长的第一大动力。

四是产权制度和企业家文化成为经济增长的制度保障。由此不断推动美

---

① 徐徐，王相白. 若干国家和地区转变经济发展方式的经验与教训 [J]. 科技管理研究，2010 (16)：34.

国高新技术产业的飞跃发展。

（二）日本经济的增长特点

日本在第二次世界大战后经济的快速增长，被认为是创造了全球经济起飞的奇迹，并引起了许多专家对其的关注与研究。尤其是在20世纪50~70年代，日本保持了经济持续性高速增长。日本经济高速增长的原因可归纳为多种因素，诸如高积累、高储蓄、高投资的拉动，产业政策的有效实施，优秀的企业家精神与企业管理制度等，但核心因素在于由人力资本和实业技术教育所推动的技术进步对经济增长的突出贡献。

第二次世界大战后日本制定了旨在促进经济发展的《国民收入倍增计划》，该《国民收入倍增计划》中明确强调了产业结构高度化、科学技术和以教育及教育培训为核心的人力资源开发之间的关系。由此，在加强职业技术教育方面，将当时普通高中与职业高中学生的人数比例由6∶4调整为5∶5，同时，通过增设大学、增加生源，重视和加速培养科技方面的人才。在20世纪70年代，又将"科技立国"作为经济发展的核心战略。

与之相适应，提出了科技发展和产业结构向知识密集型转化的《高等教育整顿规则》，强调教育发展的综合化、现代化、国际化。如以学科和专业结构综合化改革而建立的日本筑波大学，形成了教育、科研、生产一体化的现代教育体系，形成了科技人员云集的集聚区。由此对日本经济增长做出了突出贡献。

（三）西欧经济增长的特点

西欧发达国家经济的增长特点明显显示了索洛新古典经济增长理论和美国经济学家西蒙·库兹涅茨"现代经济增长理论"的特征性分析。那就是科学技术的进步始终是推动经济发展，实现经济结构升级的根本性因素和推动力。

第一次科技革命带动了西欧当时纺织、煤炭、钢铁等产业的发展，并推动农业产业迅速向工业部门转移，轻纺工业、能源、原材料等基础产业的发展也为以后经济的快速发展及经济结构转型奠定了基础。

第二次科技革命带动了以资本密集型产业为特征的制造业的发展，随后推动了经济结构由轻纺工业、能源、原材料等基础产业向加工工业的转移，产业结构实现了第二次升级。

20世纪70~80年代以来，基于新一轮的科技革命与技术进步，以信息产业的突出特征为主导，推动了新兴产业的兴起，产业结构逐渐轻型化，由加工工业迅速向现代服务业的重心移动。西欧经济发展的历史特征充分表明，科技创新与技术进步始终是推动一国经济持续增长，实现产业结构不断升级的直接动因。

(四) "四小龙"经济增长的特点

后起发达经济体包括"四小龙"的中国香港、韩国、新加坡和中国台湾。后起发达经济体的发展基本上保持了持续而较高的经济增长，被世界银行列为"高收入国家和地区"。

经济增长表现出如下特征：一是经济发展出现持续增长，中国香港、韩国、新加坡和中国台湾等在20世纪50年代、60年代到80年代，经济一直保持了高速增长的态势，且经济的持续发展维持了20~30年的时间；二是经济增长保持在高位发展，这些经济体的增长大都保持在9%~9.9%的速度发展，因此在第二次世界大战后，很快就相继赶上或接近发达国家的经济水平；三是产业结构同先进发达国家一样"高度化"，制造业比重大幅度提高、进出口商品结构，如机械设备、信息产品等制成品增长率在经济结构中的比重日益提高；四是经济社会平衡发展，城乡之间、区域之间的差距随着整体经济的发展而不断缩小，与欧美经济增长中的一般规律一样，伴随着工业化进程的快速推进，农业部门的劳动力不断向工业部门转移，三类产业中现代服务业的比重越来越大，农业现代化与农村城镇化不断缩小了城乡之间的差别。

(五) 拉丁美洲各国经济增长的特点

拉丁美洲经济体的经济增长经历了一个"发展—高速增长—全面衰退"的过程。从20世纪50~70年代，拉丁美洲国家实施进口替代的"内向型经济"发展模式，从而极大地拉升了经济增长率，并经历了一个高速发展期。进入20世纪80年代后，由于没有重视人力资源提升对经济持续增长的促进作用这一核心要素，受技术水平提升方面因素的制约，使得这些国家无法进一步提高生产技术水平。因而,经济增长率不仅与先进国家和发达经济体差距明显,与东亚后起的经济体相比,人均GDP增长率与增速也明显低于这些国家和地区。

拉丁美洲各国经济增长未能保持持续发展,特别是在20世纪80年代,拉丁美洲国家陷入了严重的经济危机,进入全面衰退,被称为"失去的10年"。

拉丁美洲经济发展的历程与教训再次表明,劳动力资源的提升与技术进步因素对推动和保持经济持续增长的重要性。

二、各经济体经济增长的启示

(一)技术进步作用日益明显

影响经济增长方式演变的因素往往是综合性的,而其中技术进步是最核心的关键性影响因素。广义的技术进步包含了提高劳动者素质、装备技术水平的提高、工艺的改进,以及提高管理决策水平等。技术进步对经济增长的决定性作用已为发达国家经济增长的历程所证实。对于发展中国家而言,技术进步的作用还在于通过技术的引进、消化、吸收与在此基础之上的技术创新,推动经济增长,实现经济发展的"弯道超车"与"跳跃式"增长,赶上或超越发达国家和发达经济体。

在各国经济发展中,无论是先行发达型国家,还是后发追赶型国家,大都经历经济发展的初级、中期和高级发展阶段。在经济发展的初期阶段,实物资本的积累成为支撑经济增长的重要因素;步入经济发展转型升级的中期阶段,资本和技术密集型投入取代了劳动密集型成为推动经济增长的主要因素;之后,以技术创新与知识经济为主导的经济形态成为推动现代经济增长的内在因素。

第二次世界大战后,科技、知识和新技术对生产力的发展、对经济增长的推动作用大大增强。现代经济增长充分表现出了产业结构轻型化与经济结构高度化,这都和现代经济体系下的与知识经济、信息经济相关联的技术创新及技术进步分不开。创意经济、互联网经济、数字经济、3D打印技术的应用等,使得教育与知识、企业文化与创新精神对经济增长的影响越来越重要。

(二) 政府政策作用日益明显

各国发展的经验一再表明,政府在促进一国经济增长及其增长方式转变过程中的作用主要体现在,通过制定合理的产业政策、人力资源扶持政策、战略发展规划等,来推动一国经济增长由粗放式向集约型转变。如日本在20世纪50~70年代推行的《国民经济倍增计划》,当时在推动日本经济实现高速增长中,就曾发挥了突出的作用。

从各国推进经济增长的政策手段来看,有效促进经济增长的经济政策主要包括:产业发展政策、出口导向型贸易政策、宏观经济调控政策等(见表3-1)。

表3-1 第二次世界大战后各国政府宏观政策

国别	时间	政府政策机制	
日本 (产业发展 政策)	20世纪60年代	大力推动重化工业发展	
	20世纪70年代	推动创造性在知识密集型产业中的发展	
	20世纪80年代 以后	为所有产业建立必需的基础设施;产业之间分配和调配资源;产业结构调整;大力扶持中小企业发展	
韩国 (出口导向型 贸易政策)	20世纪60年代	坚持"出口第一"的贸易政策	
	20世纪70年代	推动重化工业与技术密集型产品	
美国 (宏观经济 调控政策)	时间	调控目标	政策工具
	20世纪50年代	充分就业与稳定物价	财政政策、货币政策 收入政策、人力政策
	20世纪60年代	充分就业与经济增长	财政政策、货币政策 收入政策、人力政策
	20世纪70年代	经济增长、充分就业、稳定通货和实现国际收支平衡	财政政策、货币政策 收入政策、人力政策

(三) 制度安排作用日益明显

一国经济发展的过程同时也是市场经济体制不断建立、完善的过程,市场机制和制度安排也是推动经济增长方式不断演进的关键性因素。

制度变迁也是经济增长的关键,有效率的制度安排能够促进经济增长和社会经济的发展,无效率的制度安排则会抑制甚至阻碍经济增长。例如,19世纪的美国,形成了一个对企业组织的生产活动及其技能与知识的发展给予报偿的有效的经济和政治制度矩阵,为经济增长提供了一个有利的环境。再如中国台湾和韩国在20世纪50年代之初先后完成了土地改革(中国台湾1953年完成,韩国1952年完成)。土地改革的主要内容大致是:减租、向农民出售公地、征购地主的土地转售给"现耕农户"等,这项计划大大促进了农业改革和农业生产的不断发展。农产品的增加又为出口提供了资源并赚取外汇,进口了实现工业化所需的机械、设备和各种工业用原料,这又使得由出口带动增长成为可能。[①]

(四) 集约发展模式日益明显

无论是欧美先进发达国家,还是后起发达经济体,一国的经济增长可以概括为两个发展阶段,即粗放型发展阶段与集约型发展阶段。

欧美先进发达国家从18世纪英国工业革命之后的约100年的时间里,主要以采取粗放增长为主的经济增长方式,大都走过了劳动密集型和资本密集型的产能高速发展期。自19世纪后期起,欧美等国家先后完成了工业化,开始由粗放型经济增长向集约经济增长转变。第二次世界大战后,伴随着新的科技革命的兴起,发达的资本主义国家迅速完成了向集约化的转变。

后期的发达经济体如韩国、新加坡、中国台湾、中国香港等国家和地区,也经历了一个与之相类似的过程。与粗放型发展相比,集约型发展在很大程度上主要依靠技术创新、人力资本积累,以及基于政策干预下的经济结构调整等因素所形成的动力来推动。

与粗放型发展相比,集约型发展更加体现了现代经济增长的特征。即经济增长摆脱了主要依靠生产要素扩张、累积的资本投入,而主要依靠人力资

---

① 田春生. 经济增长方式的国际比较与中国的选择 [EB/OL]. 百度文库, https://wenku.baidu.com/view/2ea6333a0912a216147929c3.html, 2011-11-26.

本的提升与积累、科技进步与现代管理等手段来提高经济增长的质量与效益。因此，粗放型是数量与速度型增长，而集约型则更加注重质量、效益型发展。

集约型经济增长模式在较大程度上摆脱了资源的约束，克服了粗放型经济状态下的经济周期性波动。对发展中国家而言，原有的过于依赖自身资源禀赋比较优势实现经济起飞的战略思想，也必须进行适当调整。即在优先选择发展比较优势产业领域的同时，也应该注重技术进步、科技创新和体制机制的改进。

第四章 中国经济增长

从总体上看，中国经济增长体现了数量型增长与质量型增长相结合的增长特征。改革开放之前基本上是以数量型增长为主。改革开放以来，伴随着技术的引进与自主技术的研发及应用，质量型增长的特点在逐步显现。目前技术进步对我国经济增长的贡献率已达到57%，《"十三五"国家科技创新规划》将这一目标确定为：到2020年达到60%（发达国家目前已达到90%）。党的十八大以来，基于供给侧结构性改革，经济发展开始向高质量增长转型。

从经济增长的生长点来看，改革开放以来，除了投资、出口、消费"三驾马车"形成的对经济发展的驱动力之外，技术进步和园区经济、投资基金业、数字经济的发展，成为影响我国经济增长的特殊因素。本章主要对如上因素对经济增长的影响作出实证分析。

园区经济是我国改革开放大潮中形成的重要经济发展载体。以高新技术产业园区、经济技术开发区为主体的国家级园区在经济社会发展中承担了对外开放、科技创新、产业发展的重要功能，仅国家级园区（省级以下各类园区未列入）目前的产值已达18万亿元人民币，超过全国GDP的1/5，成为推动我国经济增长的重要力量。

20世纪90年代以来，科技创业投资在我国发轫，并得到规模化发展。目前这一行业已发展得十分成熟，VC/PE的投资规模已超过500亿美元，私募股权投资（Private Equity，PE）的规模已超过6万亿元，科技创业投资对GDP的贡献率达0.8%。对国内科技创新产业发展起到了直接推动作用，对今后经济结构调整与产业转型升级产生着深刻影响。

步入21世纪，以数字经济为特征的新经济成为推动经济增长的核心。发达国家数字经济在经济增长中所占比重目前已超过了30%，我国已将数字经济定位为推动经济发展的战略性产业，目前数字经济总量已超过 22 万亿元，占 GDP 比重超 30%。数字经济的新业态正在形成，并成为经济增长中的新动能、新抓手，成为拉动我国经济发展的新的增长极。

第一节 技术进步与中国经济增长

一、技术进步与经济增长

从经济学的角度分析，经济增长的原因主要归为三类：一是行之有效的激励机制，二是劳动与资本投入的增加，三是技术进步。技术进步是现代经济增长理论主要关注的问题。其实在亚当·斯密的古典经济理论中，把生产率的提高归因于分工和资本积累引起的人均资本增加的思想，就在其中包含了技术进步因素的分析，索洛的新古典经济增长模型中，把决定增长的因素分为劳动增加、资本增加和技术进步，明确把技术进步作为增长的重要因素提出来，美国经济学家肯德里克等在索洛的基础上实证分析估算了劳动、资本和技术进步对经济增长贡献的大小，根据这一估算得出的结论是：经济增长率中有一半是由于技术进步所引起的。20 世纪 80 年代之后出现的新增长理论在新古典经济增长理论的基础上进一步描述和分析了劳动、资本和技术之间的内在关系，揭示了资本增加是技术进步的条件，技术进步表现在资本质的变化上。同样，劳动的增加实质上是人力资本的增加，而人力资本的增加同样体现了技术进步，这就在实质上揭示出技术进步体现在生产率提高的所有要素之中，技术进步对一国经济增长具有核心的直接推动作用。

从一国经济发展的实践角度来看，技术进步是决定经济可持续发展的主要因素。以东南亚一些国家曾经出现过的经济高速增长为例，其经济并没有得到可持续的高速增长，究其原因主要是这些国家的经济增长是由以劳动与资本的投入为主而带动的，缺乏技术进步因素。1997 年东南亚金融危机的爆发引起这个地区经济的严重衰退，至今经济回升乏力，事实证明了没有技术进步就没有持久而稳定的经济增长。由于东南亚经济增长中主要来自劳动与资本的大量增加，技术进步的作用不明显，而仅仅依靠投入，到一定程度就会引起劳动与资本的边际生产力递减，增长必然放慢，甚至衰退。如果说东南亚经济衰退是新增长理论的一个反例，那么，20世纪90年代以来美国经济连续十几年的稳定增长则是一个正面的例子。20世纪90年代以来美国通过风险投资机制支撑的技术创新，有力地推动了电子信息技术产业、海洋生物技术产业、计算机以及先进制造业的发展，由此带动了美国经济的持续繁荣。反例与正例之间的核心差异就在于技术进步对一国经济的贡献。中国经济的可持续增长与发展，尤其是从过去的数量型增长转向今后高质量发展，同样离不开技术进步这一核心要素。

二、科技进步的总体评价

（一）基础研究及国际影响力大幅提升

经过改革开放的累积，自"十二五"以来，我国在科技研发与创新事业方面取得了显著进步。在基础研究领域，2016年全社会R&D支出（全社会研究与试验发展支出）达到15500亿元，占GDP比重为2.1%，企业占比为78%。国际三大论文检索系统（SCI、EI、ISTP）中，我国论文总数占比位居前列，8个领域SCI论文被引用率处于世界第二方阵，成为全球高质量论文第二大贡献国，我国科学研究的国际影响力大幅提升。

据日本2017年《产经新闻》的研究比较报道，中国在基础科学研究（R&D Performance）方面（以论文被引用次数为标准），1981年，中国论文被引用次数占全球1%以下，到2015年，中国发表的论文被引用次数已经占到了全球的13.5%左右，跃居世界第二，世界第一的美国是22%。世界第三是英国，大约占7%，世界第四是德国，大约占6.7%。其中高质量论文（被引用次数排在全球前10%的论文数量），以及世界各国被引用次数排在全球前1%的论文数量中国目前均居世界第二；全球论文被引用次数排在前1%的顶尖科学家数量中国目前位列第三（汤森路透2016年统计的2004~2014年全球论文被引用次数排在前1%的顶尖科学家数量，美国遥遥领先，顶尖科学家人数占了世界的一半，为47.5%；中国科学家有175人，占世界5.7%，位列第四;日本为74人,占全球2.9%。2007~2017年的高被引科学家数量,中国已经超过德国,跃居世界第三);再根据世界顶级科技杂志《自然》编写的自然指数,统计68种全球影响力最大的科技杂志发表的论文,根据不同权重所做的自然指数,2016年2月1日至2017年1月31日的自然指数排名,WFC中国是6462.29,稳居世界第二,美国是15794.12,位居第一,日本排列世界第五。

表4-1 世界主要国家自然指数(Nature Index)统计排名　　单位:篇

国家	AC(发文数量)	FC(分数式发文数)	WFC(加权分数式计量)
美国	25421	17865.85	15794.12
中国	9712	6861.83	6462.29
德国	8941	4377.61	3770.94
英国	8307	3890.22	3193.09
日本	4656	2957.04	2687.16
法国	5375	2319.32	1909.29
加拿大	3112	1429.07	1264.42
瑞士	2985	1199.90	1091.97
西班牙	3262	1304.57	1036.75
韩国	1934	1105.50	1014.89
意大利	3293	1282.33	919.97
澳大利亚	2753	1105.76	878.97

注:根据日本产经新闻资料整理,其中,FC表示根据作者人数和作者署名的单位个数对论文数量进行贡献的平均拆分。

(二) R&D与科技投入规模和强度持续提高

改革开放以来,中国的研发经费不断增加。2013年,中国用于研究与试验发展的经费支出在GDP中所占比重达2.05%,首次跨过2%的门槛。研发经费与 GDP 之比反映出一国在推动自主创新方面的投入和努力。国务院印发了《"十三五"国家科技创新规划》指出，2015 年，全社会研究与试验发展经费支出达 14220 亿元；2017 年 1 月 10 日召开的全国科技工作会议上，全国政协副主席、科技部部长万钢作的工作报告指出，2016 年全社会 R&D 支出预计达到 15440 亿元，占 GDP 比重为 2.1%，企业占比 78% 以上。

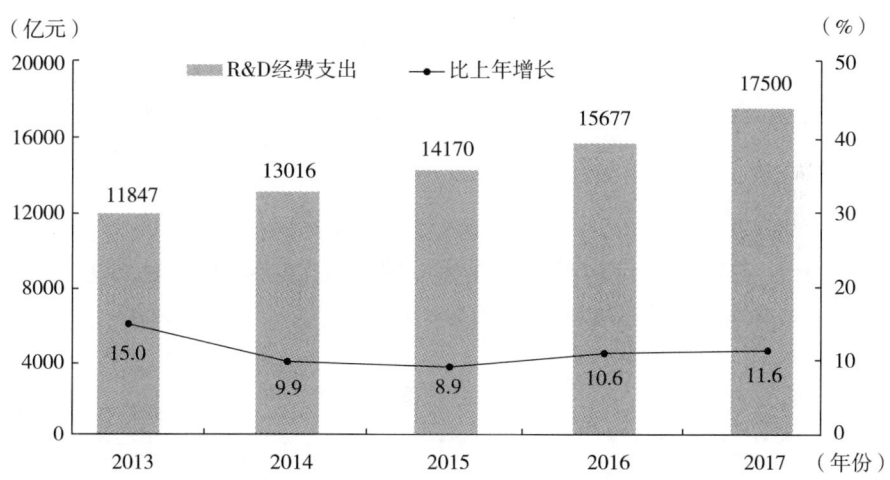

图 4-1　2013~2017 年研究与试验发展（R&D）经费支出及其增长速度

资料来源：新华社．中华人民共和国 2017 年国民经济和社会发展统计公报，2018-03-01.

近年来，我国高技术产业的 R&D 经费持续增长。大中型高技术产业企业的研发经费占大中型制造业企业研发经费的 29.7%，研发经费投入强度达到 1.59%。2015 年，大中型高技术产业企业 R&D 经费达到 2219.7 亿元，占大中型制造业 R&D 经费的 29.7%。从行业分布看，航空航天器制造业的 R&D 经费投入强度最高，为 4.9%，计算机及办公设备制造业最低，为 0.82%。

从地区分布上看，东部地区高技术产业 R&D 经费占到全国高技术产业 R&D 经费的 78.2%，远高于中西部地区；广东、江苏两省占全国比重最高，分别达到 34.7% 和 12.1%，其余省份均不超过 10%。R&D 经费投入强度最高的地区是东部地区，达到 1.74%，西部地区为 1.38%，东北及中部地区分别为 1.28% 和 1.07%。

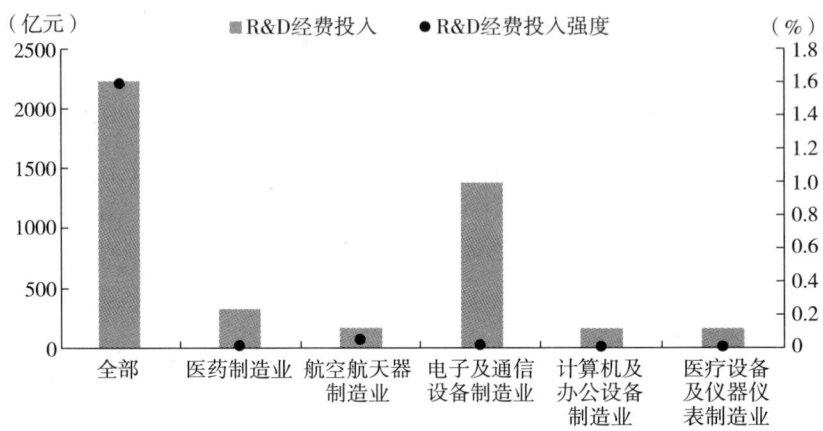

图 4-2　高技术产业 R&D 经费及其投入强度按行业分布（以 2015 年为例）

资料来源：科技部发，我国高技术产业发展状况分析。

2017 年 6 月 13 日，日本经济新闻发布了一篇新闻报道认为，中国的科技投入在 2013 年已超过日本，同时在 2014 年达到了整个欧洲的 56%，研发经费占 GDP 比例，中国已经和欧盟 28 国处于同一水平，在世界主要科技国家中超过了英国，是仅次于美国的世界第二大科技投入国。

按照日本的统计，中国的科技研发支出在 2013 年和日本进行了一个交叉，在 2013 年研发支出超过了日本，2014 年更是超过日本 17.9%，达到 22.4 万亿日元。

中国 2014 年 R&D 研发投入占 GDP 比例为 2.05%，和欧盟 28 国平均的 2.08% 差不多，超过了英国的 1.72%。日本是 3.87%，日本在世界主要国家中仅次于韩国的 4.29%。①

（三）知识产权产出水平大幅度提高

自改革开放尤其是 20 世纪以来，由于基础研究领域的进步及研发创新能力的提升，专利发明与知识产权产出水平在不断提高。

---

① 宁南山. 从日本官方报告看中国科技实力 [EB/OL]. 中国战略网，http://observe.chinaiiss.com/html/20177/7/a8cdc7.html，2017-07-07.

表 4-2　近年来国内专利发明及技术应用情况

类别	年份	数量	世界排位
发明专利申请量	2002	3.97万件	
	2006	12.2万件	
国内发明专利授权量	2002	0.58万件	
	2006	2.5万件	
国家专利局受理的国内外发明专利申请总量	2006	21万件	位居世界第四
有效发明专利保有量	2016	115.8万件	位居世界第三
全国技术合同成交额（亿元）	2015	9835	
	2016	11407	

注：所引数据根据历年《中国科技发展报告》《中国高新技术产业导报》《"十三五"国家科技创新规划》、万钢在2016年全国科技工作会议上的报告等综合资料整理而来。

根据日本产经新闻的报道，中国专利申请的许可量在2014年已经跃居世界第三位，2014年日本专利申请的许可量29.7万件居世界第一，美国25.6万件居世界第二，中国17.6万件居世界第三，韩国12.7万件居世界第四。如果按照申请量来看，中国每年申请专利100多万件，已经是世界第一专利申请大国。

（四）科技人才高地与国家综合创新能力建设成效卓著

由中国科学技术出版社出版发行的《中国科技人力资源发展研究报告（2014）——科技人力资源与政策变迁》揭示，截至2014年底，我国科技人力资源总量约为8114万人，其中符合"资格"定义的科技人力资源总量约为7621万人。从2014年我国科技人力资源的年龄结构来看，"29岁以下"的科技工作者是我国现有科技人力资源的主体；从学科结构来看，2012~2014年本科层次和研究生层次理工农医类新增科技人力资源占新增总量的比例分别为93%和59%，且以工科数量为最多。从学历结构看，2014年我国博士、硕士、本科、专科科技人力资源所占比例分别为0.8%、4.7%、37%和57.5%，2012~

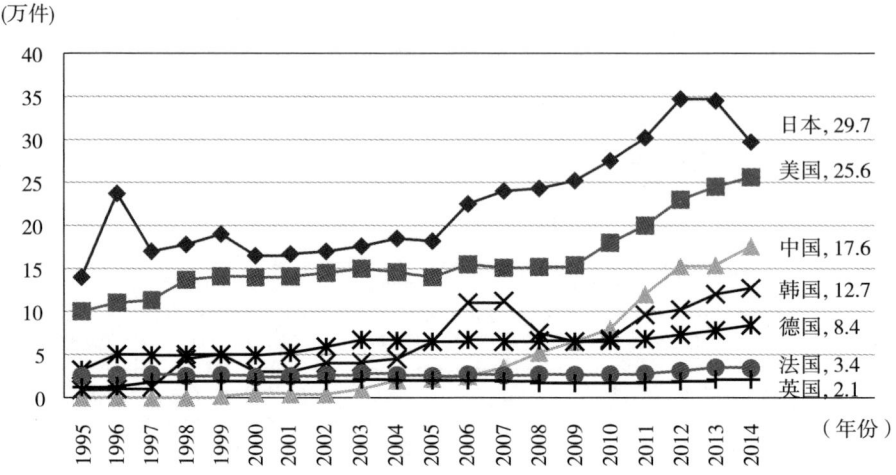

图 4-3　各国专利申请比较

资料来源：宁南山，从日本官方报告看中国科技实力。

2014 年新增科技人力资源中，本科及以上学历层次科技人力资源数量已经超过专科层次，这在一定程度上表明我国科技人力资源的质量正在逐步优化。①

国际相关评价机构指出，到 2014 年中国科技人才总量为 152.4 万人，超过美国的 125.3 万人，仅次于欧盟 28 国 176.2 万人。

2015 年，我国国家综合创新能力跻身世界第 18 位。国务院印发的《"十三五"国家科技创新规划》中提出了未来的发展目标，其中国家综合创新能力世界排名将由 2015 年的第 18 位上升为 2020 年的第 15 位。

(五) 前沿技术创新能力及产业支撑能力显著增强

中国自 2010 年在经济总量上超过日本以后，总体科技产出也超过了日本，仅次于美国。2017 年 6 月 13 日，日本经济新闻发布了一篇新闻报道称，全球科技已进入中美两强时代。②

习近平总书记代表中共十八届中央委员会向十九大作报告时指出，"创新

---

① 方栓喜. 扩大中等收入群体的体制创新 [J]. 经济与管理评论，2016 (6)：12.
② 宁南山. 从日本官方报告看中国科技实力 [EB/OL]. 战略网，http://observe.chinaiiss.com/html/20177/7/a8cdc7.html，2017-07-07.

驱动发展战略大力实施，创新型国家建设成果丰硕，天宫、蛟龙、天眼、悟空、墨子、大飞机等重大科技成果相继问世"。天宫二号已成功"接待"神舟十一号载人飞船和天舟一号货运飞船，为将来我国空间站建设奠定了基础。蛟龙号可在世界海洋面积99.8%的广阔海域中使用，对于我国开发利用深海资源有着重要意义。FAST是目前世界上最大的单口径巨型射电望远镜，能接收到137亿光年以外的电磁信号，并在未来10~20年保持国际一流地位。2015年升空的"悟空"号是我国首颗暗物质粒子探测卫星，对帮助人类认识世界有着重要意义。2016年发射的"墨子号"量子通信卫星，成为中国在国际上抢占量子科技创新制高点的一大标杆。运20、AG600、C919国产大飞机"三剑客"成为推动我国航空工业和国民经济发展的新动力。

目前，尤为国人自豪的高铁、大型水电装备、特高压输变电、杂交水稻、第四代移动通信（4G）及第五代移动通信（5G）的开发、对地观测卫星、北斗导航、电动汽车等重大装备与战略产品开始走向世界，展示了我国在前沿技术与重大高科技项目创新方面赶超先进的能力。

在军事与国防建设领域的科技创新方面，国产航母下水，国产万吨大驱下水，新式火箭顺利进入太空，货运飞船成功发射，智能手机开始逐渐用上了国产芯片，超级计算机领跑全球，量子通信，第五代移动通信都处于世界一流水平，我国已步入军事大国的行列[①]。

科技产品不仅在世界领域赶超先进，而且在国内广泛推广惠及民生。信息支付系统的应用已走进千家万户，惠及广大民众；现代农业、能源环保、生物医药、新一代互联网的应用推广，在保障民生和社会事业发展中起到了日益重要的支撑作用。

（六）区域科技进步日益突出

2016年，科技部中国科学技术发展战略研究院在北京发布《中国区域科技进步评价报告2015》显示，2015年全国综合科技进步水平指数比2014年

---

① 宁南山. 从日本官方报告看中国科技实力[EB/OL]. 战略网, http://observe.chinaiiss.com/html/20177/7/a8cdc7.html, 2017-07-07.

提高 2.94 个百分点，绝大多数地区有所提升。东部发达地区优势全面，上海超越北京排在综合科技进步水平第 1 位，中部地区高技术产业化和科技进步环境指数进步较快。目前我国已形成各具特色的区域科技进步与创新格局。

在区域科技发展中，北京和上海作为全国乃至全球科技创新中心的实力和地位已初步显现，其人力资本和研发机构的集聚水平、创新投入的强度、知识创造的规模、技术成果扩散的溢出效应、对周边地区的辐射能力均遥遥领先于其他地区。但是北京的环境改善指数由 2014 年的第 13 位下降至 2015 年的第 14 位，而上海则从第 11 位上升至第 7 位；北京的科学研究和技术服务业新增固定资产占比由 2014 年的第 1 位下降至 2015 年的第 5 位，而上海则从第 5 位上升为第 3 位。

《中国区域科技进步评价报告 2015》还显示，东部发达地区优势全面，中部地区高技术产业化和科技进步环境指数进步较快。①

三、技术进步对经济增长的贡献

(一) 技术进步直接推动高新技术产业的规模持续化高速增长

技术进步对经济增长的推动作用主要体现在可以直接推动高新技术产业的发展，同时通过对传统产业的技术改造带动经济结构的升级发展。在推动高新技术产业发展方面，技术进步的作用尤为显著。

表 4-3 不同发展时期我国高新技术产业增速　　　　单位：%

不同时期	增速（总产值）
"九五"	25.5
"十五"	27
"十一五"	15
"十二五"	30
"十三五"	30+（预测数）

---

① 李争粉. 中国区域科技进步评价报告 2015 [J]. 中国高新技术产业导报，2016-07-25.

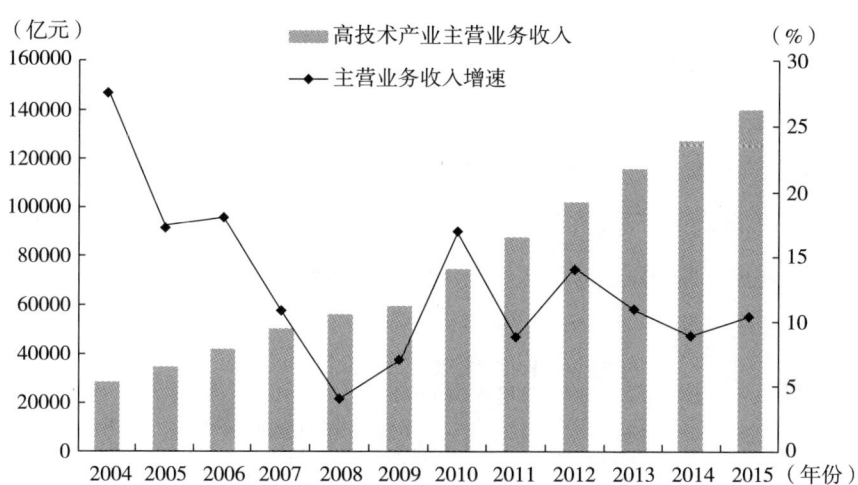

图 4-4 高技术产业主营业务收入及增长速度

资料来源：中国市场调查网，http：www.cnscdc.com。

2015 年，我国高技术产业主营业务收入占制造业比重继续保持了近几年来的回升态势，达到 14.1%。

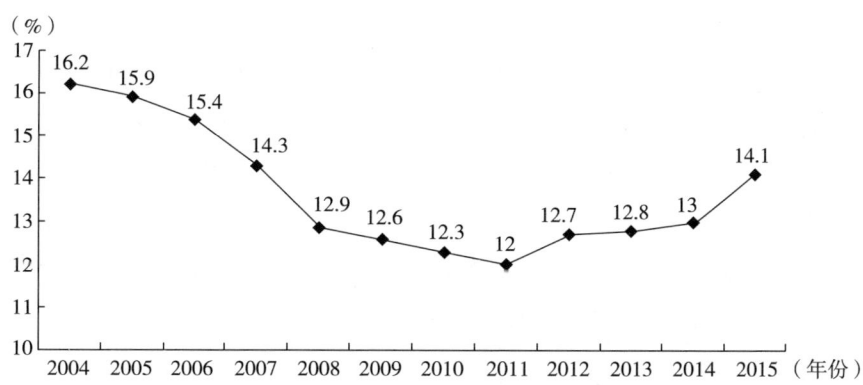

图 4-5 高技术产业主营业务收入占制造业的比重

资料来源：中国市场调查网，http：www.cnscdc.com。

高技术产业主营业务收入表现出了明显的行业集中度与区域集中度。

从高技术产业主营业务收入的行业分布看，2015年电子及通信设备制造业主营业务收入所占比重为56.0%，比2014年提高近3个百分点；电子计算机及办公设备制造业占比为13.9%，比2014年下降了4.5个百分点；医药制造业主营业务收入占比为18.4%，与2014年基本持平；医疗设备及仪器仪表制造业主营业务收入占比为7.5%，比2014年下降了0.3个百分点；航空航天器制造业占比与2014年持平，为2.4%。

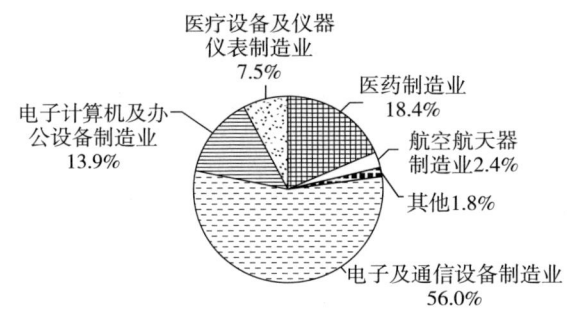

图 4-6　2015 年高技术产业主营业务收入按行业分布

资料来源：中国市场调查网，http：www.cnscdc.com。

从行业的地区分布来看，以东部地区为主，高技术产业分布表现出明显的地理集聚特征。电子计算机及办公设备制造业主要分布在东部沿海省份，广东、江苏、上海三省市在该领域的主营业务收入占全国的52.5%；电子及通信设备制造业在东部沿海省份也表现出极高的集聚度，其收入占到了全国总收入的78.5%，其中仅广东、江苏两省在全国的占比即达54.6%；江苏省继续领跑医疗设备及仪器仪表制造业，占比与2014年持平，为37%；在航空航天器制造业领域，陕西和天津表现突出，继续占据全国前两位，第三至五位依然是江苏、辽宁和四川，这五省市占全国的比重达到63.1%；医药制造业的地区分布依然保持2014年的格局，山东、江苏两省的占比分别超过16.2%和13.5%，但相对其他4个行业，其地区分布较为均衡。

从高新技术企业角度来看，内资企业所占比重呈稳步上升趋势。随着内资企业自主创新能力的增强，我国高技术产业中内资企业的规模不断扩大。2015年，内资企业的主营业务收入在全国的占比继续保持增长趋势，达到51.0%，比2014年提升4.4个百分点。与三资企业在国内发展所占比重（49%）相比较，我国高技术产业主营业务收入中内资企业占比已达到一半以上。

（二）资本与技术进步因素对经济增长作用突出

从中国改革开放40年的发展来看，以技术进步为核心的全要素生产率与经济增长变化之间呈正相关关系，资本与技术进步因素对经济增长作用突出。

表4-4　1979~2017年历年国内GDP及增长率

年份	GDP（亿元）	较上年增减额（亿元）	增长率（%）
1979	4062.6	417.4	7.6
1980	4545.6	483.0	7.8
1981	4891.6	346.0	5.2
1982	5323.4	431.8	9.1
1983	5962.7	639.3	10.9
1984	7208.1	1245.4	15.2
1985	9016.0	1807.9	13.5
1986	10275.2	1259.2	8.8
1987	12058.6	1783.4	11.6
1988	15042.8	2984.2	11.3
1989	16992.3	1949.5	4.1
1990	18667.8	1675.5	3.8
1991	21781.5	3113.7	9.2
1992	26923.5	5142.0	14.2
1993	35333.9	8410.4	13.5
1994	48197.9	12864.0	12.6
1995	60793.7	12595.8	10.5
1996	71176.6	10382.9	9.6
1997	78973.0	7796.4	8.8

续表

年份	GDP（亿元）	较上年增减额（亿元）	增长率（%）
1998	84402.3	5429.3	7.8
1999	89677.1	5274.8	7.1
2000	99214.6	9537.5	8.0
2001	109655.2	10440.6	7.5
2002	120332.7	10677.5	8.3
2003	135822.8	15490.1	10.0
2004	159878.3	24055.5	10.1
2005	184937.4	25059.1	10.4
2006	216314.4	31377.0	11.6
2007	265810.3	49495.9	11.9
2008	314045.4	48235.1	9.6
2009	340902.8	26857.4	9.2
2010	401512.8	60610.0	10.3
2011	472882.0	71369.2	9.3
2012	519470.0	46588.0	7.7
2013	568845.0	49375.0	7.7
2014	636463.0	67618.0	7.4
2015	676708.0	40245.0	6.9
2016	765873.4	89165.4	6.7
2017	827122.0	61248.6	6.9

资料来源：国家统计局、鑫乐书馆《市场经济》，转自www.360doc.com。

从全要素生产率对相同时期的中国经济增长来看，1980～2017年全要素生产率对相同时期的中国经济增长平均贡献了30%。从区域结构来看，根据中国社会科学院对全国264个城市全要素劳动生产率的取样研究，1990～2011年，中国264个城市全要素劳动生产率（TFP）增长率为1.4%，对经济增长的贡献率为11.7%。其中，东部地区TFP增长最快，TFP增长率年均3.0%，对经济增长的贡献率为23.4%；处于第二位的是中部地区，年均TFP增长率为1.3%，对经济增长的贡献率为11.3%；排在最后的是西部地区，年均TFP

增长率为0.8%，对经济增长的贡献率为6.9%（中国网，财经中心，2014年7月25日）。

从2010年开始，我国步入经济新常态，全要素生产率对经济增长的影响随之呈现出如下特点：

一是技术进步贡献率的作用上升，并推动经济结构不断从数量型增长向质量效益型增长转变。我国科技技术进步贡献率从2012年的52.2%上升到2016年的56.2%。经济结构不断优化，向质量效益型增长迈进，尤其是在物联网、云计算、大数据、区块链和自动驾驶等领域的重要技术如5G、LPWA、新型的数字电商平台和数字金融、SaaS和PaaS等，中国正在努力追赶并日益靠近先进国家，新的经济形态如数字经济、共享经济等的出现在不断影响着经济增长与转型发展。

二是资本推动技术进步与经济形态的转变明显。尤其是习近平同志执政以来推行的供给侧结构性改革效应已开始逐渐显现，使中国经济正在从资源驱动向创新驱动转变，这种转变直接影响到经济增长的结构性调整与变化。

从供给侧结构性改革的角度来看，今后经济增长的主要路径在更大程度上要依赖于通过改革提高资本要素（包括提高人力资本）和技术要素，有关研究表明，今后及"十三五"期间，通过改革提高资本和技术要素，预计"十三五"时期如潜在增长率将从目前的6.65%提高到6.87%，即全要素生产率在原有基础上增加0.2个百分点，即可保持经济的持续增长[①]。通过金融体制改革提高资本要素配置效率。包括资本和劳动力在中国各部门内部、行业内部、企业之间的流动与优化配置，使全要素生产率得到进一步提升。

（三）技术进步对经济增长的贡献率

根据国务院《"十三五"国家科技创新规划》数据显示，我国科技进步贡献率已从2010年的50.9%提高到了2015年的55.3%，2016年科技进步贡献率增至56.2%（2017年1月10日召开的全国科技工作会议上，全国政协副主席、科技部部长万钢作的工作报告）。"十三五"期间，科技进步贡献率将从2015年

---

① 陆旸．全要素生产率的变化趋势及对经济增长的贡献［J］．中国金融，2016（20）．

的 55.3%上升为 2020 年的 60%（《"十三五"国家科技创新规划》）。

表 4-5　2015~2020 年科技进步贡献率分解规划指标

序号	指　　　标	2015 年指标值	2020 年目标值
1	国家综合创新能力世界排名（位）	18	15
2	科技进步贡献率（%）	55.3	60
3	研究与试验发展经费投入强度（%）	2.1	2.5
4	每万名就业人员中研发人员（人年）	48.5	60
5	高新技术企业营业收入（万亿元）	22.2	34
6	知识密集型服务业增加值占国内生产总值的比例（%）	15.6	20
7	规模以上工业企业研发经费支出与主营业务收入之比（%）	0.9	1.1
8	国际科技论文被引次数世界排名	4	2
9	PCT 专利申请量（万件）	3.05	翻一番
10	每万人口发明专利拥有量（件）	6.3	12
11	全国技术合同成交金额（亿元）	9835	20000
12	公民具备科学素质的比例（%）	6.2	10

资料来源：《"十三五"国家科技创新规划》，中商情报网，2016 年 8 月 10 日。

按照如上规划，到 2020 年科技进步对经济增长的贡献率将达到 60%的目标，研发投入将要达到 GDP 的 2.5%。届时，随着这一目标的实现，我国的国际竞争力将会得到一个质的提升，将进入创新型国家行列。

第二节　园区经济与中国经济增长

自改革开放以来，我国在大中小城市设立了经济特区、经济技术开发区、高新技术产业园区、出口加工区、保税区、保税物流园区、综合保税区、边境经济合作区、国家级新区、自贸区以及专业类型的园区，如工业园区、物流园区等创新型经济功能区，充分调动了国内的资金、技术、人力资源，又有效地吸引了国外的资本、技术、人才等投入国内建设，形成独特的经济主体和经济增长极，创造了中国经济发展的另类成功模式。

一、园区、新区与特区经济——改革开放背景下形成的中国独特的经济主体

改革开放之初，国家率先在沿海区域设立了经济特区与沿海经济开放区，在这些特殊区域内实行与内地不同的特殊政策，目的是进行改革开放先行试验，并为内地改革开放积累可供探索的经验发展示范。在深圳经济特区之后，还有珠海、汕头、厦门、海南、喀什、霍尔果斯等，在今天看来最具有代表性也最成功的就是深圳经济特区。

在经济特区发展的基础上，进一步将开放范围扩大到沿海开放城市，并将这些沿海开放城市（包括沿海开放城市所辖县）称之为沿海经济开放区，当时先后在国内建立了14个沿海开放城市，这些城市为：大连、秦皇岛、天津、烟台、青岛、连云港、南通、上海、宁波、温州、福州、广州、湛江、北海，围绕沿海开放城市形成了沿海经济开放区。沿海开放城市是作为经济特区的延续，在开发开放的发展过程中，由于体制机制的变革，这些区域的发展对中国经济增长起到了排头兵的作用，目前的综合发展均走在了中国各城市区域的前列。

在经济特区与沿海开放城市经济开放区发展的同时，内陆区域如何开放、怎么发展，也随之成为深化改革、开放发展的现实课题。20世纪80年代国内首批经济技术开发区，如大连经济技术开发区、天津经济技术开发区经党中央、国务院批准挂牌成立，此后经济技术开发区与高新技术产业园区相继得到了蓬勃发展，截至2017年，全国已有国家级经济技术开发区219个，国家级高新技术产业园区146个。从行业管理角度来看，经济技术开发区由商务部管理，高新技术产业园区隶属于科技部管理，由此不难看出，经济技术开发区是侧重于对外开放的窗口，高新技术产业园区主要是对国内高新技术的孵化与产业化。经济技术开发区与高新技术产业园区都是采用一条招商引资的发展模式，无论是在业务上，还是体制机制上，为国内高新技术产业的发

展，以及相应的体制机制创新，开创了先进的示范模式，成为我国改革开放创新示范发展的标杆，并为我国经济发展做出了突出贡献，尤其是在技术创新推动经济增长方面，经济技术开发区与高新产业园区作为经济增长的主体作用更为突出。在当前经济新常态及新技术变革时代，经济技术开发区与高新技术产业园区始终走在最前列，以改革创新的精神探索转型升级和创新发展的新思路与新路径。

20 世纪 90 年代初期，在经济技术开发区、高新技术产业园区发展的基础上，"国家级新区"成为新的区域发展创新示范实验区，目前已出现了十多个"国家级新区"。这些国家级新区包括：上海浦东、天津滨海、重庆两江、浙江舟山群岛、甘肃兰州、广州南沙、陕西西咸、贵州贵安、青岛西海岸、大连金普、四川天府、湖南湘江、南京江北、福建福州、云南滇中、黑龙江哈尔滨、吉林长春、江西赣江新区和河北雄安新区。2017 年，国家发展改革委印发国家级新区体制机制创新工作要点，对新区创新发展提出了明确要求和定位，新区基于各自的发展定位也在不断探索和实践，积极形成特色产业，实现差异化发展。

在国家级新区发展的基础上，自由贸易园区建设也成为我国改革开放不断深化的成果，目前已形成自贸区建设的整体战略格局与发展体系。一是与 22 个国家和地区形成多边合作体系，包括中国—东盟自贸区多边区域自由贸易协定；与新西兰、新加坡、冰岛、瑞士、澳大利亚和韩国发达国家的双边自贸区；与巴基斯坦、智利、秘鲁和哥斯达黎加发展中国家建立的双边自贸区。二是中国内部的自贸区体系，即内地与香港和澳门地区建立的更紧密经贸关系安排（CEPA）、大陆与台湾海峡两岸经济合作框架协议（ECFA），以及上海、天津、广东、福建等大陆体系。从整体战略布局来看，大陆体系除覆盖了中国三大城市群即长三角、珠三角及京津冀区域之外，也延伸到西北、西南及中部区域等内陆地区，自贸试验区改革基于"负面清单"制度，力图打造新的"制度创新高地"，并成为我国今后创新发展的一个新的有力抓手。

2018 年 4 月，习近平总书记在庆祝海南建省办经济特区 30 周年大会上，提出了支持海南全岛建设自由贸易试验区，支持海南逐步探索，稳步推进中国特色自由贸易港建设。海南自由贸易港的建设意味着我国改革开放将形成新的高地，改革开放进入到一个新的时代。

从目前发展的总体格局来看，很多新区和自贸区，以及经济技术开发区、高新技术产业园区、自主创新示范区等都是捆在一起，功能也比较多。这些园区、新区与经济特区在经济发展中起到了技术创新、体制创新、管理运营机制创新的示范作用，对推动我国经济社会发展起到了突出作用。

本文主要将如上各种经济技术开发区、高新技术产业园区、国家级新区、自由贸易试验区等各种类型的特定经济区统称为"园区经济"加以研究。

二、园区经济对经济增长与转型发展的贡献

综合来看，目前我国的经济特区、高新技术产业园区、经济技术开发区等承担着经济增长、对外开放、科技创新、产业集聚、改革试验等重要功能，在我国改革创新与经济发展中发挥着越来越重要的作用。

（一）园区经济越来越成为我国经济增长的重要引擎

在各类园区中，经济技术开发区（以下简称"经开区"）和高新技术产业园区（以下简称"高新区"）是园区经济发展的主体，截至2018年全国共有365家国家级产业园区，其中经开区219家，高新区146家。

改革开放以来，这些国家级产业园区在我国经济发展中扮演着极为重要的角色，成为带动地区经济发展的强力引擎。根据科技部发布的《国家高新区创新发展统计分析》显示，365个国家级园区（经开区和高新区）的经济产出在2015年就占到全国经济总量的1/5；根据同济大学发展研究院发布的《2017中国产业园区持续发展蓝皮书》相关数据，截至2016年，全国365家两类国家级产业园区的合计GDP为170946亿元，超过全国GDP的1/5（22.97%）；两类国家级园区合计上缴税收为29327亿元，超过全国上缴税收的1/4（25.31%）；两类国家级园区合计出口创汇为55254亿元，大约占全国出口创汇的2/5（40%）。

科技部发布的《国家高新区创新发展统计分析》显示，仅2015年，全国146个国家高新区生产总值就超过8万亿元，占全国GDP比重近12%。2015

年，全国146个高新区中有7个园区生产总值占所在城市GDP比重超过50%，有21个超过30%，42个超过20%；全年高新区企业共上缴税额14240.0亿元，占全国税收收入比重达11.4%。亚洲开发银行的数据显示，2015年，219家国家级经开区的GDP占全国GDP的比重为11.5%，根据统计，这两类国家级园区到2017年其GDP接近占到了全国GDP比重的1/3，财政与税收占到了全国的10%，解决国内1/3左右的就业岗位。可见，国家级园区在带动国内工业化发展与技术创新、推动经济增长与增加就业，以及财政、税收增收等各方面发挥并起到了突出作用，成为中国改革开放以来经济发展中重要的经济增长极。

（二）全国科技创新和成果转化的重要基地

目前，国内一半以上的高新技术企业大多都聚集在高新区与经开区这两类国家级产业园区，这些高新技术企业在R&D研发投入、专利发明及拥有量等指标方面也都居全国领先水平。科技部发布的《国家重点园区创新监测报告2016》中的数据显示，国家级经开区高新技术产品出口额在2015年已突破了1万亿元大关（达到11670亿元），占到全国高新技术产品出口总额的28.6%；高新技术产品进口额为8598亿元，占到全国高新技术产品进口总额的1/4（25.2%），成为全国科技创新和成果转化的重要基地。国家高新区是全国创新资源最密集、创新活动最活跃、创新强度最大、创新成果最丰硕的区域。全国经备案的众创空间40.5%在国家高新区内。2016年国家高新区新增注册企业达到28.2万家。高新区内企业R&D经费支出达5379.9亿元，占全国企业的44.3%，全部研发投入占生产总值的比重达6.13%，是全国平均水平的2.9倍。① 商务部公布的国家级经开区综合发展水平的考核评价结果表明，截至2016年末，全国219家国家级开发区劳动生产率已达44.6万元/人（人民币，下同），远高于同期全国劳动生产率9.5万元/人的水平。在创新驱动发展方面，国家级经开区高新技术企业达1.4万多家，占全国的13.7%；每万人发明专利拥有量超过50件。两类国家级园区科

---

① 杨舒. 国家重点园区创新监测报告2016：国家重点园区科技创新能力持续增强 [N]. 光明日报，2017-10-12.

技创新与成果转化对全国技术创新及经济增长产生着越来越重要的影响。

(三) 带动区域经济发展的火车头

国家级两类产业园区在产业发展方面,大都形成了电子信息、新一代互联网与大数据以及物联网与云计算产业、先进装备制造、新材料与新能源、生物医药与节能环保,以及金融、物流、创意等现代服务业等产业体系。虽然从全国来看,产业结构互有雷同,同质化竞争明显,但却构造了国内最为先进的先导性产业体系,成为新兴产业集聚的重要平台,代表了中国产业的发展方向,奠定了我国产业结构调整以及产业转型升级的发展基础,为国民经济增长和地方区域经济发展形成了强有力的支撑。

科技部对全国146家国家高新区生产总值及可持续发展实验区创新能力的监测统计数据显示,2016年,国家高新区生产总值占全国国内生产总值(744127亿元)比重达11.8%,园区生产总值占所在城市GDP的比重都超过了20%,其中有22家高新区的园区生产总值占所在城市GDP比重超过了30%,10家超过了50%[①]。中国商务部公布的对219家国家级经开区综合发展水平的考核评价结果表明,2016年219家国家级经开区的地区生产总值达8.2万亿元,占国内生产总值的11%,高新技术产品进出口贸易额约占全国1/4。

从区域来看,北京、成都、湖北、西安、江苏等地产业园区的发展成为带动地方经济发展的火车头。北京的中关村国家自主创新示范区成为了北京乃至全国创新发展的新高地;江苏省列入国家级的高新区就达15家,在国家高新区的引领示范下,江苏省区域创新能力连续6年居全国之首。湖北省全省60%以上的高新技术企业会聚于高新区,武汉东湖国家自主创新示范区的光电子产业,其产业竞争力进入国际行列;西安国家自主创新示范区内累计注册的高新技术企业目前已超过3万家,全国排名仅次于中关村示范区;成都国家自主创新示范区内,已培育的高新技术上市企业占到四川省全省的50%,成都国家高新区创新的企业"梯度培育库"形成全国高新区发展的一

---

① 杨舒. 国家重点园区创新监测报告2016:国家重点园区科技创新能力持续增强 [N]. 光明日报, 2017-10-12.

大特色；深圳国家自主创新示范区目前已成为全国最具竞争力的高新技术产业发展示范区；上海张江国家自主创新示范区已成为全国园区转型创新发展的典范，集成电路产业的竞争力挤入国际行列。园区经济的产业集聚与引领、园区内高新技术企业的规模化发展有力地支撑了区域经济的发展。

（四）对外开放的重要载体

国家级经开区、高新区作为改革创新的先驱，已经成为我国对外开放的主要载体，在发展外向型经济，调整产业结构等方面起到了重要的窗口、辐射、示范和带动作用，并在引进技术、利用外资、对外投资、对外贸易等各方面发挥和显示出了重要作用，对经济增长的贡献率显著增强。有关方面的统计数据显示，2015 年 219 家国家级经开区实际使用外资和外商投资企业再投资金额高达 3668 亿元；在进出口经贸往来方面，据有关方面的统计，2016 年，列入科技部百强园区排名的国家级园区的出口创汇达 41798 亿元，超过两类国家级园区合计出口创汇的 3/4（75.65%）。2017 年各类园区进出口额更加跃上了一个新的台阶，如表 4-6 所示。

表 4-6　2017 年各类园区地区进出口总值及增长率　　单位：千美元

特定经济园区	总值			增长率		
	进出口（1~12 月）	出口（1~12 月）	进口（1~12 月）	进出口	出口	进口
经济特区	563217927	331202373	232015554	4.8	3.4	6.9
经开区和特殊开放区	319423472	161427709	157995763	9.1	6.6	11.7
高新技术产业开发区	252066361	145701946	106364415	22.3	22.3	22.4
综合实验区	54895920	30797749	24098171	8.9	8.7	9.2
保税区	208227907	62262305	145965602	9.2	-7.4	18.2
出口加工区	100188464	62537915	37650549	3.4	7.7	-3.0
珠澳跨境工业园区	240878	112420	128458	-13.2	-27.6	5.1
保税物流园区	7753210	2927959	4825351	-33.4	-55.7	-4.3
保税港区	76308957	29835479	46473478	25.6	17.7	31.3
综合保税区	293093241	183039028	110054213	27.7	32.7	20.1

续表

特定经济园区	总值			增长率		
	进出口 （1~12月）	出口 （1~12月）	进口 （1~12月）	进出口	出口	进口
保税物流中心	11763750	3920491	7843259	37.7	2.8	65.8
国际边境合作中心	183986	166283	17702	-67.7	-70.1	37.6

注：经济特区包括厦门、深圳、珠海、汕头、海南经济特区；保税区包括天津港、大连大窑湾、上海外高桥、江苏张家港、宁波北仑港、福州、厦门象屿、山东青岛、广州、珠海、汕头、深圳（福田、沙头角、盐田）保税区；出口加工区包括天津、河北秦皇岛、河北廊坊、内蒙古呼和浩特、辽宁大连、吉林珲春、上海漕河泾、上海嘉定、上海闵行、上海松江、上海青浦、上海金桥（南区）、江苏常州、江苏武进、江苏吴中、江苏连云港、江苏扬州、江苏镇江、江苏泰州、江苏常熟、江苏吴江、浙江杭州、浙江宁波、浙江嘉兴、浙江慈溪、安徽合肥、福建福州、福建泉州、江西南昌、江西九江、江西赣州、井冈山、山东青岛、山东青岛西海岸、山东烟台、山东威海、河南郑州、湖北武汉、湖南郴州、广东广州、深圳、广西北海、四川绵阳、云南昆明、陕西西安全国45个出口加工区；保税物流园区包括天津、上海、厦门象屿、广州、深圳盐田保税物流园区；保税港区包括天津东疆、大连大窑湾、洋山、张家港、宁波梅山、福州、厦门海沧、青岛前湾、广州南沙、深圳前海湾、广西钦州、海南洋浦、重庆两路寸滩等；综合保税区包括北京天竺、天津滨海新区、石家庄、曹妃甸、太原武宿、满洲里、沈阳、长春兴隆、黑龙江绥芬河、上海浦东机场、南京、无锡高新区、常州、苏州工业园、苏州高新技术产业开发区、南通、淮安、盐城、镇江、泰州、常熟、昆山、吴江、太仓港、武进、嘉兴、舟山港、合肥、芜湖、赣州、济南、东营、潍坊、临沂、新郑、南阳卧龙、武汉东湖、湘潭、衡阳、岳阳城陵矶、广州白云机场、深圳盐田、广西凭祥、海口、重庆西永、成都高新、贵阳、贵安、云南红河、西安、西安高新、兰州新区、银川、乌鲁木齐、阿拉山口、喀什等；保税物流中心包括北京亦庄、天津经济技术开发区、山西方略、赤峰、营口港、上海西北物流园区、南京龙潭港、徐州保税物流中心（B型）、如皋港保税物流中心（B型）、连云港、江阴、宁波栎社、温州、杭州、义乌、宁波镇海、蚌埠（皖北）、厦门火炬（翔安）、南昌、青岛、淄博、日照、鲁中运达、河南、河南德众、武汉东西湖、黄石棋盘洲、宜昌三峡保税物流中心（B型）、长沙金霞、深圳机场、湛江保税物流中心（B型）、东莞、中山、佛山国通保税物流中心（B型）、东莞清溪保税物流中心（B型）、南宁、重庆铁路、成都空港、泸州港保税物流中心（B型）、宜宾港保税物流中心（B型）、成都铁路保税物流中心（B型）、陕西西咸、武威、青海曹家堡保税物流中心（B型）、奎屯等。

资料来源：根据海关总署（2018年1月）统计数据整理。

（五）改革创新的先行先试区

国家级经开区、高新区体制改革的创新模式目前已在全国起到了极大的示范效应。大部制、扁平化精简高效的管委会模式、推行负面清单制度的投资贸易便利化改革、"一个窗口"对外的"一条龙"服务模式，已成为全国各类园区普遍推广的模式，以及体制机制创新的重要推动力量。

体制机制的创新一方面推动了国家级各类园区之间的竞争与提升，另一方面为省、县级园区树立了示范与标杆，促使省、县级园区不断向国家级园区竞位发展。科技部火炬中心曾经组织过对国家高新区综合评价排名，2016年有73家产业园区连续5年进入百强榜，14家产业园区连续5年进入前20强，7家产业园区连续5年进入前10强。近5年来，中关村国家自主创新示范区、上海张江国家自主创新示范区、苏州工业园区、天津经济技术开发区、广州经济技术开发区、武汉东湖国家自主创新示范区和青岛经济技术开发区等连续进入10强，百强榜产业园区在两类国家级园区中占据了重要位置。表4-7列示了2017年国家级产业园区持续发展竞争力情况。

表4-7 2017年国家级产业园区（高新区、经开区两类园区）持续发展竞争力比较

排名	园　　区	排名	园　　区
1	中关村国家自主创新示范区	51	南昌高新技术产业开发区
2	上海张江国家自主创新示范区	52	淄博高新技术产业开发区
3	苏州工业园区	53	徐州经济技术开发区
4	广州经济技术开发区	54	惠州大亚湾经济技术开发区
5	武汉东湖国家自主创新示范区	55	嘉兴经济技术开发区
6	成都高新技术产业开发区	56	济宁高新技术产业开发区
7	天津经济技术开发区	57	佛山高新技术产业开发区
8	北京经济技术开发区	58	珠海高新技术产业开发区
9	深圳高新技术产业开发区	59	福州经济技术开发区
10	青岛经济技术开发区	60	沈阳高新技术产业开发区
11	大连经济技术开发区	61	上海金桥出口加工区

续表

排名	园区	排名	园区
12	合肥高新技术产业开发区	62	威海火炬高技术产业开发区
13	西安高新技术产业开发区	63	廊坊经济技术开发区
14	天津滨海高新技术产业开发区	64	乌鲁木齐经济技术开发区
15	合肥经济技术开发区	65	洛阳高新技术产业开发区
16	漕河泾经济技术开发区	66	昆明高新技术产业开发区
17	杭州高新技术产业开发区	67	温州经济技术开发区
18	昆山经济技术开发区	68	中山火炬高技术产业开发区
19	烟台经济技术开发区	69	潍坊高新技术产业开发区
20	青岛高新技术产业开发区	70	哈尔滨高新技术产业开发区
21	武汉经济技术开发区	71	张家港经济技术开发区
22	南京国家高新技术产业开发区	72	宁波大榭开发区
23	宁波经济技术开发区	73	萧山经济技术开发区
24	苏州国家高新技术产业开发区	74	江阴高新技术产业开发区
25	沈阳经济技术开发区	75	湘潭高新技术产业开发区
26	南京经济技术开发区	76	兰州经济技术开发区
27	成都经济技术开发区	77	绵阳高新技术产业开发区
28	哈尔滨经济技术开发区	78	连云港经济技术开发区
29	长春高新技术产业开发区	79	秦皇岛经济技术开发区
30	芜湖经济技术开发区	80	襄阳高新技术产业开发区
31	江宁经济技术开发区	81	重庆经济技术开发区
32	郑州经济技术开发区	82	吴江经济技术开发区
33	长沙高新技术产业开发区	83	东营经济技术开发区
34	南昌经济技术开发区	84	兰州高新技术产业开发区
35	西安经济技术开发区	85	盐城经济技术开发区
36	无锡国家高新技术产业开发区	86	徐州国家高新技术产业开发区
37	郑州高新技术产业开发区	87	大连高新技术产业开发区
38	长沙经济技术开发区	88	潍坊滨海经济技术开发区

续表

排名	园区	排名	园区
39	惠州仲恺高新技术开发区	89	武进高新技术产业开发区
40	东莞松山湖高新技术产业园	90	马鞍山经济技术开发区
41	广州南沙经济技术开发区	91	贵阳经济技术开发区
42	厦门火炬高技术产业开发区	92	常熟经济技术开发区
43	济南高新技术产业开发区	93	石家庄高新技术产业开发区
44	南通经济技术开发区	94	保定高新技术产业开发区
45	宁波高新技术产业开发区	95	大庆高新技术产业开发区
46	南宁高新技术产业开发区	96	重庆高新技术产业开发区
47	常州国家高新技术产业开发区	97	临沂经济技术开发区
48	扬州经济技术开发区	98	株洲高新技术产业开发区
49	贵阳高新技术产业开发区	99	昆山高新技术产业开发区
50	长春经济技术开发区	100	桂林高新技术产业开发区

资料来源：2017 中国产业园区持续发展论坛，《2017 中国产业园区持续发展蓝皮书》。

（六）园区经济已成为全国人才创新的聚集地

从全国各园区发展来看，各园区越来越重视人才基地的建设。全国各类园区也成为高等院校、科研机构、科技型企业以及高层次人才、高精尖技术和高效能资本等高等级创新要素的集聚区。表 4-8 列出了全国部分园区人才行动计划。

表 4-8 全国部分园区人才行动计划

济南高新区	人才扶持计划
昆山高新区	"人才生根"战略
长春高新区	"人才特区"计划
天津滨海新区	"海河英才"行动计划
中关村	创业者榜单行动

人才的集聚使国家级园区成为了名副其实的创新创业园地，有力地提升了园区经济发展中的技术创新与高新技术产业的发展。图 4-7 列示了国家高新区每万名从业人员拥有发明专利数与全国平均水平的比较。

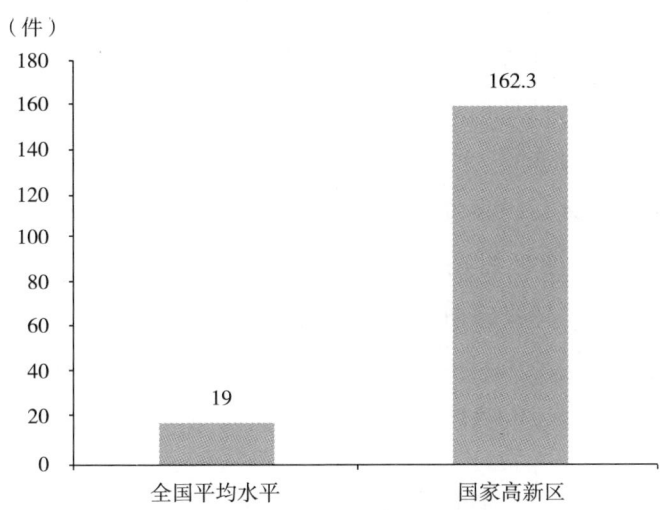

图 4-7　国家高新区每万名从业人员拥有发明专利数与全国平均水平比较

资料来源：龙开元. 做带动区域发展的火车头——国家高新区转型发展的挑战与对策［N］. 光明日报，2016-08-24.

三、园区经济发展中面临的挑战

（一）招商引资的单一运营模式与同质化竞争

国内各类园区从发展到现在，大多是以招商引资形成产业集聚的模式。各地大都从"大招商、大发展"的理念出发，主攻重点产业、重大项目招商，以求加速聚集和培育自身园区内一批重大项目、高成长性企业。为此，各园区之间互相争项目，比谁的招商引资政策更优惠，有的园区甚至不惜采取变相的"零地价"方式吸引一些大项目入园。结果是各园区之间形成恶性竞争、各产业园区之间产业雷同、产业的集聚度高度相近。

(二) 盈利模式趋同化,没有形成自主技术创新的支点

园区的发展尤其在初期,都是在土地方面做文章,与地方土地财政不谋而合。这与像美国硅谷等国际上先进的科技园区的发展模式大相径庭。反而与土地开发与经营模式相适应,园区主要依赖于工业、商业、住宅用地转让,以及厂房、公寓、商贸楼宇出租形成盈利点。

园区的另一盈利点是通过招商引资,筑巢引凤,由入园企业带来的税收收入。但就园区自身而言,一旦企业发生流动,税收随之流失,大多数园区没有形成主动式投资管理的功能。

(三) 非平衡性与可持续性发展问题

从全国高新区、经开区两类国家级百强产业园区的分布来看,园区主要集中在东部经济发达地区,中西部地区只占到1/3。而且中西部园区的GDP及园区企业的创新能力也明显低于东部地区,如图4-8所示。

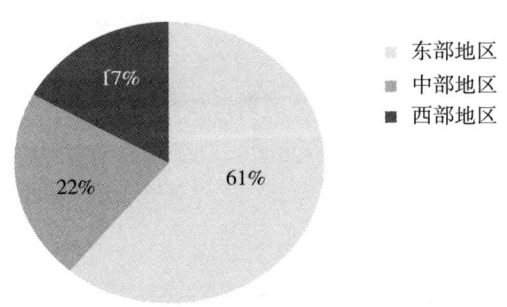

图4-8 全国百强产业园区分布结构

资料来源:前瞻产业研究院,《中国产业园区持续发展蓝皮书》。

在我国经济逐步融入全球化的背景下,园区内生产要素成本的不断攀升、土地资源刚性制约,以及资源环境约束等成为园区产业转型升级、可持续发展的突出问题。

四、园区经济的转型创新发展

园区经济是改革开放以来形成的一个特殊的经济主体。从世界范围来看,

我国已经走到转型升级发展的新阶段。

(一) 构建人才、大学与科研机构及高新技术企业与孵化器的聚集高地

全球比较有名的园区大都是创新型人才与学校、科研机构与高科技企业的聚集地，集聚了大量的跨国公司、高端人才、技术和资金，成为全球高端要素最集中的地区。世界科技园区的典型代表美国的硅谷，从斯坦福大学在美国西部一条长约48公里、宽约14公里的峡长山谷中创办出科技园区之后，才形成许多国家和地区争相效仿的高科技产业发展模式。硅谷每年有大量的创业企业诞生。美国除了"硅谷"之外，还有著名的128号公路高技术产业地带，以及北卡罗来纳三角研究园，北卡罗来纳三角研究园就是由三所大学共同组成的科学园区，这些园区里几乎每天都在孵化着新的技术与新的企业。日本有筑波科学城、九洲硅岛；英国有剑桥科学园、苏格兰硅谷等；以色列有"硅溪"；中国台湾有新竹科技工业园，被称为是硅谷模式在世界各地孵化的案例中成功的典范。① 世界著名园区分布如表4-9所示。

表4-9 世界著名园区分布

国家/地区	园 区
美国	硅谷、128号公路北卡罗来纳三角研究园
日本	筑波科学城、九洲硅岛
英国	剑桥科学园、苏格兰硅谷
以色列	"硅溪"
中国台湾	新竹科技工业园
俄罗斯	新西伯利亚高科技区
加拿大	"北硅谷"：卡尔顿高科技区
德国	"巴伐利亚硅谷"：慕尼黑高科技区
法国	诺布尔高科技产业区

---

① 杨贵杰. 西安高新技术产业开发区发展战略研究 [D]. 西安：西安科技大学, 2006.

续表

国家/地区	园　区
意大利	意大利国家高科技区
瑞典	希斯达电子城
韩国	大德科技园
印度	班加罗尔
爱尔兰	软件工业园

园区往往是电子信息技术、生物技术等全球领先技术及产业的创新和制造中心。我国园区经济的发展同世界各国园区经济的发展一样，同样代表着国内领先的产业集群，也一直受到国家的高度重视。总体上，新时期园区经济要围绕未来发展目标，通过落实五大发展理念和深化供给侧结构性改革加快转型发展，努力实现由以要素驱动为主向以创新驱动为主转变，由同质化竞争向差异化发展转变，由以招商引资为主向以招商引智寻求技术创新为主转变，促进园区产业技术迈向中高端水平，在更高层次参与国际经济合作和竞争。具体而言，要将园区建设成为国家级科技创新中心，从国家级园区开始，要将大学、科研院所引入园区。与园区一起成立股份制研发中心、企业孵化器或创新创业科技型企业，形成技术创新集聚区；优化结构布局，形成产业协同创新、国际合作创新、科技驱动创新、区域合作创新的新高地。

（二）构建以企业为主体的官、产、学、研、投一体化综合创新网络体系

通过政府引导、产学研结合、风险投资培育，推动园区高技术产业的发展。同时通过行业协会等非政府组织的介入，形成政府、企业、科研机构共同参与的中介服务和平台，推动园区内高新技术企业的迅速成长。

（三）形成政府引导与市场自主配置资源的互动发展机制

积极探索吸引社会资本合作办园区，形成了政府引导发展和市场自主配置资源两种发展模式相结合的良性互动互促体制。政府引导是基于我国建设创新型国家，核心是按照党的十九大部署的创新发展战略，走出一条集知识

创新、引进与自主创新、运用举国体制集中优势重点突破的综合创新模式，将增强自主创新能力作为发展科学技术的战略基点。企业作为创新的主体和能动力量，重在深化企业的制度创新，从目前我国企业和传统制造业的转型来看，表面上是面临政策要求、产能过剩的压力，深层次则是新技术浪潮冲击下寻求新的经济增长点的问题。企业和传统制造业所在的各行各业，或迟或早都要经历类似的新技术冲击和行业洗牌，只有通过全面深化改革，拥抱新技术、创新发展、重塑商业环境、增强竞争态势，才能真正实现转型升级和增强持续发展能力，而园区经济正是推动这种转型与持续发展的着力点。

（四）大力发展"飞地经济"，推动产业转移，促进中西部地区园区经济均衡发展

近年来，像中关村科技园、张江高新区、漕河泾经开区等历经多年打造，在国内建立了较大的品牌知名度，目前这些园区由于受土地资源限制，都在积极运作"飞地"园区，走上品牌输出和园区共建之路。如中关村科技园与贵阳、南宁等地共建中关村科技园分园，成为相关地市科技创新和业态创新的新高地；张江高新区分别与南通市、兰州市共建数字产业园、兰白试验区。此外，民营的园区开发商如天安数码城、华夏幸福基业、联动U谷等，采取"连锁经营"的园区开发模式，也已形成了较有影响力的园区品牌。[①] 基于这些园区的示范，东部地区的其他园区在现有发展规模的基础上，应加大腾笼换鸟与产业梯度转移力度，以及利用"飞地经济"模式，与中西部园区融合发展，形成新的产业整合与集聚效应。

（五）创新园区发展模式，促进园区产业集群向创新集群转变

随着产业结构服务化的逐渐深入，园区不再仅仅关注培育和壮大一两个产业集群，而是更加注重创新生态的培育，塑造以创新为核心的功能优势将是未来园区实现整体跃升的关键，创新集群将成为促进区域创新驱动发展的政策工具和重要的产业组织形式，这与国家科技部对国家高新区提出的"要加快实现由规模扩张和产业集聚为特征的'一次创业'，转向以科技创新为动

---

① 毕德鹏. 2015绿色产业园转型催生六大看点［N］. 中国建材报，2015-04-16.

力、内涵式增长为特征的'二次创业'"的要求相一致。与此相适应，在产业结构升级方面，应由过去以发展加工制造业为重点，逐步转向发展科创基地、总部经济、金融与文旅等现代服务业，园区产业由工业主导型向服务主导型转变，形成园区创新发展的新业态。

第三节 投资基金与中国经济增长

投资基金作为一个行业在我国已经得到长足发展，对我国经济增长与转型发展的贡献率在不断增强，客观上对我国目前及今后经济结构的调整与转型、产业升级起到了直接和间接的推动作用。今后应通过积极培育天使资本市场、进一步升华资本市场退出机制的制度建设，将资本市场建设成为拓宽中小企业融资渠道、培育和孵化战略性新兴产业，以及推动国家创新发展、结构调整、产业升级等改革战略的市场。

一、投资基金——推动经济增长与社会发展的源泉与泵

哈佛商学院著名教授迈克尔·延森这样指出："Who can argue with a new model of enterprise that aligns the interest of owners and managers, improves efficiency and productivity, and unlocks hundreds of billions of dollars of shareholder value."（"谁能否认这样一种企业运作模式，它使股东和经理人的利益一致，提高效率和生产力并撬动上千亿的股东价值。"）

风险投资基金之所以有如此强大的魅力，源自于它为科学技术从研发到成果的转化、产业化、商业化之间架起了一道绚丽的桥梁。本文所研究的投资基金主要基于发端于20世纪40~50年代的英国、美国成长起来的科技创业投资。当时只是一种松散的民间投资组织活动，并未得到政府层面的重视。如1957年由麻省理工学院的几个大学生成立了一家数控设备高科技公司，得到了美国研究与发展（R&D）公司的关注，美国研究与发展公司给予这家数控设备高科技公司7万美元的投资，占数控设备公司77%的股份，这可谓是

一经典的天使投资，十几年后数据公司的股票创造了3.55亿美元的市值，成为美国当时风险投资（Ventrue Capital，以下简称VC）第一个成功的案例。1957年，苏联卫星上天，给了美国政府一个很大的刺激，美国由此认识到在国际竞争中发展高新技术产业的重要性，并退出了星球大战计划，与此同时，在计算机、通信、电子、航空航天、生物技术、新材料新能源等领域设立了国家级研究中心，新技术首先应用于军事领域，然后投放于民用领域。1958年美国成立了企业管理局，美国国会通过了《小企业投资法案》，旨在推动小企业和投资公司的发展。通过投资立法，以及税收政策的调整推动，经过20世纪60~70年代及80~90年代的发展，科技创业投资业得到了迅速的繁荣发展。20世纪90年代美国VC的37%投向计算机领域，12%投入通信领域，11%投资于电子工业，8%投资于生物技术领域，10%投向低端技术领域，美国硅谷也成为发展VC的代名词。美国在20世纪80~90年代经济的繁荣与持续增长，以及目前经济的复苏，高新技术产业的贡献度超过了50%，科技创业投资的作用功不可没。

二、投资基金在中国的发展

尤其是自改革开放以来，我国在科技研发与创新事业方面，不断取得显著成效，随着科技创新的发展，科技创业投资作为一个新的投资产业得到了迅速发展，并在支持我国高新技术产业发展方面起到了积极而有效的推动作用。我国投资基金业的创新发展大概经历了四个阶段，如表4-10所示。

表4-10 我国投资基金业创新发展的四个阶段

产业投资基金时代	改革开放以来至20世纪70~80年代
风险投资的"白银时代"	1998~2000年（民建中央"1号提案"）
创业投资的"黄金时代"	21世纪初（2001年）至2009年
投资基金的PE时代	2010年以来

自20世纪70~80年代以来，以产业投资基金发展为主的投资基金业在国

内得到了初步发展。产业投资基金（Industry Investing Fund）是具有行业投资特征的PE。中国产业投资基金的发展经历了境外产业投资基金在中国的发展（中外合资），以及境内产业投资基金的成长与发展两个不同阶段。

自改革开放以来至20世纪70~80年代，产业投资基金的发展主要以中外合作产业投资基金为主，最初是境外产业投资基金在国内设立的中外合资、合作型的基金。1995年，中国人民银行发布《设立境外中国产业投资基金管理办法》，由此，20世纪末21世纪初，国内发展了一批以中外合作为主的产业投资基金。1998年1月16日，国内第一只中外合资产业基金——中瑞合作基金（中国与瑞士合作）在北京成立，主要是为中瑞中小企业间合资项目和其他形式的合作提供融资支持。2003年，由国家开发银行牵头作为发起人之一，代表中国政府参与发起成立了"中国—东盟中小企业投资基金"。2004年，中比投资基金（中国与比利时合作设立的直接股权投资基金）在北京注册成立，作为该基金的基金管理人，也是中国第一家经国家发展改革委、商务部等国家主管部门批准设立的产业基金。① 这一阶段产业投资基金的设立对推动我国基础设施建设、中小企业发展起到了一定的作用。第一代产业投资基金的基本情况如表4-11所示。

表4-11 第一代产业投资基金

序号	基金名称	成立时间	基金规模	投资领域	备注
1	淄博乡镇企业投资基金	1993年3月	1亿元人民币	乡镇企业证券	2000年10月变更为证券投资基金
2	天骥投资基金	1993年3月	5.8亿元人民币	地产、证券	2002年9月变更为证券投资基金
3	建业教育基金	1993年3月	1亿元人民币	教育	2007年变更为证券投资基金
4	宝鼎教育基金	1993年3月	1亿元人民币	教育	已关闭

---

① 涂剑.促进山西产业结构升级的产融结合模式研究［D］.山西：山西财经大学，2008.

续表

序号	基金名称	成立时间	基金规模	投资领域	备注
5	金龙教育基金	1993年3月	1亿元人民币	教育	已关闭
6	上海太平洋技术投资基金	1993年6月	1亿元人民币	IT	—
7	中瑞合作基金	1993年1月	6250万瑞郎	中小企业	国家开发银行（20%）
8	中国—东盟中小企业投资基金	2003年5月	7600万美元	中国、东盟高成长中小企业	国家开发银行（12%）
9	中比投资基金	2004年1月	1亿欧元	高科技、成长期拟上市中小企业	财政部（15%）

自21世纪初以来，产业投资基金的发展以国内机构投资为主发起设立，产业基金得到了规模化发展。2006年12月30日，渤海产业投资基金在天津挂牌成立，这是经国务院批准设立的国内第一家全中资背景的产业投资基金，基金规模达200亿元人民币，天津作为北方金融改革示范试点，助推金融改革与创新发展，并推动金融商贸、空港与海港物流、海洋生物等产业的发展。之后，产业投资基金的试点不断展开，2007年，经国务院批准设立了山西能源产业投资基金、绵阳科技产业投资基金、广东核电及新能源产业投资基金、上海金融产业投资基金等；2008年，设立了天津船舶产业投资基金等；2010年，设立了中国航天产业投资基金等。第二代产业投资基金的基本情况如表4-12所示。

表4-12 第二代产业投资基金　　　　　　　　　　　单位：亿元

序号	基金名称	批准时间	基金规模	募集情况	投资领域
1	渤海产业基金	2006年11月	200	60.8	交通、能源、现代制造、高科技企业
2	绵阳科技产业投资基金	2007年8月	90	90	新材料、机械、金融消费

续表

序号	基金名称	批准时间	基金规模	募集情况	投资领域
3	山西能源产业投资基金	2007年8月	100	—	煤炭、能源企业改制、交通、物流
4	中新高科技产业投资基金	2007年8月	100	50	信息、医疗、装备制造
5	中广核电新能源产业投资基金	2007年8月	100	70	国内核电产业
6	上海金融产业投资基金	2007年8月	200	110	金融产业
7	天津船舶产业投资基金	2008年7月	200	28.5	船舶航运产业
8	城市基础设施产业投资基金	2008年7月	100	—	城市基础设施
9	东北装备工业产业投资基金	2008年7月	100	—	装备工业
10	华禹水务产业投资基金	2008年7月	300	—	水务产业
11	西安国家航空产业投资基金	2009年5月	300	—	航空产业基地内企业和项目
12	吉林现代农业和生物技术产业投资基金	2009年8月	50	—	农业及生物技术项目
13	中国航天产业投资基金	2010年10月	200	50	航天产品、技术应用、服务业
14	河南农业开发产业投资基金	2010年10月	48	—	农业产业及关联产业企业

产业投资基金的发展属于投资基金业在中国发展的青铜时代，主要是以外资为主的投资基金进入中国市场，作为独立的外资产业投资基金在中国寻求投资机会。从以国内投资主体为主发起设立的产业投资基金的发展来看，

截至目前并没有得到一个实质性和规模化的发展，也没有形成行业发展的明显特征。总体来看，中国投资基金业在这一时期处于起步发展阶段。

从20世纪90年代到2000~2001年，科技创业投资（风险投资）发展步入第二阶段。1998年，民建中央向全国政协提交了《关于借鉴国外经验，尽快发展我国风险投资事业的提案》，在业界称之为"一号文件"，推动了我国科技创业投资业实质性启动和发展。这一阶段国内风险投资风起云涌，与境外基金并行发展。北京、深圳、上海率先发力，掀起了中国风险投资热，中国步入投资基金业发展的白银时代。

2000~2001年，受美国基于NASDAQ市场互联网产业泡沫影响，国内以互联网发展而形成的行业投资高潮也伴随着网络科技泡沫的出现而步入投资低谷。

2002~2009年是中国风险投资发展的第三阶段。中国作为新兴经济体的发展以及科技创新为Venture Capital（以下简称VC）、Private Equity（以下简称PE）的发展奠定了良好的投资环境。2008年应该是PE基金的一个低潮（至少在美国），因为信贷危机注定债权人不会太慷慨地为PE基金的收购（Buyout）提供融资。但在中国，VC/PE基金还是获得了一个量上的增长，这一时期也成为中国风险投资发展的黄金时期。

自2010年以来，伴随着国内投资环境的改善，行业政策的规范，以及各地政府的积极推动，VC/PE的发展已经十分成熟，推动科技与经济发展的作用凸显，投资基金业走上了助推产业发展、促进中小型创业企业成长的星光大道。

从总体上看，这一阶段中国投资基金以VC/PE为主呈现出多元化发展格局，大量的投资机构非常重视投资策略、内部控制和风险控制，VC/PE的内部治理也迈上一个新的台阶，尤其是国内创业板的设立对行业的发展起到了很大的推动作用。

自2012年以来，VC/PE市场整体发展趋势平稳，稳步增长。到2016年国内市场共披露VC案例3000起，投资金额达400亿美元；PE案例1300多起，投资总额为近500亿美元（CVSource统计研究）。2012~2017年TMT创业公司成立数量及增速如图4-9所示。

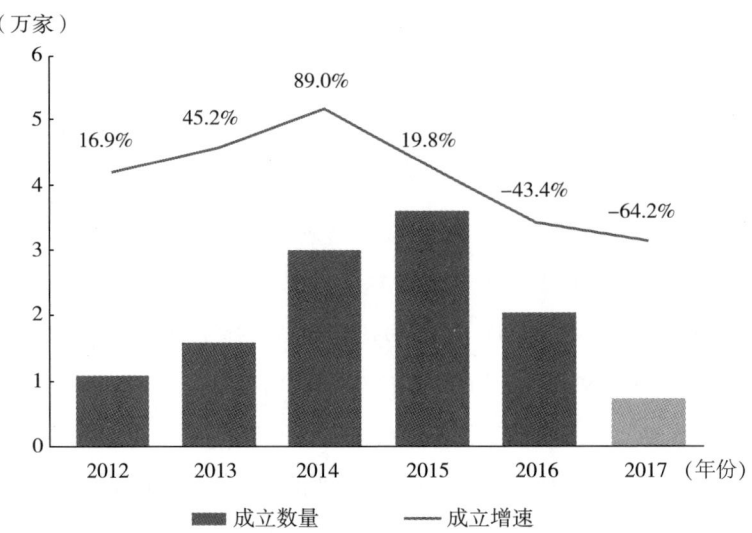

图 4-9 2012~2017 年 TMT 创业公司成立数量及增速

资料来源：鲸准研究院，http：www.jingdata.com。

2016 年，通过新三板融资的共 69 起，累计金额 4.66 亿美元，平均投资金额 675.97 万美元，数量占比 22.12%，金额占比 4.61%，环比增长 36.5%（数据来源于中投顾问发布的《2016~2020 年中国产业投资基金行业深度分析及发展规划咨询建议报告》）。

2014~2017 年，随着 VC/PE 市场的日臻成熟，国内投资基金步入母基金（Fund of Funds，以下简称 FOFs）时代。FOFs 主要包括政府投资基金和市场化 FOFs 两种。2016 年财政部出台了《政府投资基金暂行管理办法》，该"办法"规定了可以由政府单独出资或政府与社会资本共同出资设立 FOFs，旨在通过以股权投资以及市场化方式引导社会各类资本加入，形成规模化的股权投资基金，投资到基础设施和公共服务领域，将过去财政资金补贴功能转化为通过基金方式重点支持产业转型升级和发展、支持创新创业和中小企业发展的股权投资功能，由此在实践中也形成了中央政府投资基金与省级政府投资基金两类基金。2007~2015 年政府投资基金投资设立情况如表 4-13 所示。2015 年和 2017 年政府投资基金在国内得到了较大发展，伴随着"十三五"规划纲要的逐步落实，VC/PE 市场发展将步入一个更高的发展台阶，人民币基金依旧占主导格局的 FOFs 逐步市场化，成长型（Growth）基金成为主力军。

表 4-13　2007~2015 年政府基金投资设立情况

政府投资基金	设立时间	投资方向
科技型中小企业创业投资引导基金	2007 年 7 月	支持从事创业投资的创业投资企业、创业投资管理企业、具有投资功能的中小企业服务机构，及初创期科技型中小企业
中国文化产业投资基金	2011 年 7 月	主要以股权投资方式，投资新闻出版发行、广播电影电视、文化艺术、网络文化、文化休闲及其细分文化及相关行业等领域
国家科技成果转化引导基金	2011 年 7 月	主要用于支持转化利用财政资金形成的科技成果，包括国家科技计划、地方科技计划及其他由事业单位产生的新技术、新产品、新工艺、新材料、新装置及其系统等
中国农业产业发展基金	2012 年 12 月	重点支持农业产业化龙头企业
国家集成电路产业投资基金	2014 年 9 月	重点投资集成电路芯片制造业，兼顾芯片设计、封装测试、设备和材料等产业
国家新兴产业创业投资引导基金	2015 年 1 月	主要投向新兴产业早中期、初创期创新型企业、助力创新创业和产业升级
国家中小企业发展基金	2015 年 9 月	重点支持种子期、初创期成长型中小企业发展

资料来源：国务院及各部委网站，民生证券研究院。

2006~2016 年政府引导投资基金新设立情况如图 4-10 所示。截至 2016 年，政府投资基金已累计设立 1013 只，总目标规模累计 53316.50 亿元，已到位资金累计达 19074.24 亿元。

PPP+产业投资基金成为目前国内投资基金业发展的创新模式，并在全国已得到广泛发展。截至 2015 年底，国内共成立了 780 只政府投资基金，用于支持 PPP 项目、城镇化发展、健康养老产业等。在国家级 ZF 投资基金的指导

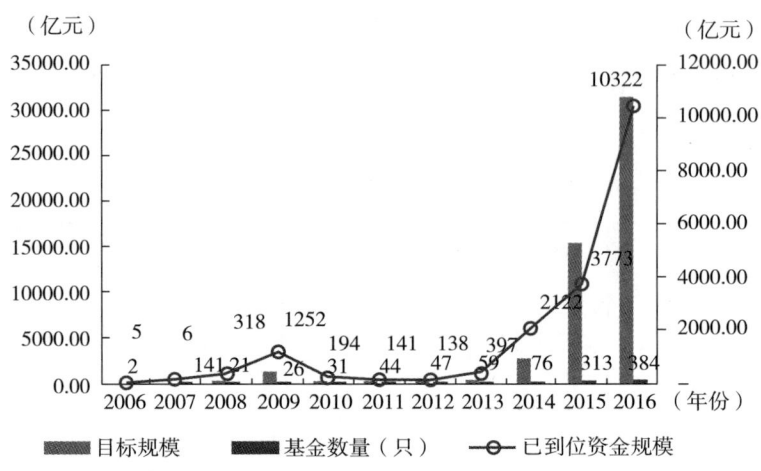

图 4-10 2006~2016 年政府引导投资基金新设立情况比较

资料来源：私募通，2017 年 4 月。

下，各地 ZF 根据各地区的投资重点、产业升级方向陆续成立 ZF 投资基金。2015 年，ZF 投资基金出现大幅增加。

政府投资基金在引导社会资金集聚，形成资本供给效应；优化资金配置方向，推动产业转型发展；引导资金区域流向，协调区域经济发展；引导资金投资方向，扶持战略性新兴产业发展，扶持创新创业的中小企业发展，以及引导资金介入公共服务领域，推动区域绿色产业与可持续发展等方面正在发挥着积极的重要作用。

三、投资基金业的发展对我国经济增长与转型发展的贡献率

投资基金发展到今天，已经成为我国资本市场上一个非常成熟的行业，并对我国经济发展尤其是经济增长中技术与效益型经济结构的形成发生着极其深刻的影响，成为中国经济增长、转型发展的新引擎、发动机。

国内股权投资行业总量目前在全球已处于领先地位，对 GDP 贡献度为 0.7%[①]，如图 4-11 所示。

---

① 资料来源：鲸准研究院，http：//www.jingdata.com。

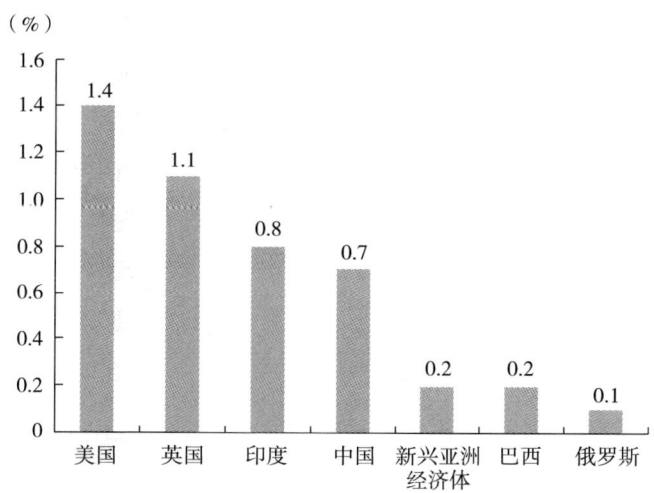

图 4-11　2014 年全球主要经济体股权投资对 GDP 贡献率

资料来源：EMPEAPE Industry Statistics，清科研究中心。

从投资分布可以看出，投资基金主要投资于服务行业及人工智能等先进制造等领域，由此对我国目前及今后经济结构的调整与转型、产业升级在客观上起到了直接和间接的推动作用。国内各行业股权投资在如上各领域的融资数量及融资额情况（以 2017 年为例），如图 4-12 所示。

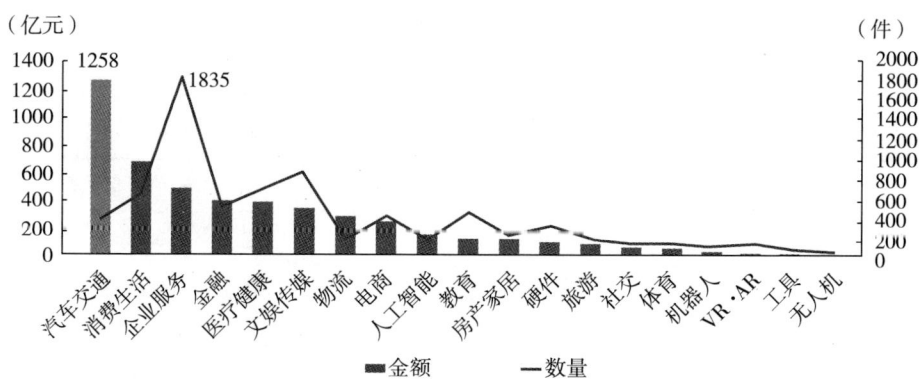

图 4-12　2017 年各行业融资数量和融资额分布

资料来源：鲸准研究院，http：www.jingdata.com。

股权投资取向也在一定程度上体现出了我国新经济形势下科技发展的新趋势，如图 4-13 所示。

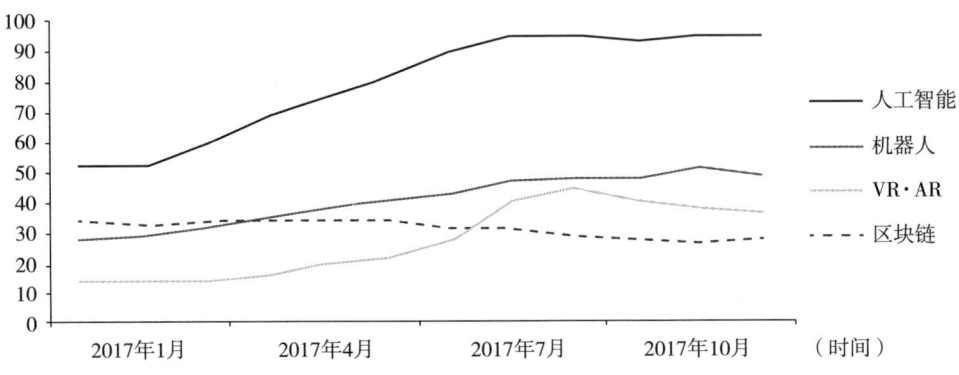

图 4-13　新科技领域热度趋势

资料来源：鲸准研究院，http：//www.jingdata.com。

较为宽松的 IPO 政策也令一级市场持续火热。Wind 数据显示，2017 年上半年在新科技领域接近 300 家企业完成 IPO 首发上市，融资金额 1000 多亿元，新科技带动的新经济成为国内经济增长的新特征。以 2015 年为例，国内 VC/PE 支持的上市企业总市值和国内资本市场上市企业总市值如表 4-14、表 4-15 所示。

表 4-14　国内 VC/PE 支持的上市企业总市值（以 2015 年为例）

上市地	企业数（家）	总市值（亿元）
上海主板	217	160823.40
中小板	346	41729.88
创业板	327	30029.05
深圳主板	11	3193.37
总计	901	235775.70

资料来源：私募通，2015 年 5 月。

表 4-15　国内资本市场上市企业总市值（以 2015 年为例）

上市地	企业数（家）	总市值（亿元）
上海证券交易所	1048	346362.60
深圳证券交易所	1687	249576.14
总计	2735	595938.74

资料来源：私募通，2015 年 5 月。

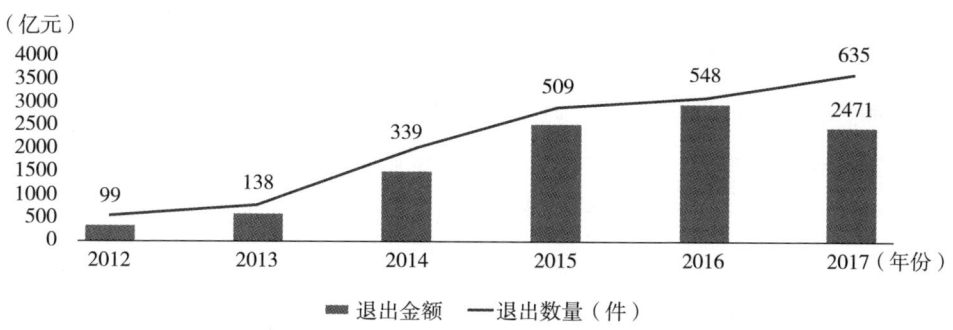

图 4-14　2012~2017 年国内 VC/PE 投资企业退出变现情况

资料来源：鲸准研究院，http：www.jingdata.com。

从图 4-14 可以看出，近几年来，融资退出持续处于一个上升趋势，资本的投资循环积极支撑了新经济结构下经济增长与转型发展。

四、VC/PE 深化发展的思考

1. 积极培育天使资本市场

天使资本对推动科技创业具有发端推动作用，国外在这方面的发展具有典型意义。世界上著名的高科技企业，如美国的苹果电脑公司等，在发展的起始阶段，就是在天使投资人的关注与支持下得以成长。我国经过改革开放 40 年来的发展，社会资本已经积累到了相当规模，天使资本市场的发展已经具有了现实基础，政府可通过税收引导以及相关的政策支持，积极培育国内天使投资人，将社会资本更多地引向高科技研发、创新与产业化领域，这对推动我国经济专项高质量发展、强化国际竞争力,具有积极意义。

2. 资本市场退出机制的进一步完善

目前多层次的资本市场机制已经形成,对科技企业成长的助推作用日渐明显。国内在支持企业上市等退出通道方面,除了上海、深圳主板市场之外,中小板、创业板以及"新三板"(全国中小企业股权转让系统),作为新兴企业提供融资途径和成长空间的证券交易市场,对加快我国科技成果产业化,推动国家自主创新战略发挥着重要作用,并成为推动国家自主创新战略的一个重要平台。但目前主板市场中一级、二级市场价格偏离度畸形、市场投机性突出的问题,新三板市场中一级市场火热,二级市场流动性不足等问题,以及创业板、中小板市场准入规则等问题,都从不同层面影响到科技创业型企业向更高层次资本市场有序流动,进而影响到培育和孵化战略性新兴产业的成长等。需要从制度机制建设方面做出实质性改革,真正将资本市场建设成为拓宽中小企业融资渠道、培育和孵化战略性新兴产业,以及推动国家创新发展、结构调整、产业升级等改革战略的市场。

第四节 数字经济与中国经济增长

我国已步入数字经济时代,并揭示了我国未来经济增长的新动能、新前景,由此形成推动经济可持续增长的特性更为突出,对今后经济社会发展产生更为深刻的影响。未来发展中,要坚持数字经济与传统经济耦合发展,积极施行推动数字经济发展的专项政策指导,推动数字经济发展跃上一个更高的发展阶梯。

一、数字经济的时代特征

人类社会已步入数字经济时代,这一点已经成为当今世界一个不争的事实。

与传统的经济形态(农业经济、工业经济)相比,数字经济更加明显的体现是建立在知识和信息的生产、分配和使用之上的经济形态。数字经济遵循梅特卡夫法则、摩尔定律、达维多定律等定律和法则。这些定律与法则充分揭示了基于信息网络的价值"增值"、信息经济的短周期与高附加值、网络经济中的马太效应及多边竞争等实质内涵、发展规律及特征。

从经济学意义上看,数字经济充分显示了边际成本递减的同时边际效益递增的经济特性。

在数字经济形态下,数据成为了生产要素的核心和关键要素。即数据同农业经济形态下的劳动与土地、工业经济形态下的资本与技术一样成为创造价值的生产要素。在数字经济形态下,通过对海量数据的整合处理所形成的信息成为企业经营决策的依据与关键因素,数据资源的可复制性、可共享性打破了传统经济形态下资源要素不可再生性与稀缺性制约,由此形成推动经济可持续增长的特性更为突出,并对人类经济社会发展产生更为深刻的影响。

(一) 数字经济时代,技术创新成为经济增长最主要的推动力量

在数字经济形态下,信息技术及其信息产业的发展是数字经济时代经济形态的主要特征。有关研究表明,当今经济发展尤其是在高度技术化的发达国家的经济发展中,技术对经济增长的贡献率已提高到90%(见图4-15),其中以信息技术为核心的数字经济在经济增长中所占的比重超过了30%。

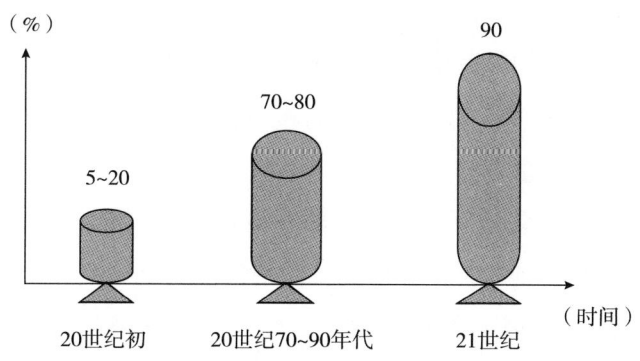

图4-15 发达国家不同发展时期技术对经济增长的贡献率

当人类社会进入 21 世纪以信息社会为基础的新经济时代,信息知识与信息技术成为经济增长的主要推动力,以信息知识与技术为核心的数字经济成为推动经济增长的核心和引擎。

(二) 数字经济是"科技创新+品牌文化"的经济

数字经济更加追求以品牌为核心生产力。信息技术越发展,文化作为知识经济核心生产力的地位就越突出。数字经济的表象是品牌经济,而实质是文化经济,因此,企业经营中便往往十分注重在其产品的工艺、质地、式样上进行形象品牌设计与经营,形成品牌文化特质,以此增强产品及企业的竞争力。

(三) 数字经济是可持续发展的绿色经济

数字经济作为一种知识型经济,完全摆脱了对传统能源、有形资源的依赖,或依赖程度越来越低。数字技术的应用集中体现在通过互联网、云计算、大数据、物联网、金融科技等手段对实体经济信息的采集、存储、分析与共享,形成以信息流带动技术流、资金流、物资流的新业态,通过跨界融合优化资源再配置,提升全要素生产率和经济效率。由此,数字经济的发展一方面使现代服务业在第三产业中所占的比重越来越高,另一方面对工业生产中有形资源与能源消耗的依赖程度越来越弱,有效推动了经济社会的可持续发展。

二、数字经济的新经济形态对我国经济增长与转型创新发展的影响

(一) 数字经济成为推动我国技术创新的新抓手

信息技术与信息产业是数字经济的核心,新一代信息技术产业将构成我国未来中长期发展的重点产业。根据"中国制造 2025"以及国家战略咨询委员会制定的产业发展路线图,集成电路及专用设备、信息通信设备、操作系统与工业软件、智能制造与核心信息、新一代互联网、高性能计算机等将成为我国中长期产业发展的重点领域,由此将形成我国未来以智能制造与现代服务业发展为核心的产业发展趋势,未来我国的技术创新将迎来黄金发展期。

（二）基于数字技术应用的共享经济已成为拉动我国经济发展新的增长极

共享经济是基于信息技术的充分发展、以新一代互联网的应用为基础而形成新的经济形态，这种新的经济形态与商业业态为我国经济发展增添了新动能。

目前出现的分享经济、快递速送等新的经济形态与商业新业态，正在改变着我国的经济结构，极大地推动现代服务业的发展，使传统的经济增长方式发生了根本性的变化。随着这种新的经济形态、新的商业业态的规模化成长，将在 GDP 中占据越来越大的比重，成为拉动我国经济发展新的增长极。

目前许多发达国家第三产业产值占整个国民生产总值的比重一般都达到 70%~80%（见图 4-16），服务业增加值占 GDP 比重已超过 70%。2014 年的这一数据分别为：美国 75.3%、日本 68.1%、韩国 55.1%、法国 72.4%。

2015 年中国第三产业产值占 GDP 的比重首次超过了 50%，2016 年，我国服务业增加值为 384221 亿元，比 2015 年增长 7.8%，服务业占 GDP 比重已上升为 51.6%，服务业对国民经济增长的贡献率达到 58.2%。2017 年我国三类产业占比为 7.9∶40.5∶51.6。现代服务业增加值在 GDP 中所占比重与发达国家相比还有一定差距，但与改革开放初期相比，已经有了非常大的提升，尤其是 21 世纪以来的提升比较明显。其中数字经济的快速发展对拉动现代服务业增加值的上升和带动经济增长的作用尤为突出。

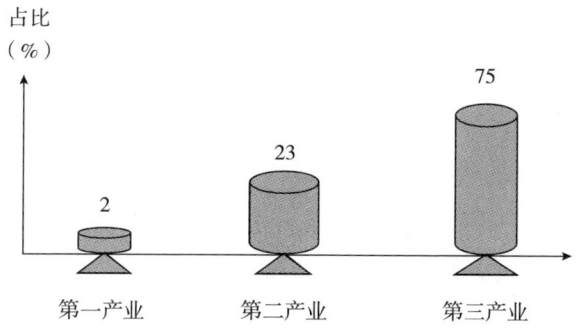

图 4-16　发达国家第三产业产值占 GDP 的比重

(三) 数字经济推动我国由制造业大国向制造业强国转变

互联网化智能制造将毫无疑问是未来中长期最具增长潜力的产业领域，是未来制造业升级的最优方向。

数字经济在发达国家已经成为实现经济可持续增长的重要驱动力和发展引擎。

中国信息通信研究院研究数据显示，发达国家数字经济已经呈现出相当的发展规模。如目前美国数字经济发展规模已达到10.2万亿美元，英国为1.4万亿美元，日本达到2.0万亿美元，数字经济在以上各国GDP所占比重均超过了30%（见图4-17）。

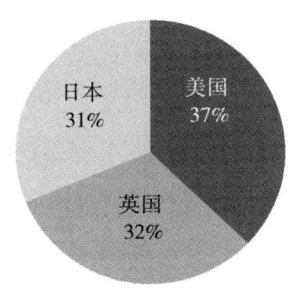

图4-17　美国、英国、日本数字经济占该国GDP比重

我国也将数字革命创造的信息产业定位为一种战略性产业。近年来我国智能制造行业也在积极利用知识能力方面的后发性优势，通过发展智能制造，持续拉动高端数控机床、智能汽车、航空航天、装备制造、智能生物、互联网医疗等先进制造业水平的提升。2017年12月4日，在乌镇举行的第四届世界互联网大会"全球数字经济论坛"上，国家互联网信息办主任徐麟提到，中国数字经济发展的大幕已经拉开，2016年中国数字经济的总量已超过了22.6万亿人民币，占GDP的比重超过了30.3%。中国信息通信研究院《中国数字经济发展白皮书（2017）》报告有关研究显示，2016年中国数字经济对GDP的贡献已达到69.9%。根据该白皮书的研究测算，2020年，我国数字经济规模将超过32万亿元，占GDP比重将达到35%，到2030年数字经济占

GDP 比重将超过 50%。

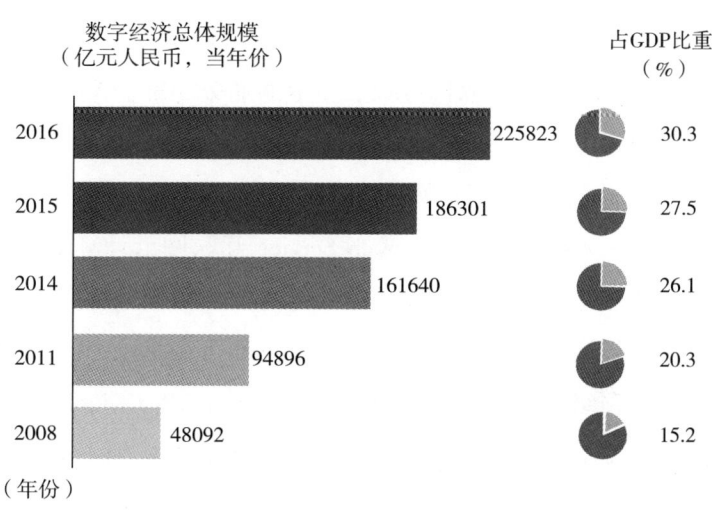

图 4-18　2008~2016 年我国数字经济发展规模及占 GDP 比重
资料来源：中国数字经济发展白皮书（2017 年）。

由图 4-18 可以看出，与发达国家对比，可以说我国已经步入了数字经济时代。

（四）数字经济新业态正在形成

在经济全球化条件下，新一轮科技革命和产业革命正在酝酿并催生着新产品、新服务、新产业、新业态、新的商业模式。以"互联网+"、大数据、云计算、物联网、智能化、传感感应技术等核心技术为基础，新的经济业态已经从技术变革层面拓展到企业运行、产业融合、社会生活、人类交往的各个维度，并以经济增长的新动能正在展现它推动产业融合、经济转型升级和社会变迁进步的巨大能量①。

目前的新技术浪潮，诸如移动互联网、大数据、O2O、工业 4.0、新能源、新材料、生物技术、环保节能、航天航空等新技术的应用，已经在全面

---

① 耿明斋. 新经济的张力及其对经济增长的支撑 [J]. 区域经济评论, 2017 (3): 25.

颠覆传统行业和商业模式。亚马逊在 PK 沃尔玛，淘宝、京东 VS 百货和传统商业，微信角力三大运营商，阿里巴巴、腾讯金融正在颠覆着传统的金融运营模式与支付系统，小米的锤子在不断地敲击着诺基亚、摩托罗拉的商业形态，余额宝、移动支付正在取代传统信用卡的业务功能。Amazon.com 的全产业链全新业务模式为：卖书（网上书店）—卖百货（网上沃尔玛）—投资的平台功能（数据、物流、云计算）—KDP（Kindle 和出版服务）—FBA（第三方物流服务）—AWS（Amazon Web Service 互联网云计算服务）—移动购物、无人机配送。从中可以看出亚马逊已将网上书店业务组合拓展到了百货，将自主销售模式扩展为向第三方开放的平台模式，从基于网络零售业务平台升级发展为世界顶级的互联网技术商，以及提供 KDP（Kindle 和出版服务）、FBA（第三方物流服务）、AWS（互联网云计算服务）为一体的投资商。亚马逊模式纯粹颠覆了书店和出版业，冲击了零售百货和物流业，创新了无人机配送方式，开启了新技术、新经济、新商业业态。

2005~2016 年，我国数字经济呈现加速增长的态势，如图 4-19 所示。

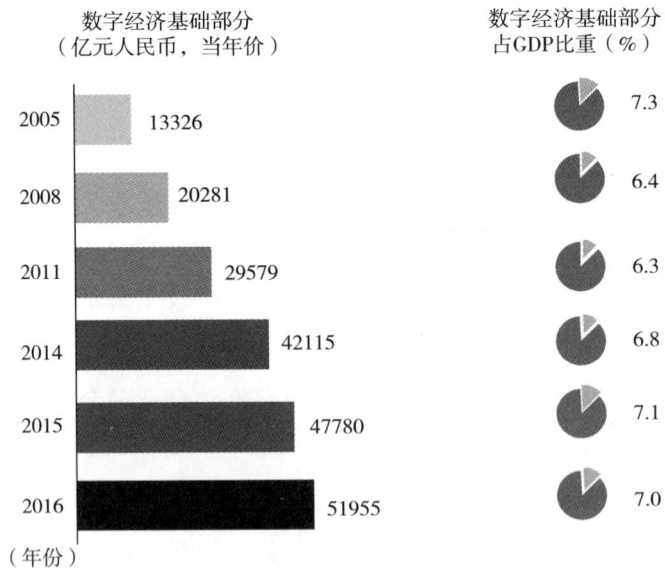

图 4-19 我国数字经济构成及增长

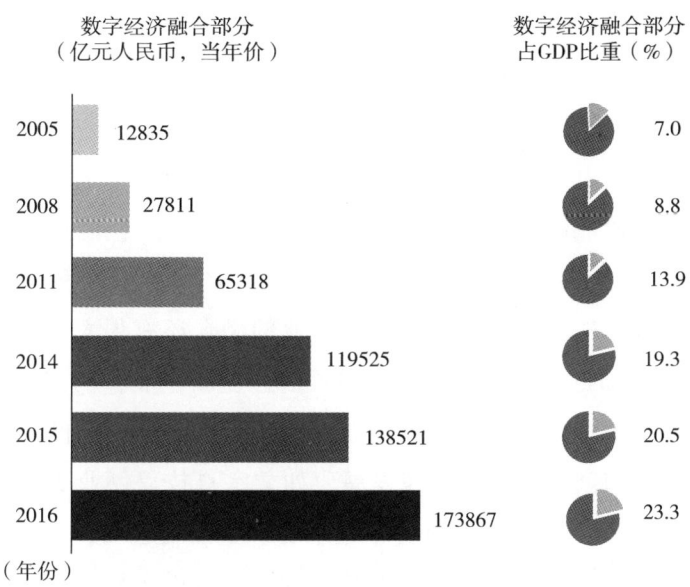

图 4-19　我国数字经济构成及增长（续）

资料来源：中国数字经济发展白皮书（2017 年）。

1. 数字化的智能制造必将是今后产业发展的新业态、新特征

以"小米"的增长为例，小米创建于 2010 年，2011 年开始卖手机，当年销售额为 5 亿元，2012 年为 126 亿元，2013 年为 316 亿元，2014 年销售额目标为 743 亿元，2015 年预计实现超过 1000 亿元的销售收入。从无中生有到千亿销售，大概用 5 年时间。估值情况：2013 年 8 月 D 轮融资，估值 100 亿美元；2014 年 11 月融资 11 亿美元，估值 450 亿美元（海尔 30 年市值 50 亿美元，联想 30 年时间市值 100 亿美元，诺基亚 140 多年历史市值 146 亿美元)[①]。

2. "互联网+"数字经济新业态

互联网和制造业的深度融合，开辟了制造业新的蓝海。针对工业增速下降、企业效益下滑的情况，2015 年国务院发布了《关于积极推进"互联网+"行动的指导意见》，提出要以实施"互联网+制造业"和"互联网+小微企业"

---

① 王明夫：中国未来 10 年的大趋势 [EB/OL]．搜狐网，http：//www.sohu.com/a/18289819_135434，2015-06-10．

为重点，大力拓展互联网与制造业融合的深度和广度，力争到 2018 年，互联网与制造业融合进一步深化，制造业数字化、网络化、智能化水平显著提高①。2016 年工业各行业数字经济占比如表 4-16 所示。2016 年国务院进一步明确提出要通过深入推进"中国制造+互联网"，建设若干国家级制造业创新平台，实施一批智能制造示范项目，启动工业强基、绿色制造、高端装备等重大工程②。目前，我国产业链下游的流通和营销环节互联网化程度提高迅速，而在上游的制造环节，互联网和制造业的融合还有很大空间。如今，中国在智能制造方面已经初步形成了许多代表性创新企业，例如估值 460 亿美元的小米和估值 100 亿美元的大疆创新。此外，在众多股权投资机构的支持下，一批新兴的初创企业也在飞速发展，如柔宇科技仅创业 2 年就获得多轮融资，估值已达 10 亿美元。从细分市场来看，中国制造从智能硬件到高端制造方面仍然是一片蓝海，存在巨大增长空间。随着以云计算、物联网、大数据为代表的新一代信息技术与制造业融合发展，中国制造业将在效率、生产和商业模式上发生重大变革。数字化智能制造的发展将人类社会带入全新发展的数字经济时代。

表 4-16　2016 年工业各行业数字经济占比　　　　单位：%

排名	行业	数字经济占比
1	文化、办公用机械	58.8
2	仪器仪表	47.3
3	其他电气机械和器材	25.6
4	其他专用设备	24.0
5	输配电及控制设备	23.1
6	其他通用设备	22.7
7	家用器具	20.9

---

① 黄鑫. 工信部发布"互联网+"三年行动计划 [EB/OL]. 衡阳，http://hy.voc.com.cn/view.php?tid-126015-cid-170.html，2015-12-15.

② 胡家全. 杂合视角下《2016 年国务院政府工作报告》翻译研究 [D]. 成都：四川师范大学，2017.

续表

排名	行业	数字经济占比
8	金属加工机械	20.3
9	电机	18.7
10	船舶及相关装置	18.4

资料来源：中国数字经济发展白皮书（2017年）。

3. 共享经济

"共享经济"作为一种新经济模式，依托互联网等技术力量调整社会存量资源，实现资源的优化配置、减少能源和成本消耗，颠覆了以往通过不断增加投入刺激经济增长的传统思路，同时也降低了大众创业门槛，让更多的人参与到创业创新活动中来。这种建立在资源共享基础上的新模式，正在迅速渗透到诸多领域和细分市场。除了出行、租房、餐饮等领域，未来"共享经济"还将向金融租赁、物流运输、教育培训、广告创意等领域大范围渗透，成为主流商业模式。

有数据显示，2016年中国共享公司筹资将近250亿美元。该行业的发展远远超出了汽车和住房。中国的"共享经济"预计2017年将增长约40%，达到4.83万亿元人民币。到2020年，"共享经济"可能在中国国内生产总值中占比达1/10。

4. 服务业数字化

数字经济在金融、教育、科技等服务业领域已得到迅猛发展。在互联网金融方面，在线支付、在线理财、P2P、众筹融资等互联网金融业在2014年实现了迅猛发展，2015年共有300余家互联网金融企业通过股权投资机构融资近300亿元人民币[①] 2016年服务业各行业数字经济占比如表4-17所示。

从政府对互联网金融发展的重视角度，也可以看出互联网金融业爆发式发展的轨迹与特点。2014年的《政府工作报告》首次提出"促进互联网金融

---

① 清科研究中心. VC/PE必读 2016《政府工作报告》抓住十大投资机会 [EB/OL]. http://simu.jrj.com.cn/2016/03/09105820663818.shtml，2016-03-09.

健康发展",2015 年的《政府工作报告》用"异军突起"来评价互联网金融的发展,并继续提出"促进互联网金融健康发展",到 2016 年的《政府工作报告》则指出"要规范发展互联网金融","互联网金融"连续三年被写入政府工作报告,关注重点由"促进"转变为"规范"。

表 4-17 2016 年服务业各行业数字经济占比 单位:%

排名	行　业	数字经济占比
1	保险	46.2
2	广播、电视、电影和影视录音制作	45.4
3	专业技术服务	40.5
4	货币金融和其他金融服务	40.3
5	资本市场服务	40.2
6	公共管理和社会组织	38.0
7	邮政	35.40
8	其他服务	34.1
9	教育	33.2
10	社会保障	32.3
11	租赁	31.6
12	水上运输	29.3
13	铁路运输	28.7
14	文化艺术	28.3
15	科技推广和应用服务	26.6

资料来源:中国数字经济发展白皮书(2017 年)。

(五)数字经济揭示了我国未来经济增长的新动能、新前景

财政部副部长朱光耀在 2016 网易经济学家年会夏季论坛上介绍,成都 G20 财长和央行行长会议已向 G20 杭州峰会提交《包容性的数字经济高级指导原则》。若得到批准,这将是第一个具有全球意义的数字经济重要指导原则。2017 年杭州 G20 峰会,习近平主席就数字经济合作与发展提出了明确的思路:第一,积极落实好杭州 G20 峰会确定的《数字经济发展与合作倡议》

《新工业革命行动计划》，在主动适应数字化变革中培育经济增长新动力，促进数字经济与实体经济之间的融合发展；第二，重视数字化、人工智能生产，积极推动数字经济朝着开放包容方向发展；第三，各国携手合作，共同营造有利于数字经济发展的国际环境，共同提升数字化应用水平，探索建立多边、透明、包容的数字领域国际贸易规则①。

2017年中国"互联网+"数字经济总指数城市20强如表4-18所示。

表4-18　2017年中国"互联网+"数字经济总指数城市20强

排名	城市	排名	城市
1	北京	11	长沙
2	深圳	12	苏州
3	上海	13	西安
4	广州	14	南京
5	成都	15	佛山
6	杭州	16	天津
7	武汉	17	郑州
8	重庆	18	厦门
9	福州	19	青岛
10	东莞	20	宁波

资料来源：腾讯研究院，2017中国"互联网+"数字经济指数报告。

政府宏观政策推动了民间数字化企业的发展，以及数字城市经济的形成。数字化都市经济将代表今后我国数字经济发展的一个方向，必将有力地拉动数字经济的规模化发展，并成为今后我国经济增长的新动能。

三、创新政策支持，拓展数字经济发展新空间

数字经济所具有的快速增长、包容性增长和可持续增长等特征，成为现

---

① 习近平继续出席G20峰会：强调要携手构建增长友好型经济［EB/OL］.新浪网，http：//finance.sina.com.cn/roll/2017-07-09/doc-ifyhvyie0715459.shtml，2017-07-09.

代经济发展的新引擎。在我国被誉为"新四大发明"的高铁、网购、支付宝、共享单车等,除了高铁之外,都与数字经济相关,是我国数字经济发展成就的缩影,并成为我国今后经济增长的新动能。因此,必须通过政策支持以及相应的制度安排,创设数字经济发展的新空间。

(一) 积极施行推动数字经济发展的专项政策指导

已有基于国内数字经济发展的创新性模式在不断形成,如"电子商务引领"的浙江模式,"大数据引领"的贵州模式等。目前从国家层面来看,国家相继制定的《促进大数据发展行动纲要》《中国制造2025》《关于积极推进"互联网+"行动的指导意见》等一系列文件,可以视为推动我国数字经济发展的相关政策指导意见。并从政策支持的角度积极推进网络设施建设,夯实数字经济的基础支撑,进一步优化数据中心的区域布局,推动全国一体化国家大数据中心的建设。从地方推动数字经济发展的角度来看,贵州通过出台《推动数字经济加快发展的意见》,从数字经济发展的保障体系出发提出了6个方面的15项保障政策,这是全国首个从省级层面出台的关于推动数字经济发展的指导性意见。可以说国家及地方层面的共同推动是数字经济发展的一个有力支撑。在此基础之上,可制定数字经济作为一个行业来发展的产业政策,积极支持各地数字经济创新模式的发展。

(二) 数字经济要与传统经济耦合发展

数字经济的市场基础来源于实体经济。我国在推进数字经济与实体经济融合发展方面有很大的空间。有关研究表明,2016年,服务业中数字经济占行业比重平均值为29.6%,工业中数字经济占行业比重平均值为17.0%,农业中数字经济占行业比重平均值为6.2%。服务业ICT(信息与通信技术)中间投入占行业中间总投入的比重为10.08%,而第二产业与第一产业投入占比为5.56%和0.44%,服务业互联网化水平均明显高于其他产业[①]。如上数据表明,目前数字经济在服务业领域发展较快,而在工业领域尤其在农业领域还

---

① 李勇坚. 中国数字经济发展的战略与方向 [EB/OL]. 中青在线, http://news.cyol.com/yuanchuang/2017-12/07/content_ 16755028. html, 2017-12-07.

有很大的发展空间。从农业领域的发展来看，我国农产品网络营销占全部农产品销售额的比重不超过3%，整体的数字化改造空间较大，是我国数字经济发展的一个重点。国家发展改革委的官方调查显示，黑龙江省利用物联网技术开展水稻智能生产线改造试点，在水稻浸种催芽过程中对水温进行实时监测和精准调控，使出芽率提高10%以上，亩产量增加5%~10%①。国家发展改革委的官方调研还表明，农村电商已成为促进产销衔接，助力精准扶贫、精准脱贫的重要途径。2016年，我国农村网络零售市场交易规模达到8945.4亿元，占全国网络零售总额的17.4%。从2012年到2016年，农产品网络零售交易额从200亿元增长至1589亿元，增长近8倍②。数字经济在助力我国农村振兴计划中将大有作为。

(三) 鼓励企业对接"一带一路"沿线国家，推动数字经济商业化投资与发展

目前以跨境电商为代表的数字经济正在如火如荼地发展。

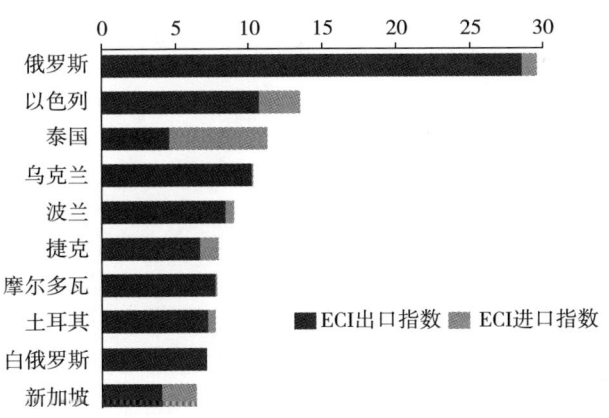

图 4-20 我国与"一带一路"沿线国家贸易往来情况

资料来源：王振，赵付春，王滢波. 发展数字经济 点亮创新之路 [N]. 人民日报，2017-05-22。

---

① 王晓涛. 数字经济引领经济增长新时代 [N]. 中国经济导报，2017-10-14。
② 数字经济引领经济增长新时代 [EB/OL]. 国家发展改革委官网，http://www.ndrc.gov.cn/zcfb/jd/201709/t20170929_862271.html 2017-09-29。

从图 4-20 显示的情况可以看出，我国已与沿线 10 多个国家开展了跨境电商业务，进出口贸易也在不断提升，今后可通过政府支持，多方协同创新，来构建互利共赢的产业生态。

第五章 开放发展

2018年4月9日,在博鳌亚洲论坛开幕式上,习近平总书记发表了题为《开放共创繁荣创新引领未来》的主旨演讲,强调各国要顺应时代潮流,坚持开放共赢,勇于变革创新,向着构建人类命运共同体的目标不断迈进;中国将坚持改革开放不动摇,继续推出扩大开放新的重大举措,同亚洲和世界各国一道,共创亚洲和世界的美好未来。并宣布中国决定在扩大开放方面采取一系列新的重大举措,主要包括大幅度放宽市场准入、创造更有吸引力的投资环境、加强知识产权保护、主动扩大进口等①。这届博鳌亚洲论坛是在3月下旬美国宣布对华启动301贸易调查,并发布"清单建议对价值500亿美元中国产品征收额外关税",中国商务部针锋相对列出"对价值500亿美元的美国商品征收25%的关税",中美贸易战即将拉开大幕的背景下召开的。时间敏感,战略意味深远。

第一节 新时代开放发展理念解读

自党的十八大以习近平同志为核心的新一届党中央形成以来,中国开放发展的理念越来越清晰明朗。在《中共中央关于制定国民经济和社会发展第十三个五年规划的建议》中明确要求,要坚持开放发展,必须顺应我国经济深度融入世界经济的趋势,奉行互利共赢的开放战略,发展更高层次的开放型经济,积极参与全球经济治理和公共产品供给,提高我国在全球经济治理中的制度性话语权,构建广泛的利益共同体。②

---

① 钟实.共创亚洲与世界的美好未来——博鳌亚洲论坛2018年年会举行[J].经济,2018(8).
② 肖晓.新媒体语篇中的重新语境化及意义转换[D].广州:华南理工大学,2017.

关于"开放"的思想，邓小平同志作了比较全面的论述。他认为现在的世界是开放的世界，因此我国的发展离不开世界，并且实行对外开放的伟大战略决策。对外开放政策作为我国长期坚持的一项基本国策，具有长期性和全局性的战略特征，在新时代和新阶段，我们需要坚持对外开放的基本国策不动摇，不搞封闭主义和僵化政策。开放发展是对外开放的升级版，它不是只在强调对外经济活动，如对外投资、对外贸易、吸引外资、经济合作等，而是把对外开放上升为一种理念，更多的是要求我们在所有工作中用全球视野、全球眼光来谋发展，利用好全球资源和世界市场。开放发展作为党中央提出的五大发展理念之一，是一项关于如何在新阶段新时代的背景之下，高质量地构建我国对外发展的国际格局的新理念。

一、开放发展理念的形成

（一）对外开放基本国策

1978年以后，以邓小平同志为核心的党中央领导集体真正带领我国人民开创了对外开放的新局面。1982年12月，对外开放被正式写入宪法。

邓小平同志认为，对外开放是加快社会主义经济建设的必然要求，是实现宏观战略目标的必由之路。他一再提出："不开放不改革没有出路，国家现代化建设就没有希望。"[①] 邓小平同志在总结古今中国对外开放结果的基础之上，放眼审视世界形势的发展、立足于中国的实际情况，从国家方针路线的层面来重新认识对外开放，形成了一套较为完整的开放理论。1984年10月，邓小平同志提出了"三步走"的发展战略，目前，第一步、第二步目标已经基本实现，人民的生活水平已经达到了小康状态，其中，第三步战略是在21世纪中叶，人均GDP达到中等发达国家水平，人民生活比较富裕，基本实现现代化。邓小平同志指出，要实现这个奋斗目标，根本在于对内要搞好经济，对外要实行开放经济，只有内外兼修，我国经济的发展才能迈上新的台阶。1984年10月20日，中共中央十二届三中全会审议通过了《中共中央关于经

---

① 邓小平文选（第3卷）[M]. 北京：人民出版社，1993.

济体制改革的决定》，由此，对外开放作为一项"长期的基本国策"被确定下来。1987年10月，党的十三大召开，会议将对外开放正式确立为社会主义初级阶段基本路线的一个战略点。

首先，邓小平同志的开放思想破除了人们对开放的错误认识和片面理解，肯定了对外开放的重要性并指出了正确的开放思路。他认为，中国的发展需要拓宽开放的范围，充分利用国外先进的资金和技术，并把对外开放作为我国需长期坚持的一项基本国策。其次，正确阐释了开放的基本内容，即对内开放和对外开放两个角度。对内是搞活经济，即实行改革政策，对外是开放经济。最后，邓小平同志认为我国应当实行全方位的对外开放，实现开放领域宽、开放内容广、开放层次多的格局。其中，开放领域宽，指的是开放对象既可以是社会主义国家，也可以是资本主义国家；既可以是发达国家，也可以是发展中国家。开放内容广，是指在经济、政治、文化、科技等方面和世界各国积极交流。开放层次多，是指对我国各区域经济发展的各种因素加以考虑，将开放政策重点逐渐由沿海地区深入沿边、沿江和内陆地区，形成不同开放层次呈梯度推进的开放格局。

（二）完善全面开放思想

20世纪末，经济全球化的趋势不断增强，以江泽民同志为核心的党中央领导集体进一步提出要提高我国对外开放的质量与水平，更好地健全社会主义市场经济体制。明确表示："改革开放是强国之路，必须坚定不移，一如既往地贯彻执行，绝不回到闭关锁国的老路上去。"[①]

江泽民同志在继承邓小平开放理论的基础上，开放思想也有了新的突破。既重视经济特区、沿海开放城市和沿海经济开放带在经济发展中的领军作用，又兼顾沿边地区、内陆省份和自治区的开放实际，逐步均衡各区域的开放水平。特别强调"走出去"和"引进来"相结合。

不仅如此，江泽民同志还从世界依存观和世界多样观中系统论证了我国实行对外开放的重要性。江泽民同志深刻把握时代发展方向，积极顺应全球

---

① 中共中央文献研究室．十三大以来重要文献选编［M］．北京：人民出版社，1991．

化趋势的大背景,充分利用外部环境给我国发展带来的机遇和有利条件,强调依靠全民的智慧和力量,在坚持独立自主、自力更生原则的基础之上,充分借鉴国外一切优秀的文化成果。

(三) 对外开放与科学发展观融合

在 21 世纪初期,国际环境又发生了新的变化,世界各国的联系更加密切,经济全球化趋势显著增强。与此同时,我国的社会主义市场经济体制也在不断完善和发展,内部条件取得了重大改变。在此背景之下,以胡锦涛同志为核心的党中央领导集体提出了一系列开放的新思想和新理念。

党的十七大报告把改革开放的重要性提升到了更加重要的位置,胡锦涛提出:"改革开放是决定当代中国命运的关键抉择,是发展中国特色社会主义、实现中华民族伟大复兴的必由之路;只有社会主义才能救中国,只有改革开放才能发展中国,发展社会主义,发展马克思主义。"[1]

胡锦涛同志从实现世界各国互利共赢的角度出发,将改革开放与科学发展观有机结合起来,并从我国发展实际出发,在坚持独立自主、自力更生的原则上,更加重视对国内自主创新能力的培育,实现自主发展。同时,也注重调整和优化外商投资结构,积极引导跨国企业的高端制造技术和研发技术环节转移到我国。

二、新时代开放发展理念的核心内容

以习近平同志为核心的党中央,在继承发展前人对外开放思想的基础上,顺应历史发展新潮流,面对经济全球化发展的新机遇,提出了新时代开放发展的新理念。

新时代开放发展理念主要包括以下核心内容:

(一) 完善对外开放战略布局

完善对外开放战略布局,推进双向开放,支持沿海地区全面参与全球经

---

[1] 胡锦涛. 高举中国特色社会主义伟大旗帜,为夺取全面建设小康社会新胜利而奋斗——在中国共产党第十七次全国代表大会上的报告[N]. 人民日报,2007-10-25.

济合作和竞争，培育有全球影响力的先进制造基地和经济区，提高边境经济合作区、跨境经济合作区发展水平。①

经过40年的改革开放，我国对外开放的基础和条件都已经发生了根本性变化，"十三五"期间，我国对外开放将会进入"全面开放、全面参与、全面合作、全面提升"的新进程，"完善对外开放战略布局，推进双向开放，促进国内国际要素的有序流动、资源高效配置、市场深度融合"。② 这是我们党站在时代的新起点上，对我国在未来五年的对外开放中做出的重大战略决策。完善对外开放战略布局，要在双向开放以及把握好国际国内两个市场、两种资源上加大力度。统筹兼顾，协调推进对外开放区域布局、对外贸易布局和对外投资布局，协同推进有关国家和地区多领域互利共赢的务实合作，打造全方位、立体化的开放发展新格局。目前，对外开放的三大布局是：完善对外开放区域布局，形成沿海内陆沿边协作互促的全方位开放新格局；完善对外贸易布局，以创新推动我国从外贸大国迈向贸易强国；完善双向投资布局，促进"引进来"和"走出去"协调发展。

因此，我国对外开放的新重点是：第一，加快制造业的对外开放发展，加快推动我国高端制造业的对外开放，实现我国从制造业大国向制造业强国的转变，通过加快新一轮的对外开放，实现国际分工地位的提高和资源的优化配置，提升我国在全球产业价值链中的话语权；第二，有序扩大服务业对外开放，通过制度先行、重点突破、全面推进等工作思路逐步实现与国际先行规则的对接，全面推进服务业的对外开放；第三，严格审慎金融业的对外开放，创新金融业的市场准入制度，构建准入前国民待遇和负面清单，以宏观审慎和微观审慎代替原有的业务方面的限制。

(二) 形成对外开放新体制

形成对外开放新体制，完善法治化、国际化、便利化的营商环境，健全服务贸易促进体系，全面实行准入前国民待遇加负面清单管理制度，有序扩

---

① 中国共产党第十八届中央委员会第五次全体会议公报 [EB/OL]. 新华网，http://www.xinhuanet.com/politics/2015-10/29/c_1116983078.html，2015-10-29.
② 中共中央关于制定国民经济和社会发展第十三个五年规划的建议 [M]. 北京：人民出版社，2016.

大服务业对外开放。①

制度影响着开放的程度和进程,在中央全面深化改革领导小组第十六次会议上,习近平同志强调:"提高利用国际国内两个市场、两种资源的能力,要牢牢抓住体制改革这个核心,坚持内外统筹、破立结合,坚决破除一切阻碍对外开放的体制机制障碍,加快形成有利于培育新的比较优势和竞争优势的制度安排。要从制度和规则层面进行改革,推进包括放宽市场投资准入、加快自由贸易区建设、扩大内外沿边开放等在内的体制机制改革,完善市场准入和监管、产权保护、信用体系等方面的法律制度,着力营造法治化、国际化的营商环境。"

我国一直积极倡导建立国际经济规则,近年来,随着新兴国家的迅猛进步以及欧美等发达国家债务问题的爆发,国际经济格局也发生了新的变化,以欧美国家为首的发达国家启动了一系列贸易和投资谈判,主导着一些新的国际经济规则。如跨太平洋伙伴关系协定(以下简称TPP)、跨大西洋贸易与投资伙伴协定(以下简称TTIP)、双边投资协定(以下简称BIT)以及国际服务贸易协议(以下简称TISA),这些规则主要从发达国家的经济水平和发展需求出发,不顾发展中国家和新兴经济体的经济发展差异,全面推行高水平的贸易投资自由化,例如大幅度开放服务业,实行负面清单制度,严格的环境标准、知识产权标准和社会责任标准,对政府的干预等。在这种背景之下,我国主动出击、积极参与。

2013年开始,我国加入TISA谈判,建立关于TPP、TTIP谈判信息交流机制;推进中美、中欧BIT谈判;推动金砖国家合作机制(BRICS)发展;积极参与区域全面经济合作伙伴关系协定(以下简称RCEP)的构建,努力建立开放型经济新体制;推动亚太自贸区(以下简称FTAAP)进程;加快以我国为主导的自贸区建设;加入特别提款权,促进国际金融治理体制改革等。

(三)推进全球互利共赢务实合作

推进"一带一路"建设,推进同有关国家和地区多领域互利共赢的务实

---

① 中国共产党第十八届中央委员会第五次全体会议公报 [EB/OL]. 新华网, http://www.xinhuanet.com/politics/2015-10/29/c_1116983078.html, 2015-10-29.

合作，推进国际产能和装备制造合作，打造陆海内外联动、东西双向开放的全面开放新格局。深化内地和港澳地区、大陆和台湾地区合作发展，提升港澳在国家经济发展和对外开放中的地位和功能，支持港澳发展经济、改善民生、推进民主、促进和谐，以互利共赢方式深化两岸经济合作，让更多台湾普通民众、青少年和中小企业受益。①

"一带一路"指的是"丝绸之路经济带"和"21世纪海上丝绸之路"，是我国为推动经济全球化深入发展而提出的国际区域经济合作的新思路。其核心目标是促进经济要素有序自由流动，资源高效配置和市场深度融合，推动开展更大范围、更高水平、更深层次的区域合作，共同打造开放、包容、均衡、普惠的区域经济合作架构。"一带一路"的主要内容包括：基础设施的互联互通，投资贸易合作，加强能源基础设施的互联互通，海洋合作，新兴产业合作，生态环境、资金的融通，民心相通。"一带一路"框架包含了与以往经济全球化完全不同的概念，即"和平合作、开放包容、互学互鉴、互利共赢"，而且强调了"共商、共建、共享"的原则。总体上来说，"一带一路"倡议可以用以下几个词语概括："一个核心理念：和平、合作、发展、共赢。五个合作重点：政策沟通、设施联通、贸易畅通、资金融通、民心相通。三个共同体：利益共同体、命运共同体、责任共同体"。② 通过"一带一路"的典型示范作用，我们可以共建中国版的经济全球化模式，这是探索推进全球化健康发展的新尝试。它不是中国版的"马歇尔计划"，而是在经济全球化机制下促进区域共赢发展的一个国际平台。

此外，香港和澳门地区在我国对外开放的发展进程中起到了非常重要的作用，随着我国经济的崛起、国力的增强、经济结构的转型升级，内地与港澳地区、大陆与台湾地区的合作发展也将被赋予新的形式和内容。打造包括内地与港澳台地区在内的"大中国经济圈"，推动区域经济一体化发展，实现

---

① 中国共产党第十八届中央委员会第五次全体会议公报［EB/OL］.新华网，http：//www.xinhuanet.com/politics/2015-10/29/c_1116983078.html，2015-10-29.
② 吴秋林."一带一路"中民族文化保护的前瞻性思考［J］.西南民族大学学报（人文社会科学版），2018（6）.

区域内资金、技术、人才的自由流动与合理配置，有利于推动两岸四地的经济增长，实现区域内不同地区的包容性发展，并成为我国经济重要的增长极。内地与港澳台地区除了贸易互相得益以外，两岸四地的贸易和合作还具有特别的优势条件，内地与港澳台地区有共同的语言，可以降低交易费用；内地与港澳台地区文化背景相似，口味相同，这都将大大便利区域的经贸合作。支持港澳台地区发展经济、改善民生、推进民主、促进和谐，以互利共赢的方式深化两岸经济合作，可以让更多普通民众、青少年和中小企业受益。

（四）积极参与全球经济治理

积极参与全球经济治理，促进国际经济秩序朝着平等公正、合作共赢的方向发展，加快实施自由贸易区战略。积极承担国际责任和义务，积极参与应对全球气候变化谈判，主动参与2030年可持续发展议程。①

随着全球经济格局的调整以及我国自身经济实力的提升，我国作为一个负责任的大国在继续提升本国能力的同时，也开始更加积极和主动地参与到全球经济治理中，正在努力地从国际社会的积极融入者成为主动塑造者，努力在全球经济制度建设中发挥更大的作用。这不仅是深化对外开放的内在要求，也是推动世界经济和谐发展的客观需要，有利于打破少数发达国家垄断国际经济组织的现状，使全球治理向着更加均衡合理的方向发展。积极倡导建立上海合作组织，推动区域经济一体化进程；参与G20平台，塑造金融经济治理机制；倡议筹建亚洲基础设施投资银行（AIIB），构建命运共同体的新平台……这些推动建设和完善区域合作机制的措施，有利于加强周边区域合作，促进我国国内治理体系与全球治理体系的良性健康互动，提高我国在全球经济治理制度中的话语权，构建更加广泛的健康的利益共同体，从而引领全球治理体系向着更加公正合理的方向发展。面对国际经济合作的竞争格局的深刻变化，坚持开放发展的理念是目前我国顺应国内经济转型发展、提质增效的迫切要求，也是顺应经济深度融入全球经济的要求。但是，值得注意

---

① 中国共产党第十八届中央委员会第五次全体会议公报［EB/OL］.新华网，http：//www.xinhuanet.com/politics/2015-10-29/c_1116983078.html，2015-10-29.

的是，开放并不意味着就能够实现更好的发展，只有秉承共商、共建、共享的原则，奉行互利共赢的开放战略，设立互利合作的开放方案，发展更高层次的开放型经济，致力于实现世界各国在发展机遇上的共创共享，才能够促进我国与世界各国在全球治理的相互转化中实现合作共赢。

习近平新时期开放发展理念已经不再局限于中国对外开放的框架，而是立足全球经济，积极倡导人类命运共同体的发展理论，将开放发展作为全球经济社会发展的基本动力。在当前个别国家为一己之利，贸易保护主义、贸易单边主义甚嚣尘上的关键时候，起到了全球经济社会发展"定海神针"的作用。这也标志着中国经济发展由遵守"开放"规划走向制定国际规则，标志着中国正在进入全球经济的中心地位。

第二节 开放发展的中国道路

开放发展理念就是在学习借鉴人类已经取得的优秀成果的基础上，用全球眼光将外部资源外部市场充分利用起来，并与内部资源内部市场有机地统一。

1978年，党的十一届三中全会标志着我国正式进入了改革开放的新时期。对外开放作为加快社会主义现代化建设的战略举措，已经在多次实践中取得了显著成效。2018年1月18日，国家统计局公布2017年中国经济成绩单，2017年全年我国国内生产总值（GDP）达到827122亿元人民币，首次突破80万亿大关，同比增长6.9%，对全球经济增长的贡献率达到30%以上。而进出口贸易额作为拉动我国经济增长的"三驾马车"之一，在一定程度上可以显示我国融入全球经济的程度。海关总署数据统计显示，2017年，我国货物贸易进出口总值约为277900亿元人民币，扭转此前连续两年的下滑趋势，同比增长高达14.2%。与此形成鲜明对比的是，1978年改革开放刚刚落地时，我国进出口贸易总额仅为206亿美元。

2018年是中国改革开放40周年，在此期间，我国经济发展实现了历史性突破，无论是在经济、政治、军事，还是在文化、教育等各个方面都取得了

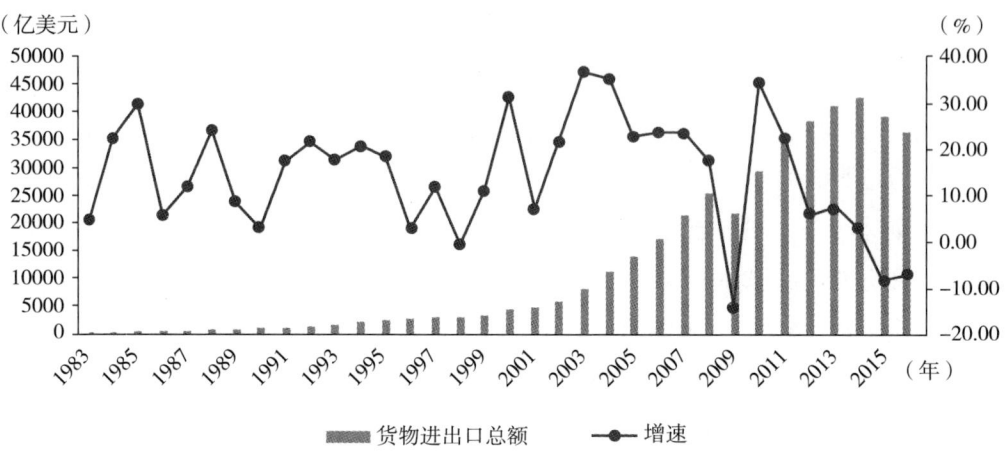

图 5-1 1983~2015 年我国货物贸易进出口规模与增速

资料来源：海关总署。

迅猛发展，在国际社会中的影响力也得到了空前提升。中国对外开放的重大决策充分印证了一个事实：改革开放是推动我国经济不断发展的超级动力，是推进我国取得更高成就的战略举措。

一、主动引进外资，沿海开放阶段

（一）设立经济特区

以经济特区为重心的沿海地区优先发展阶段开启了我国对外开放的序幕。1979 年 7 月 15 日，中共中央、国务院决定在深圳、珠海、汕头和厦门试办特区。这四个特区的举办，参照了国外出口加工区、自由贸易区的成功经验；同时又坚持从我国的国情出发，具有社会主义的本质和特征。1988 年举行的第七届全国人民代表大会第一次会议，通过了关于建立海南岛经济特区的决定。至此，我国建立了五大经济特区，它们肩负着"技术的窗口""管理的窗口""知识的窗口"和"对外政策的窗口"的作用。经济特区是我国对外开放的窗口，也是我国对外开放的试验田。

从第一个经济特区——深圳经济特区的建立到现在已经接近 40 年，经济特区的实践发展证明，经济特区的确已经成为技术的窗口、知识的窗口、管理的窗口、对外政策的窗口，成为我国最具活力、最能显示社会主义市场经济魅力的热土，无论是在经济发展还是政治上都取得了巨大成就。

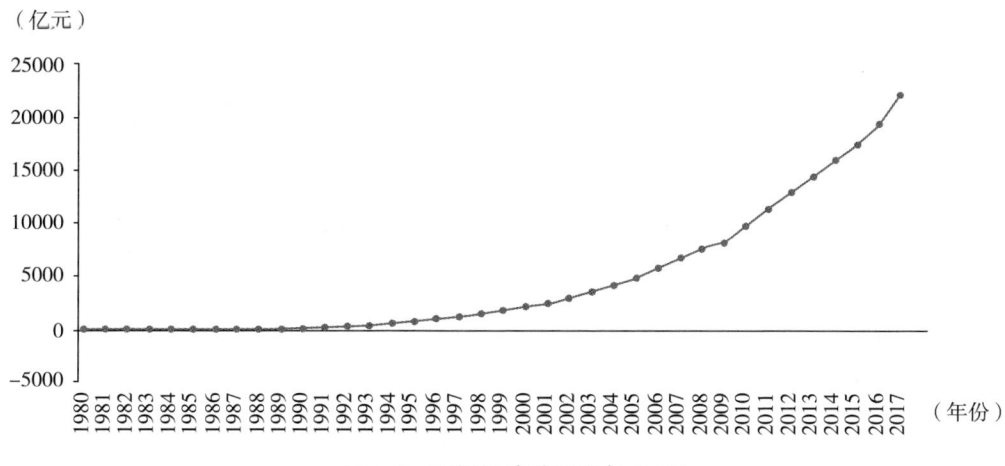

图 5-2　深圳经济特区历年 GDP

2018 年 1 月，国务院发布《关于撤销深圳经济特区管理线的请示》的批复，同意撤销深圳经济特区管理线，这意味着在中国存在了 36 年的"特区管理线"成为历史。随着深圳的发展，特区内外的划分让深圳面临发展不平衡和"一市两法"的问题，所谓"一市两法"是指"深圳经济特区"有立法权，但是所立法规只能在特区内使用，无法在深圳特区外使用。撤销深圳经济特区管理线将会促进深圳经济特区一体化发展，能够进一步优化城市功能布局，完善交通基础设施，有序提升公共产品和服务供给水平，实现更高质量的城市化，继续做好对外开放领头羊的示范作用①。

（二）开放沿海城市

在经济特区成功经验的指导之下，1984 年 5 月，我国决定进一步开放沿海 14 个城市，分别是：大连、秦皇岛、天津、烟台、青岛、连云港、南通、

---

①　观察深圳经济特区管理线是条什么线？[J]. 人生与伴侣（综合版），2018（2）：22-23.

宁波、福州、广州、湛江、上海、温州、北海。这些城市分布在我国沿海由北到南10个省、自治区和直辖市，不仅地区分布广、城市多、土地面积大，而且人口也比原有经济特区多，经济文化比较发达，在对外开放发展中拥有比较大的优势和许多有利条件。1987年，国家又批准威海享有14个沿海开放城市所享有的优惠政策，从而成为第15个沿海开放城市。沿海开放城市很早就与国外发生过经济文化交往，商品经济发展的历史比较悠久，工业基础较为雄厚，科技文化比较发达，拥有较好的优势。此外，这些城市地理位置优越，信息灵通，对外交通便利。这些条件都为沿海城市开放奠定了基础。

(三) 沿海经济开放区

1985年1月25~31日，为了更好地搞活经济，扩大国内开放的领域，国务院召开长江、珠江三角洲和闽南厦漳泉三角地区座谈会，建议将这3个"三角"地区开辟为沿海经济开放区。此后，又开辟了环渤海经济开放区，以及沿海地区许多市、县，在我国东部沿海由北到南共1.8万千米长的沿海岸线边缘地区，连接成为一大片狭长的对外开放前沿地带。根据广东省统计局在2018年1月25日发布的2017年广东经济运行情况，珠三角地区的人均地区生产总值达到12.48万元，按年平均汇率折算，为18484美元，接近2014年非经合组织高收入国家。而与此同时，2017年，我国人均GDP为59600元，折合8800美元，珠三角地区的人均GDP高达我国人均GDP的2.1倍，对外开放取得的成果显著。

由于沿海布局的建设，从发展趋势上来看，经济发展呈现沿海城市化。由于沿海城市特殊的区位优势和多年来的发展基础，开放的沿海城市已经是各省级地区的产业集聚地，使得各地区的经济发展呈现沿海化趋势。这样，我国的对外开放，通过经济特区—沿海开放城市—沿海经济开放区—内地这样多层次的探索和实践，逐步由外向内，由沿海向内地推进。

二、谋求沿江沿边，扩大开放阶段

以浦东开发为龙头的沿江沿边地区重点发展阶段，其发展的背景是：20世纪80年代末90年代初，随着国际国内形势的巨大变化和经济全球化的发展，特别是邓小平南方谈话发表以来，我国对外开放在实践中不断发展、扩大和深化。我国沿边沿江开放的发展掀起了我国新一轮改革开放的浪潮，对外开放的范围和领域进一步扩大，形成了"经济特区—沿海开放城市—沿海经济开放区—沿江经济区—内地中心城市—铁路公路沿线和沿边地带"的多层次、全方位、宽领域的对外开放格局。

（一）沿江开放

继长江沿岸的重要城市对外开放后，我国开始了沿江开放的进程。1990年12月25日，李鹏总理强调指出，集中力量办好上海浦东新区。"80年代看深圳，90年代看浦东。"以上海浦东的蓬勃发展为契机，带动了长江流域的经济发展。浦东的地位决定它必然成为长江沿岸经济带经济发展的"龙头"，必将在商品流通、进出口贸易、高新技术扩散、产业结构调整、人才流动等方面对长江沿岸的经济地区产生强大的辐射作用。1992年6月，我国决定进一步开放芜湖、九江、岳阳、武汉、重庆5个内陆城市。同时开放长江流域的上海港、南通港等使得长江纵深开放达1200千米。从而，长江2000千米线上的沿岸主要城市和港口已经全部开放。长江中上游沿岸主要城市和港口的对外开放不仅对这些城市的经济发展，而且对长江经济带的发展，乃至整个中国经济的发展都具有极其重要的意义。

（二）沿边开放

1992年3月至7月，国务院先后决定进一步开放黑河市、绥芬河市、珲春市、满洲里市、伊宁市、博乐市、塔城市、凭祥市、东兴镇、瑞丽市等13个沿边城市。至此，把我国沿边地区的对外开放发展推向高潮。除了其自身的自然条件和经济发展基础外，沿边城市实施对外开放还取决于我国的周边国际关系和政策优惠。我国与周边国家的睦邻友好关系，为沿边城市的开放提供了良好的外部条件。20世纪90年代以来，我国与周边国家的关系处于历史上最好的时刻，平稳、安定、友好的周边关系为开展国际交往、加强贸易往来、开展技术合作提供了新的契机。

此外，我国还在1992年6月至7月，决定将乌鲁木齐、南宁、昆明、哈尔滨、长春、呼和浩特等18个首府城市对外开放，享受东部沿海开放城市的优惠政策。至此,我国对外开放的多层次、全方位、宽领域的对外开放格局已经真正形成。为推进对外开放的发展,我国除了上述开放战略之外,还根据部分地区的特殊环境优势和改革开放形势发展的新特点,实行特殊的开放形式。例如:1984年9月到1988年6月,国务院先后批准设立14个国家级经济技术开发区,从1992年到2002年3月,又先后批准设立了18个、15个和2个国家级经济技术开发区;还在上海、天津、深圳、广州、大连等城市批准设立了保税区;从2005年6月开始,先后批准上海浦东新区、天津滨海新区和成都市3个国家综合配套改革试验区。

三、解除准入限制,深入开放阶段

加入WTO,中国市场全面有条件开放,解除多行业多领域准入限制。2001年12月11日,我国正式加入WTO。从2002年1月1日起,我国开始正式履行WTO项下的各项义务。原区域性推进的对外开放转变为全方位的对外开放;开放领域由传统的货物贸易向服务贸易扩展;市场准入的程度进一步提高,市场环境也随着一系列法律和法规的制定和完善而更加透明和规范;最惠国待遇、国民待遇等WTO的基本原则和中国加入WTO的承诺,成为中国对外开放政策所遵循和参照的基本依据。①

1999年至2007年底,我国中央政府制定、修订、废止了3000余条法律、行政法规和部门规章。通过法律、法规和规章的立、改、废工作,我国的贸易制度与WTO规则和中国所做的承诺保持了一致。加入WTO以来,我国政府的透明度大幅提高,立法公开进一步制度化、规范化。货物贸易领域的市场开放水平大幅度提升,关税配额管理体制按照加入承诺进一步完善;服务贸易按照承诺的时间逐步开放;在利用外资方面,从2002年1月1日起,我国逐步放宽投资领域,减少投资障碍,加强投资保护,放松投资管制,减少政府干预;在知识产权保护方面,我国政府高度重视知识产权保护工作,在加入WTO前后,我国政府对与知识产权保护相关的几乎所有法律法规和司法

---

① 陈文敬.中国对外开放三十年回顾与展望(一)[J].国际贸易,2008(2):6.

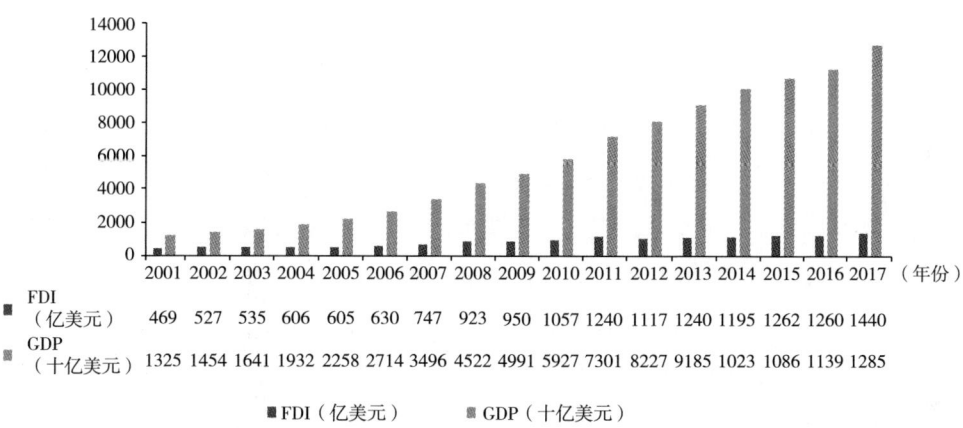

图 5-3 2001~2017 年中国外商直接投资规模与国内生产总值

解释都进行了修改。①

从 2001 到 2018 年，我国加入 WTO 已有 17 年，中国 GDP 从 1.3 万亿美元涨到了 12.2 万亿美元，达到了原来的 9 倍左右，从世界排名第六上升到世界第二。2001 年，我国外贸总额为 5096.5 亿美元，折合人民币 4.2 万亿元；2017 年，我国货物贸易进出口总值为 27.79 万亿元人民币，经过 16 年的发展，外贸总额达到了原来的 6.6 倍。

四、创新开放机制，全面开放阶段

2013 年 8 月 22 日经国务院批准，上海自由贸易试验区正式被批准设立。中国（上海）自由贸易试验区是政府设立在上海的区域性自由贸易园区，属中国自由贸易区范畴，于 9 月 29 日上午 10 时正式挂牌开张，意味着我国的对外开放进入全面开放的新阶段。我国设立自贸区的初衷就是要做制度创新的试验，试图通过先行先试，使试验区形成与国际经济贸易规则相互衔接的基本制度结构，成为我国进一步融入经济全球化的重要载体，为全面深化改革

---

① 陈文敬. 中国对外开放三十年回顾与展望（二）[J]. 国际贸易，2008（3）：4，7-8.

和扩大开放探索新思路与新途径形成可以复制并推广的经验,从而为下面进一步深化改革开放打好基础,更好地服务全国开放发展①。

以上海自贸区为开端,我国现在已经在上海、天津、广东和福建四地建立了自由贸易试验区,这是我国推动新一轮改革开放的重要平台。虽然四个自贸区的发展侧重各有不同,但都服务于国家的开放战略,在辐射带动周边区域开放发展方面:广东自贸区的发展重点是推动内地与港澳地区经济的深度合作,侧重推进粤港澳服务贸易自由化,鼓励和支持港资企业在前海建设现代化服务业产业基地,推动建立香港产业联盟,加速港资企业集聚,进一步扩大对港澳服务业的开放;天津自贸区作为北方唯一的自贸试验区,立足于成为京津冀地区的协调发展高水平的对外开放平台,通过制定服务京津冀方案,与北京服务业形成开放互补的局面,努力打造京津冀协同发展对外开放新引擎;福建自贸区立足于深化两岸合作交流,试验区最核心的内容是"对台"产业的深化整合,特别是在对台湾地区新兴服务业、现代服务业等的承接上,将会为福建现代服务业提供一个发展契机,有利于推动福建现代服务经济和整体经济的发展;上海自贸区的作用则是继续在推进投资贸易便利、货币兑换自由、监管高效便捷、法治环境规范等方面担当"领头羊",上海自贸区的扩大开放措施分为金融服务、航运服务、商贸服务、专业服务、文化服务和社会服务六大领域18个行业,供给23项扩大开放措施,目前都已经逐步得到落实。

建立四个自贸试验区是中央从全局战略高度谋划的改革开放大局中的一招"先手棋",也是在新的历史阶段以开放倒逼改革的压力测试方式,自贸区的核心目标是制度创新,试图努力探索形成与国际的通行规则相接轨的制度规则体系和政府监管系统,从而为全面深化改革积累全面的经验。以上海自贸区为开端,我国的对外开放进入全面开放新阶段。

五、走向全球中央,力推全球开放

2009年,中国、俄罗斯、印度和巴西四个发展势头强劲的新兴市场国家

---

① 上海自贸区正式挂牌 中国改革开放迈出新步伐 [J]. 国际商务财会, 2013 (9): 4.

领导人在俄罗斯举行会晤，商讨了金砖国家的协调发展与合作，并发表《联合声明》，金砖国家合作机制（BRIC）正式成立。2010年，金砖四国一致商定，吸收南非加入，金砖四国扩容为金砖五国（BRICS）。2009年至2018年7月，金砖国家已经先后举行了10次会晤，签署联合宣言，制定金砖国家间贸易发展的政策和具体措施，推动务实合作，合作范围不断扩大，合作内容更加丰富，金砖国家在许多重大国际和地区问题上共同发声、贡献力量，致力于推动世界经济增长、完善全球经济治理、推动国际关系民主化，成为国际关系中的重要力量和国际体系的积极建设者[①]。

2013年9月7日，习近平主席在哈萨克斯坦纳扎尔巴耶夫大学发表演讲时，第一次提出了加强政策沟通、道路连通、贸易畅通、货币流通、民心相通，共同建设"丝绸之路经济带"的倡议；2013年10月3日，习近平主席在印度尼西亚发表演讲时提及我国将致力于加强同东盟国家的互联互通建设，愿同东盟国家发展友好海洋合作伙伴关系，共同建设"21世纪海上丝绸之路"[②]。"一带一路"建设是我国顺应时代潮流的产物，更是我国走向全球中央、力推全球开放的重要一环。"一带一路"秉承的原则是共商、共建和共享，致力于实现各个国家在发展机会上的共创共享，促进我国与世界各国在发展中实现互惠共赢，它是我国构建开放型经济新体制、实现全方位对外开放战略的重要组成部分。"一带一路"是以习近平同志为总书记的党中央在深入把握国际区域经济一体化蓬勃发展的趋势，统筹国际国内两个大局之后提出的，是新时代我国开放发展的重大谋略和战略举措。这一开放发展的思想可以把中国同世界上众多国家联系在一起，不仅可以扩大我国的发展空间，还可以为其他沿线国家创造新的发展机会，是沿线国家合作共赢的重要纽带。同时，这一举措将会在进一步提升沿海开放、向东开放水平的基础之上，加快内陆开放、向西开放的速度，助推内陆沿边地区由对外开放边缘转为前沿，有利于加快推动国内地区间的一体化协调发展。

筹建亚洲基础设施投资银行是我国第一次以国际经济组织构建者的身份

---

① 胡艺，沈铭辉．中韩贸易20年：回顾与展望［J］．东北亚论坛，2012（5）．
② 曾庆功．中国解决钓鱼岛争端的对策研究［D］．沈阳：东北大学，2015．

参与全球经济治理，大大提升了我国在全球经济治理中的话语权，标志着我国在全球治理中从"追随者"向"引领者"的转变。亚洲基础设施投资银行的建立一方面可以弥补亚洲地区在基础设施建设上的需求和供给之间的缺口，为亚洲的经济发展建立内在基础，另一方面也会为疲软的全球经济注入新的活力。作为推进"一带一路"建设的重要支撑，亚洲基础设施投资银行支持开展基础设施建设，按照共商共享共建原则，促进区域经济乃至次区域经济合作。同时，亚洲基础设施投资银行广泛的资金来源又可以为"一带一路"的建设提供充足的资金来源，为进一步消化我国过剩产能提供新出路。通过互联互通机制，促进商品、服务和贸易的跨境流动，为亚洲地区经济增长注入活力，从而带动全球经济的复兴。目前，我国已经牵头了亚洲基础设施投资银行、金砖国家开发银行和丝路基金（"两行一金"）等机构，以股权投资、债权投资、贷款、提供担保等方式为亚洲各国的基础设施项目建设提供金融支持。此外，积极推进PPP模式，鼓励动用私人部门的资金，不仅弥补了资金缺口，更提升了公共产品管理的效率和资本配置效率。

2018年4月，习近平总书记在庆祝海南建省办经济特区30周年大会上郑重宣布，党中央决定支持海南全岛建设自由贸易试验区，支持海南逐步探索、稳步推进中国特色自由贸易港建设，分步骤、分阶段建立自由贸易港政策和制度体系①。海南自贸区自贸港将为更高层次开放探路，海南省将成为我国进一步推进开放和全球化的一个战略支点。2018年4月14日，《中共中央国务院关于支持海南全面深化改革开放的指导意见》正式对外发布，一时间海南全岛建设自由贸易试验区和中国特色自由贸易港备受瞩目②。海南省将成为我国建设的国际旅游岛，成为我国对外开放的新高度。

第三节 当前中国开放发展的机遇

中国作为世界上最大的发展中国家必须以全局眼光看待问题，审时度势

---

① 刘德伟. 海南自由贸易试验区真的不一样 [J]. 中国外资，2018 (9).
② 李永杰. 海南：新时代全面深化改革开放的新标杆 [N]. 中国社会科学报，2018-06-04.

地面对全球范围内的事务，习近平的开放发展理念可以说是对世情国情的科学洞察。动荡不安的全球经济以及国内发展中的机遇，都需要中国力举全球经济合作大旗，继续深化开放。

一、美国经济增长减速

目前，美国经济长期滞留在2%的增速上。对数以百万计的美国普通民众来说，这意味着他们的工资将不会出现大幅上涨，财政方面也很难取得进步。美国经济发展放缓存在很多原因，近几任政府在运输项目或制造业领域实施大规模的政府工作计划，但对提振经济带来的效果却不明显。美国经济发展放缓主要表现在三个方面：第一，制造业萎缩。目前美国制造业根基远不及十年前，制造业岗位所需员工的教育水平也逐步提升。企业不仅难以提升销量，也很难有充足的工人。很长一段时间以来，美国重工业都是在挣扎中求生，制造业长期疲软使得过去一年美国收入遭受重挫。第二，企业业务支出、投资缓慢。目前全球商业环境极具挑战性，全球其他地区经济增长缓慢，且美国能源等一些大型企业持续低迷。很多企业只能依靠削减成本而不是价格上涨来提高利润。第三，零售业低迷。美国经济的其他关键领域也表现不佳。例如零售业的销售增速不温不火。[①] 在美国的财政政策还尚未发生作用的背景下，美国当前短期的动能强劲，但是劳动生产率的低迷和充分就业的临近，使得资源约束在未来可能带来更大的通胀压力。

二、欧盟等国进退维谷

2011年，欧元区陷入成立12年以来最大的危机。欧债危机成为欧洲金融市场上驱之不散的阴霾。欧洲金融市场持续激烈动荡，严重挫伤企业和消费者信念，直接影响到欧盟实体经济的发展。自2012年9月以来，欧债危机一直恶化，受欧债危机冲击的对象已经不再局限于经济规模较小的成员国（如希腊、爱尔兰和葡萄牙等），而是蔓延到经济范围较大的成员国（如西班牙、

---

① 美国三季度经济增速料受到意外提振[EB/OL]. 黄金网, http://gold.cnfol.com/caijingyaowen/20161024/23682055.shtml, 2016-10-24.

图 5-4　美国历年国内生产总值与增速

意大利等)。国际重要信誉评级机构纷纷下调西班牙、意大利等政府债务累赘过重、经济状态欠佳的欧元区成员国的主权信用评级,以致这些国家政府在市场上融资的成本持续大幅升高,间接推高企业融资成本,欧洲股市随之下跌。欧债危机、紧缩财政政策、企业招工意愿削弱等多种因素,严峻制约着欧盟就业市场形势的改观。欧盟最新统计数据显示,众多的失业人数意味着消费者整体收入降低,从而直接影响到欧盟市场的消费需求,拖了经济增长的后腿。2016 年 6 月 23 日,英国举行脱欧公投,2017 年 3 月 16 日,英国女王伊丽莎白二世批准"脱欧"法案,授权英国首相特雷莎·梅正式启动脱欧程序。失去欧盟成员国的资格,英国难以依托欧盟在欧洲和世界事务中发挥重要作用,其国际地位和影响大打折扣[①]。欧盟国家进退维谷,为我国的对外开放提供了良好的契机。

三、发展中国家需要开放贸易

发展中国家经济恢复、发展面临严重阻碍。经济危机带来的挑战使发展中国家陷入两难境地。广大发展中国家由于经济结构单一,经济基础薄弱,

---

① 付子堂,郑伟华. 新全球化背景下的中国法治现代化新路径 [J]. 法治现代化研究,2018 (2).

而且对发达国家的消费市场、技术和资本依赖程度高，经济和金融体系相对比较脆弱，应付金融危机的手段和资源有限，因而将面临更为严峻的经济形势。在经济危机的冲击下，经济的不景气也会造成种种社会问题。国内已存在的贫富差距悬殊导致阶级矛盾激化，失业率上升造成社会局势动荡，犯罪率上升，毒品泛滥。与此同时，广大发展中国家面临更为恶劣的国际贸易环境，出口利润微薄的初级产品，进口价格较高的工业品，使这些国家的对外贸易长期处于入超地位，外汇储备的规模难以抵御外部的金融风险和经济冲击。内需不振，依赖国外市场的局面加大了经济运行的风险。石油价格的暴涨暴跌，铁矿石市场需求的减少给长期依赖出口初级矿产品的国家的经济带来不稳定因素。发达国家为转嫁危机，加快经济复苏，操纵国际市场，刻意压低价格，使发展中国家经济恢复面临困难和压力。经济增长大幅减速、股市下跌、货币贬值、债务负担加重等诸多问题和风险正在显现。还有部分拉丁美洲发展中国家陷入"中等收入陷阱"的泥潭，难以脱身……种种问题都亟待发展中国家扩大开放程度，实现更大程度的国家分工参与。

因此，无论对于何种发展状态的国家来说，寻求新的转型发展和经济增长点成为重中之重。

第四节 当前中国开放发展的挑战

我国经济的对外开放发展已经取得了举世瞩目的成就，但是，伴随着开放程度的加深，也给我国的经济发展带来了不少负面影响。开放发展本来是有利于国家经济安全的发展战略，但是，当国家经济安全与开放发展之间产生冲突时，原有的开放政策应当服从国家的根本经济利益要求而做出相应的调整。针对产生的负面影响，我们需要站在科学发展的高度，实事求是地总结经验，未雨绸缪，才能更好地推动我国经济的开放发展。

从国际形势来看，由于受国际金融危机的影响，世界经济已经步入深度调整期，世界经济低速发展的态势已经难以扭转，全球进入"新平庸增长期"。现有的全球治理无法跟上经济全球化和虚拟化的步伐，经济治理国家之间缺乏沟通协调，金融体系也缺乏统一的监督管理。发达经济体低迷不振，债务负担日益加重，而新兴经济体又深陷滞胀泥潭。各国对市场的争夺越发激烈，吸引资金的竞争加剧，各种投资的风险大幅提高。西方发达国家的贸易保护主义势力抬头，反倾销、反补贴、市场准入等贸易壁垒越来越猖獗，贸易摩擦也不断增多。同时，国际经济秩序也在发生新的变化，进入新一轮的重构过程。

一、来自国内的主要挑战

（一）中国经济对外依存度高

我国的外贸依存度一直处于较高的水平，2004~2008年，我国的外贸依存度甚至一度高达60%以上。一方面，外贸依存度高意味着我国经济深度参与到了全球化的进程中，在国际分工中有着越来越重要的地位，越发广泛地融入到全球经济中；另一方面，国际经济形式的变动对我国的经济增长将会产生重大的影响，将会加大我国面临的国际政治和经济风险，一旦产生国际性的危机，我国必然是首当其冲。外贸依存度过高还可能使我国在能源等原材料上吃尽苦头，虽然经济迅猛发展，但是我国仍然没有摆脱粗放型的经济增长方式，各种原材料的消耗量远远超出我国的产出量，供需之间产生严重的不平衡，使得我国又不得不进口国外的能源和原材料。这也导致很多争夺原材料、推动能源价格上升的帽子落在中国头上。

对外资依存度高主要有两个方面：一方面是资本的对外依存度高。从对外资形成依存度的数据来看，虽然我国对外资的依存度几年来一直呈现下降趋势。但从对外资产业的资本存量依存度来讲，对外资产业的资本存量依存度仍然超过10%，这说明我国的资本形成对外国资本的依存度还是较高的。资本对外依存度过高的不利之处在于，一旦外资大量撤离，而同时又没有足够的资本及时注入，或者外资大量注入对相关产业形成垄断态势，这些都将会危及相关产业甚至是整个国家的经济安全和进步发展。另一方面是外资的税收依存度高。对外资的税收依存度高可以说明外资对我国的税收贡献度很大，外资企业对我国的经济增长做出了重要贡献。但是，跨国资本往往基于成本、收益和市场等因素对企业的布局进行全球范围的调整，一旦大量外资企业撤离中国，也必将给我国的经济发展带来重大的冲击，影响到我国的经济稳定。

对外技术依存度是反映一个国家对技术引进依赖程度的指标，依存度高表明对国外技术的依赖程度较高；反之，表明该国自主创新的能力较强。长期以来，我国都实行大规模的技术引进战略，并由此奠定了我国的工业化基础，并对我国的技术水平的提高发挥了重要作用。但是由于"重引进、轻吸收"，我国的自主创新能力一直没有得到有效的改善，科技发展也长期处于"引进、落后和再引进"的状态。这不仅没有实现真正意义上的提高，而且由于盲目引进国外技术，后续的消化成本以及原有的国外技术标准的制约，对我国的技术发展形成长期制约，导致陷入"技术陷阱"。对外技术的过度依赖导致我国在全球价值链分工中处于全球价值链的中低端位置。我国虽然通过参与全球经济链的分工而使我国经济得到迅速发展，但是产业结构仍然处于价值链分工的中低端位置，在全球价值链分工中，发达国家生产的技术密集型价值链是产品价值链的组织者，起主导作用，全球价值链分工体系主要被几个发达国家的跨国公司控制，中国生产的非技术密集型产品处于价值链的附属环节，大部分企业仍然从事产业链中最低端的加工组装，通过出口所获得的利润非常有限。无论是从工业产能、生产门类的齐全性，还是从生产总额来讲，我国已经是一个贸易大国，但是对外资技术的依赖决定了我国并非一个贸易强国。

（二）经济增长速度放缓

我国经济发展已经进入新常态增长期。伴随着人口红利、改革红利的消失，经济增长速度逐步放缓，靠增能增量的经济结构越发不适应我国的发展状况。由原先不合理的经济发展方式带来的问题也层出不穷，如环境恶化、资源浪费、能源匮乏、经济低效等。我国经过30多年的10%左右的高增长，今后一段时间增长速度可能回落2%~3%，从高速增长期步入中长期增长期。转变发展方式、调整经济结构的任务艰巨，投资强、消费弱的增长格局短期内难以改变，服务业比重明显偏低，科技创新能力不足，新兴产业发展不快，体制机制的制约明显增多。

（三）综合要素成本增加

我国已经进入了要素综合成本全面增加的阶段，资源和环境对经济发展的约束性加大，我国之前的成本优势和劳动力竞争优势不复存在，传统人口红利消失，人口老龄化现象越发严重，农村剩余劳动力的存量与劳动力价格背离，即劳动力数量减少、劳动力价格直线攀升。传统意义上的人口红利逐渐消失，而且数量庞大的老龄人口将成为我国经济发展的牵绊，导致出口模式和我国参与国际产业分工的模式面临新的挑战。我国经济发展的最大特征是单位经济增长所需耗能高，甚至是许多发达国家和发展中国家的几倍之多。资源利用率低，投入成本巨大，造成经济发展中生产要素不协调、不持续、不均衡的矛盾凸显。

如今我国经济面临传统资源逐渐匮乏，开发利用难度加大，能源消耗保持较高水平，这严重影响了我国资源供给安全和经济安全，反过来，伴随而来的环境问题也严重制约着经济发展。严峻的资源环境问题在很大程度上导致继续传统经济的发展模式举步维艰，对经济发展的约束变得更强。开发利用新能源，转变经济发展的传统模式将成为焦点。但是，在传统产业比较优势逐步降低的时候，我国却没有新的竞争优势显现出来，开放发展中的缺陷不断暴露出来，负面效应越发明显。①

（四）产生"市场攫取效应"

外商直接投资流入的目的除了利用东道国廉价的劳动力之外，还有占领东道国的市场。外商直接投资在进入东道国的市场初期，将会打破该国原有的市场结构，降低市场的集中度，引发市场的竞争效应，并形成创造性破坏。与东道国的企业相比，外资企业在全球范围内往往有更大的规模经济优势和更低的单位成本优势，在带来技术溢出效应的同时，也加剧了东道国所在国的市场竞争程度。一些效率低下的本土厂商将会在竞争激烈的情况下被逐出

---

① 李文兰. 习近平开放发展理念研究［D］. 武汉：华中师范大学，2017.

市场，市场份额被外资企业侵占，并最终产生"市场攫取效应"。[①]《中国产业地图》中提到：在我国，每个已经开放产业的前五名都是由外资公司控制的，在中国 28 个主要的产业中，外资在 21 个产业中拥有多数的资产控制权[②]。例如，啤酒行业的 60 多家大中型企业中，目前除了燕京啤酒和青岛啤酒两个民族品牌之外，其余的全部为合资品牌；玻璃行业中最大的五家也全部都是合资；电梯行业最大的五家均为外商控股，占到全国产量的 80% 以上；家电行业的 18 家国家定点企业中，有 11 家合资；汽车行业中外国品牌的销售额占到全国总销售额的 90%。"市场攫取效应"的大小是与本土企业的竞争能力相关的，一般来讲，弱小的企业在竞争中只会越来越被动，甚至被挤出市场，根本不可能在管理或者技术上得到提高，只有具有一定竞争力的企业才可以在竞争中得到效率的提升，如果对外开放的方式不正确，则会导致外商投资企业在国内的垄断加剧，话语权加大，更进一步导致我国本土企业发展环境和竞争能力的恶化。

国际环境的变化和内部比较优势的丧失意味着我国经济高速增长的时代暂告一段落，我国进入中低速增长的新常态。转变发展模式、寻求新的经济增长点成为我国经济发展的当务之急。为了全面建成小康社会奋斗目标的实现、为了加快中国特色社会主义事业建设步伐、为了实现民族振兴国家富强、为了中华儿女的"中国梦"，发展仍然是我们党执政兴国的第一要务，新时代我们必须集中各方面的力量，更加有效地应对国际社会中的各种风险和挑战，掌握对外发展的主动权、制胜权，不断开创对外发展的新境界。

二、来自国外的主要挑战

（一）全球经济增长放缓

金融危机爆发后为避免雪崩，主要发达经济体印钞、发债，以债务危机置换金融危机，当前后遗症显现，欧债危机与 QE 退出的冲击明显，经济增长依赖

[①] 段文斌，余泳泽. FDI 资本挤入（挤出）效应的内在机制及其"门槛特征"——研究理论推导与面板门限实证检验 [J]. 南开经济研究，2012 (6): 51.

[②] 罗剑. 民族品牌流失原因及对策研究 [J]. 中国市场，2018 (9): 138-140.

政策驱动，后续增长乏力；新技术尚不成熟，难以形成内生动力与增长引擎；世界性人口红利减弱，制造大国人口进入刘易斯拐点，发达经济体人口老化，这些因素叠加，世界经济将出现长期的缓慢复苏期，形势依然严峻复杂。特别是在各国经济的交互影响加深，全球经济增长缺乏有效管理，一国的生产与消费失衡演变为全球性失衡，加剧了全球经济的周期性波动。在全球经济不景气的情况下，为自保就业与增长，各国之间利益争夺更加激烈，保护声浪提高。从金融危机爆发至今，二十国集团成员出台的贸易限制措施80%以上还在实施，影响了世界进出口的3.6%。发达国家对内面临高失业、高债务、产业空心化等问题，对外面临发展中大国崛起的压力，反全球化声音增强，并更加重视实体经济，推动制造业回归与再工业化，并向高端制造、服务业、新兴产业迈进。

（二）美国贸易保护主义抬头

过去几年，美国曾经采取了两条腿走路的策略：一方面，通过签订 TPP 和 TTIP 来规划世界贸易细则；另一方面，则签署 BIT 来主导国际投资规则。上述协议涉及货物贸易、服务贸易、投资环境以及政府采购等多方面内容。这一揽子规则将会把包括中国在内的新兴经济体置于边缘化的境地，尤其会给中国的出口、投资和经济增长带来负面影响，甚至会导致中国在全球治理体制中话语权的丧失。在美国的主导下，日本、欧盟等发达资本主义国家或地区也已经开始通过建立高度联系的自由贸易区来加强区域经济合作，试图边缘化中国。美国新总统上任以后，竭力鼓吹"美国优先"，退出 TPP，退出巴黎气候协定，推翻美国与多个国家已经建立起来的贸易协定，逐一进行重新谈判……①纵观三大谈判，TPP 和 TTIP 聚焦于生产环节和经济体制领域，TISA 侧重于服务贸易领域，形成了货物贸易—服务贸易—投资三位一体的新形势②。三大谈判相互影响、相互补充，构成了美国从双边区域到诸边、多边的全方位贸易战略，是美国为了重新掌握国际贸易领导权而构建的国际贸易新规则，美国想要巩固其在全球贸易体系中领导地位的意图昭然若揭。

---

① 李文兰. 习近平开放发展理念研究 [D]. 武汉：华中师范大学，2017.
② 赵春明，赵远芳. 国际贸易新规则的挑战与应对 [J]. 红旗文稿，2014（12）：18.

2017年8月18日，美国贸易代表办公室正式对我国启动301调查，主要针对与技术转让、知识产权和创新有关的法律政策或做法①。2018年3月8日，美国总统特朗普签署公告，认定进口钢铁和铝产品威胁美国国家安全，决定于3月23日起，对进口钢铁和铝产品加征关税，即232措施。特朗普签署备忘录，依据"301调查"结果对约600亿美元的中国进口商品征收25%的关税，新一代信息技术、航空航天设备、新能源装备、高铁装备、生物医药等1300个产品类别将受到关税影响。此后，美国正式发布301调查结果，称将对中国部分输美产品加征关税，限制中国对美投资，对中国歧视性的技术许可政策提起WTO诉讼。贸易战的发生表明以美国为首的贸易保护主义势力正在抬头。

第五节 新时代推动开放发展的路径

一、坚持双向开放，统筹国内国际两个市场

双向开放，坚持引进来与走出去并重，是开放型经济发展到较高阶段的重要特征，也是更好统筹国际国内两个市场、两种资源、两类规则的有效途径。在引进来方面，适应我国加快转变经济发展方式的要求，着力提高引用外资的质量，注重吸收国际投资搭载的技术创新能力、先进管理经验以及高素质的人才。在走出去方面，适应我国对外开放从贸易大国向贸易强国、投资大国的转变以及市场、能源、资源和投资"三头"对外深度融合的新局面，支持我国企业扩大对外投资，推动装备、技术、标准和服务走出去，提升我国在全球价值链中的位置。推进双向开放，要求促进国内国际要素的有序流

---

① 易靖韬，方宁，华思衡. 特朗普新政推进对人民币汇率的影响及未来展望[J]. 国际贸易，2018（5）.

动、资源高效配置以及市场的深度融合。①

（一）提升"引进来"质量

改革开放40年来，我国利用外资经历了由少到多、由以外商间接投资为主到以直接投资为主、由沿海局部试验到全面参加全球化的发展过程，并逐步形成了以开放、利用外资促进改革和发展的独特道路。但是，在发展中，还是存在诸多不足，因此仍然需要提升我国"引进来"的质量。时代进步要求我们进一步提高"引进来"的质量，随着我国经济的不断发展，我们国家的富裕程度不断提升，资金短缺的问题也已经不复存在，资金不再是制约我国经济发展的障碍。目前，我国已经是世界上第一大资本输入国和第三大资本输出国，我国的双向投资已经接近平衡。大量的资金积极地"走出去"，也表明了国内市场的平均利润率相对水平在发生变化，以至于有大量的资金需要走出国门，寻找更加有力的投资机会。

考虑到国内资本的不断充足和我国外汇储备的日益增加，以及我国环境资源约束性的逐步增强，传统的重视引进资金、项目轻视技术，注重引进，而轻视消化吸收与再创新的引进外资模式已经走到尽头，重新审视和确立"引进来"的质量就变得至关重要。所以，现阶段引进外资更重要的是吸收国际投资承载的技术和创新能力、先进的管理经验以及高素质的人才，通过"引进来"弥补国内的"技术短板"，从而提高我国的自主创新能力和推动产业结构的调整升级。本次贸易战的发生启示我们，在以后的引进技术过程中，要更加重视知识产权的保护，培育自主品牌和技术。

（二）提高"走出去"水平

和平与发展、全球化、区域化浪潮以及互联网代表的新科技革命，带动了资源的流动和共享。自2014年以来，我国政府加强了对外投资管理体制改革的力度，并不断加快完成了从核准制到备案制的转变，提升了我国企业对外投资的便利程度，大大推动了我国企业"走出去"的步伐，尤其是在"一

---

① 任理轩. 人民日报：坚持开放发展——"五大发展理念"解读之四［EB/OL］. 人民网，http://opinion.people.com.cn/n1/2015/1223/c1003-27963150.html，2015-12-23.

带一路"倡议的构思之下,从政策沟通到设施联通,到货物畅通、资金融通和民心相通,"五通"将为中国企业参与国际区域合作创造一个新的平台,中国企业也将迎来新一轮的发展热潮[①]。在 2018 年 4 月 10 日的博鳌亚洲论坛开幕式上,习近平总书记讲道:"在扩大开放方面,中国将采取以下重大措施:第一,大幅度放宽市场准入;第二,创造更有吸引力的投资环境;第三,加强知识产权保护;第四,主动扩大出口。"

1. 建立对外企业风险防控机制

从政府的角度来讲,要按照市场导向和自主决策的原则,切实加强对企业境外的宏观指导作用,建立健全境外经营风险的评估系统、风险防范机制和境外的风险应急体系,主动引导各类所有制企业有序地参与到境外的投资设企中去[②]。从社会的角度来看,要努力培育我国本土的风险评估机构,为中国在外设厂的企业提供各种服务咨询工作。商业活动的政治风险评估在我国尚未形成成熟的体系,但是在国外发达资本主义国家(如美国)都存在着大量的咨询公司、智库等。这些机构不断为企业的市场拓展活动提供各种相关的评估服务,其发展方式值得我们国家借鉴。从企业的角度来看,我们应该加大对高端人才的吸引力度,构建起全球范围的人才网络,认真熟悉海外的相关投资环境,尤其是要发展具备相关知识的法律人才;同时,要注意在"走出去"的过程中,充分尊重当地的文化氛围,尽量减少由于文化冲突而引起海外投资合作的失败,做到有效防范和充分化解可能产生的各种风险,实现利益的最大化。

2. 构建海外企业利益保护体制

为了更好地开拓海外市场,维护海外市场取得的经济利益,我们必须在企业、员工以及我国政府三个层面进行改革,形成一个立体的、全方位的海外利益保护体制。对企业而言,要注意在海外市场上树立品牌声誉和知名度,积极履行各种必要的社会责任,担负起相应的外交使命;同时,要积极融入

---

① 全球化浪潮下的中国企业——中国企业全球化探索之路与发展现状[J]. 中国中小企业,2016(3):9.

② 刘旭. 我国企业"走出去"面临的形势和对策[J]. 中国经贸,2012(4):36.

到市场所在国的社会中去，深入了解东道国的各项法律法规和文化习俗，善于与工会以及各种政府机构建立良好的互动关系，主动开展各种横向合作，建立各种海外企业联合会，实现信息共享和风险共担。对员工而言，员工的言行举止也会折射到市场国对企业的认知和评价上去，员工自身提高个人综合素质是维护企业海外利益的基础环节。对政府而言，要积极推进海外投资行业的多样化，优化境外投资结构；加快建设并不断完善我国企业在海外的投资安全保障机制，及时做好海外市场相关投资信息的采集、预判和预防，通过相关教育，提升海外企业的风险意识；积极参与到国际规则体系中去，提升在相关国际仲裁机构中的话语权，通过开展多种形式的对话交流，为我国"走出去"的企业争取更多有利的投资环境和贸易环境。

3. 健全境外投资综合服务体系

首先，我国的商务部门要注重加强对外投资的战略规划和政策制定，制定各主要国家的产业规划，有计划地推进重点行业的国际产能和装备制造行业的合作交流，带动我国在装备制造技术和服务上的输出；其次，加强对外公关能力，为我国"走出去"企业的境外投资和经贸活动创造一个良好的条件；再次，要及时发布有关国家或地区在外资政策、市场准入标准和行业动态等方面的相关信息，提供海外市场调研、贸易中介、贸易问题咨询等方面的业务服务；最后，可以充分发挥商会、行业协会等自律组织在法律、政策、财务、金融等方面的作用。

4. 创新传统金融服务模式

随着我国对外开放进程的持续迈进，对外投资对我国的金融服务水平提出了更高的要求。目前来看，我国的金融机构为企业进行海外投资所提供的金融产品品种单一，现在多是商业银行提供的传统担保业务和以国家开发银行、中国进出口银行的专项贷款为主体的银团贷款。与此对应的是，我国商业银行的海外分支机构提供的服务也多为传统的金融产品，难以为"走出去"企业提供所需的服务。创新能力不强，服务产品不足已经成为我国企业在海外进行投融资活动的重大障碍和关键制约。

因此，当前阶段应该充分发挥政策性金融机构的功能，中国进出口银行在加强对企业的金融信贷力度的基础上，还需要做好相关资本境外投资的统计和监督工作，避免大规模的投资风险；培育一批具有国际竞争力的跨国企业集团，加强与国际金融机构的合作，构建覆盖面广、效率高的金融服务平台；探索海外贷款新机制，推进外汇储备的多元化运用，加快完善人民币的跨境支付系统和清算体系，放开短期信用保险市场等；鼓励相关金融机构发展多种形式的人民币海外投资基金和并购基金，支持企业的产业升级换代，促进我国外贸的持续发展。

二、体现大国担当，在全球治理中贡献中国智慧

最初，我国在全球治理中只是一个普通的参与者，随着我国综合国力的提升以及在国际社会中发挥作用的增强，我国现在正在以一种越来越健康、积极、负责任的姿态融入到全球治理中去，发挥着更加重要的建设性作用，并逐渐由全球治理体系中的推动者成为引领者、规则的制定者以及公共产品的提供者。我国积极参与到全球经济治理和公共产品的提供，不断提高我国在全球经济治理中的话语权，不仅是我国自身发展的需要，也是国际社会的期待。目前，我国推动对外开放，体现大国担当，需要做到以下几点。

（一）积极推动全球治理体制变革

加强全球治理，推进全球治理体制变革已是大势所趋。在现存全球治理体制中，以发达国家为中心所制定的规则在很大程度上对于其他发展中国家和新兴国家参与全球治理形成了一种"参与壁垒"，发达国家总体上主导全球治理的进程，这样的规则制定带有很强的偏向性，难以实现公正合理[1]。所以，积极推动全球治理体制变革，一方面，需要在原有体制的基础上，推动治理结构的完善、强化治理规则的规范力和强制力，强化对治理过程的监督，提升治理机制的治理效果，推动对全球治理体制中的不合理安排的变革，增加发展中国家和新兴国家的话语权与发言权，努力使全球的治理体制更加平

---

[1] 于杨.试论全球治理转型时期的中国参与战略[J].吉林广播电视大学学报，2016（2）.129-130.

衡地反映大多数国家的意愿和利益。另一方面，我国也需要在制度建设、制度创新等方面提出自己的见解和方案，包括提出相关理念和设想，提供设计的方案和议题，构建制度和规则等，真正在全球治理中贡献自身的力量和智慧，体现一个负责任大国的风范和魄力。当然，在此过程中，还是要坚持我国一贯推行的民主、公正、合理的原则，切实考虑发展中国家利益和诉求。①

（二）主动倡导全球治理理念创新

我国积极倡导新的、符合人类共同发展目标的治理理念，在理念上引导治理机制的发展。治理理念体现着治理的价值，引领着治理进程，指导着治理实践，是全球治理中最重要的价值因素。② 我国倡导把合作共赢作为全球治理的基本理念。例如，提出促进相关国家经济合作的"一带一路"构想，以及设立亚洲基础设施投资银行、丝路基金，为世界提供更多的公共产品；与金砖国家加强战略合作，设立金砖国家开发银行和应急储备安排，贯彻落实维护广大发展中国家利益的宗旨；积极参与苏丹达尔富尔危机、伊朗核谈判等国际热点问题的解决，并最终取得了良好的成果。上述都可以体现出我国参与全球治理的引领性。③ 因此，在未来的开放发展进程中，我国需要努力尝试为全球问题的解决提供中国智慧和中国方案，推动全球治理走向公正合理，推动全球经济强劲、可持续、平衡增长。

三、坚持自主创新，重新审视"以市场换技术"

习近平总书记在全国科技大会、两院院士大会以及中国科协第九次全国代表大会的讲话中提到："实现两个一百年奋斗目标，实现中华民族的伟大复兴的中国梦，必须坚持走中国特色自主创新道路，加快各领域科技创新，掌握全球科技竞争先机。"我国作为一个后进国家，从长期来看，还需要继续学习国外先进的技术，我国对外开放进程中的"引进、消化、吸收和再创新"的技术进步战略虽然在一定程度上极大地提升了我国的技术水平，但是，引

---

① 石晨霞. 全球治理机制的发展与中国的参与 [J]. 太平洋学报，2014，22（1）. 18-28.
② 石晨霞. 全球治理机制的发展与中国的参与 [J]. 太平洋学报，2014，22（1）：27.
③ 周方银. 中国离全球治理体系的核心还有多远？[J]. 当代世界，2015（10）：20.

进技术并不等同于自主创新,没有自主创新的技术引进最终只能导致技术依赖。长期以来,我国一直坚持的技术政策是"以市场换技术",客观评价,它作为改革开放的一种表现形式是成功的,但是在开放之外,我国的技术水平却远远没有达到预期目标。我们所熟知的国内品牌,如中华牙膏、南孚电池等之前都是很优秀的民族企业,但在"以市场换技术"的政策之下,由于不具备强劲的市场竞争能力而被国外企业收购;同时,外资企业的进入还会吸引民族企业的创新型人才和技术型人才,在国内人才市场上形成强大的竞争力,不利于东道国本土企业的研究能力和自主开放水平的提升。为此,我国在新一轮的对外开放中应当坚持自主创新,要考虑到以下几点。

(一) 培育创新动力

创新是发明以及发明的商业化的有机统一,因此,需要从发明以及发明的市场推广角度来探讨创新动力培育的相关问题。

首先,在市场经济条件下,创新的动力是源于对利润的诉求,市场机制之所以能够激发出创新的动力是因为存在着利益的激励机制,通过建立完善的市场经济条件,可以使得市场的参与各方能够在各种价格信号的引导之下实现利润的最大化,同时也会使得各种生产要素持续不断地流入到创新领域。

其次,为了让创新机制更好地发挥作用,还应当提供合理的产权保护机制和财产制度来确保创新者能够获得合法的创新收益并且在必要时维护自身的合法权益;此外,从创新活动中获取经济回报是创新者的主要目的,但是,发明通常又是以相当大规模的研发投入为基础的,且研发成功的概率是不确定的,这就导致研发的预期收益也不稳定。关键时刻就需要政府提供知识等公共产品,或者是积极地运用与此相关的财政政策、货币政策等来实现研究成本的降低,从而稳定创新的预期收益。

(二) 加快创新扩散

创新扩散利用创新的溢出效应不仅可以通过推动产业研究和开发活动来推进持续创新,而且还可以增加公共知识的供给,实现创新溢出的社会效应,从而为经济持续增长创造一个良好的条件。一般来说,创新传播的速度越快,经济增长的速度也越快。

但是，创新却又存在着外部性，创新者承担着创新的全部成本和风险，但是他们却很难制止其他人对其研究成果的进一步研究和使用。创新扩散的外部性就要求我们建立健全知识产权的保护体制，健全合理的知识产权保护机制不仅可以构造维护知识创新者利益的氛围，还能够有效地促进知识的扩散和使用。

（三）培养创新人才

野中郁次郎和竹内弘高在《创造知识的企业——日美企业持续创新的动力》一书中提到：" 创新人才对于创新而言是至关重要的，新知识的创造是第一线员工、中层经理和高层管理人员之间动态互动的结果"。培育创新性人才是一个长期的计划，也是一个厚积薄发的过程，因此必须建立开放自由的包容性的学术环境，因为包容性的学术环境不仅可以激发出个人的创新性思维的活力和创造力，还可以加快学术的进步。

各种思想类的产品都与研究者的创新性思维相关，研究者的兴趣爱好是推动研究者开展学术探索并取得学术创新的重要基础，而所有的一切都依赖于包容性的学术环境。所以，需要更加深入地探讨如何才能提供一个更加具有包容性的研发环境和平台，从而使得学术进步更加具有生机与活力，从而为创新型人才的培育创造一个良好的环境。

四、探索开放机制，推进自贸区与"一带一路"的发展

（一）以两个"顶层设计"提升自贸区功能

自贸区未来的发展方向需要完善两个"顶层设计"，一是法律层面的调整；二是管理层面的改革。

第一，由于我国自贸区的建设酝酿时间短，走的是"边试验、边总结、边复制、边推广"的路径，这就导致自贸区建设的法律条件不足：不仅推动自贸区建设本身的相关法律支撑不足，而且自贸区的配套监督管理细则、法规配套设施等都存在滞后。所以，要注重运用法治思维和法治方式，依法推进自贸区的相关建设，通过立法措施来为自贸区的建设扫清道路、开辟新的空间。

第二，完善流程设计实现治理结构的改善。自贸区的改革方案范围较大，

涉及国家的多个部委，但从目前来看，各个部门推进改革的重点各不相同，先后不一，快慢也不同，导致自贸区的一些改革措施都存在不配套以及碎片化的现象，部分地区上报的存在含金量的改革措施都被一刀切。

所以，应当充分发挥国务院自由贸易试验区工作部联席会议的作用，加强各个部门之间、部门与地方政府之间的沟通与协调，从而实现各项改革措施之间的相互配套、协同推进，从而避免出现制度规定的失衡、行政协同的失效。

（二）以三个"发展方向"推进"一带一路"倡议

在"一带一路"的对外开放发展方面，还存在着诸多问题，例如，"一带一路"倡议的定位需要更加明确，由于我国对"一带一路"沿线国家的投资都是以国有企业为主，承载着的也主要是国家战略和国家利益方面的目标，这就使得市场的驱动作用不足；我国实施的"一带一路"倡议虽然受到了沿线国家的欢迎，但是一些国家却始终存有戒心，甚至怀疑我国会因为主导战略的实施而不关注沿线国家的利益，出现领土问题和安全问题；"一带一路"沿线国家的收入水平较低、政治变换的风险系数较高、国内基础设施滞后以及投资环境相对较差，这些都将导致投资风险较高。为应对上述风险，需要从以下三个方面入手。

第一，需要处理好政府和市场的关系，充分发挥中国在经济体制方面的优势，实现政府和市场之间的协同共进，总的原则是政府引导，市场运作。政府部门要重点在宏观布局、政策支持和信息传递以及平台建设等多个角度起到关键作用。通过减少行政审批、推进贸易投资便利化、提高金融服务水平、加强政府与社会组织间的合作等多种形式来减少企业可能面临的各种风险，切实保障企业的合法权益。

第二，建立起高效的风险评估体系和保障机制。深化对"一带一路"沿线国家的政治、经济和法律环境的风险评估研究，加强对国别政策、投资国宗教风险研究，降低人身风险，控制经营风险等，充分发挥各个方面在风险防范上的主动性,形成"一国一策、一个项目、一种模式"的合作方式①。加大对民营企业对外投资的政策支持、金融支持、投资保护力度等,提升民营企业的国际竞争力和社会责任,提高企业的诚信意识②。

第三,针对境内外大国做好增信释疑工作,充分考虑沿线国家特别是中小国家的利益诉求。以平等的姿态开展合作,充分倾听和考虑相关国家内部企业、社会以及民众的利益和诉求③。

五、深化制度创新,形成对外开放发展新体制

《中共中央关于制定国民经济和社会发展第十三个五年规划的建议》中指出,要完善法治化、国家化和便利化的营商环境,健全有利于合作共赢并同国家贸易投资规则相适应的体制机制。为适应经济全球化的新形势,加快培育国际经济合作与竞争新优势,提出了对外开放的新要求和新任务。

(一) 建立更便利化的营商环境

当前国际、国内和城市之间的三元竞争格局不断发生着变化,竞争不断加剧,全球范围内对人才、资金、投资和市场的争夺也逐渐趋向白热化,以投资和贸易自由化、便利化为标志的国家化营商环境正在成为各个国家和区域之间竞争的核心。

因此,需要依据法治管理对外开放,用法律途径来解决开放中可能遇到的问题,不断完善涉外法律法规体系,做到重大决策有法可依;建立竞争有序的市场体制和监管规则,尊重非歧视性规则的国际营商惯例,并且平等对待包括外商投资企业在内的所有市场的参与主体④。

(二) 建立合作共赢的体制机制

建立合作共赢的体制机制需要完善市场准入机制和监督管理方式,健全

---

① 田惠敏,曹红辉. "一带一路"的动因与挑战 [J]. 全球化,2015 (6):75-76.
② 胡志勇. "一带一路"的地缘风险与挑战浅析 [J]. 西部学刊,2016 (15):7.
③ 龚婷. "一带一路":国际舆论反应初探及应对建议 [J]. 对外传播,2015 (3):26.
④ 王一鸣. 形成对外开放新体制 [EB/OL]. 中国经济网,经济日报,http://www.ce.cn/xwzx/gnsz/gdxw/201511/24/t20151124_7104395.shtml,2015-11-24.

产权的保护、信用体系等方面的制度,并且通过统筹双边、多边、区域、次区域开放合作,推进互利合作①。在完善市场准入机制和监督管理方式方面,需要切实推进"三个清单"制度的建设,实现"负面清单""责任清单"和"权利清单"三位一体的格局。推动互利共赢的开放发展需要在对外开放中赢得经济发展和国际竞争的主动权,在扩大开放中形成深度融合的互利合作格局。一方面,需要在既有机构与机制中与美国博弈,争取更多的权利,如IMF、WTO、世界银行;另一方面,则要通过新的国际经济机构与机制,如"一带一路"倡议、亚洲基础设施投资银行、金砖国家合作组织、RCEP、FTAAP等,获得具有区域或全球影响的规则制定权,推广中国价值与原则。

(三) 形成适应国际规则的体制

为了适应 WTO、TTIP 和 TISA 三大规则,尤其是 TISA 中对于服务贸易的高要求,要更加积极主动地从制度和规则层面进行改革,适应国际规则的新变化,全面推进外贸、外资等投资领域管理体制的便利化建设,全面实行准入前国民待遇加负面清单管理制度,建立国家经济贸易谈判的新体制,健全对外开放发展中有效维护国家利益和国家安全的新机制,通过体制、机制方面的创新来赢得国际竞争的主动权。②

(四) 有序稳步推进金融业开放

虽然我国的经济发展状况和金融形势好于绝大多数的发展中国家,但是无论是对内开放还是对外开放,我国的金融业发展水平还是存在着很大的差距:地方政府的债务和企业债务负担在日益加剧;影子银行大行其道,监管部门的监督管理不足……都对我国的金融发展造成了巨大的挑战,为更好地实现金融开放,首先需要实现准入前国民待遇,其次是审慎监督,最后是安全审查。从目前来看,稳步有序地推进金融业开放的主要内容还是利率市场化、汇率自由化和资本项目的开放。这就要求审慎对待金融开放,加强制度体制建设,有序地推进金融业的开放。一方面,基于国家安全原则审慎推进金融高层次开放,有效防范金融风险,加快金融领域的事前、事中和事后监

---

①② 郑良芳. 2015年全球经济在深度调整中艰难复苏 [J]. 青海金融, 2016 (2): 12-13.

管，加强金融监管法制和能力建设；另一方面，要注重金融开放与适度金融保护并行，在金融开放的过程中拆除旧的防护措施的同时，还需要及时设置相应新的有效的保护机制。对于我国这样的一个发展中大国来讲，可行的办法主要还是通过资本账户管制、金融机构股权控制和超额外汇储备等"国家控制"手段来实现对我国金融业的保护。

第六章 协调发展

我国"十三五"规划明确指出：实现协调发展，要在把握中国特色社会主义事业发展总体布局的基础上，正确处理经济社会中的各种重大关系，促进城乡区域和经济社会协调发展，促进新型工业化、信息化、城镇化、农业现代化"四化"同步，稳步增强国家硬实力和软实力。增强发展协调性，拓宽发展空间，增强发展后劲。新时代协调发展主要包括城乡、区域、物质文明和精神文明、经济建设和国防建设融合发展等方面的内容。

第一节 新时代协调发展理念解读

一、协调发展理念的形成

新中国成立以来，我党一直重视全社会协调发展的工作。20世纪60年代，毛泽东同志就提出要缩小三大差距，即缩小地区差距、缩小城乡发展差距、缩小脑力劳动者和体力劳动者差距。改革开放以后，各届政府都始终将协调发展放在重要位置。

（一）共同富裕论

在党的十一届三中全会上，邓小平同志提出："在经济政策上，我认为要允许一部分地区、一部分企业、一部分工人农民，由于辛勤努力成绩大而收入先多一些，生活先好起来。一部分人生活先好起来，就必然产生极大的示范力量，影响左邻右舍，带动其他地区、其他单位的人向他们学习。这样，就会使整个国民经济不断地波浪式地向前发展，使全国各族人民都能比较快地富裕起来。"

邓小平明确提出，贫穷不是社会主义，共同富裕是社会主义的本质特征，因此率先提出鼓励一部分地区一部分人先富起来，采取先富带动、帮助后富的方式，最终达到共同富裕。"文化大革命"以后，以邓小平同志为核心的第二代中央领导集体回答了什么是社会主义，怎样建设社会主义的重大理论性和实践性难题。邓小平认为，贫穷不是社会主义，社会主义一定要消灭贫穷。共同富裕是一个能够影响和带动整个国民经济的大政策。后来，邓小平同志又多次强调："我的一贯主张是，让一部分人、一部分地区先富起来，大原则是共同富裕。一部分地区发展快一点，带动大部分地区，这是加速发展、达到共同富裕的捷径。"

按照这样的思路，邓小平对经济发展体制进行了大刀阔斧的改革，率先在农村推行了以包产到户为主的家庭联产承包责任制，在城市发展社会主义商品经济，这些改革措施极大提升了整个中国的发展活力，推动中国经济发展取得了翻天覆地的变化，但收入差距持续拉大的问题也随之出现。1990年12月，邓小平同志提出："社会主义最大的优越性就是共同富裕，这是体现社会主义本质的一个东西。如果搞两极分化，情况就不同了，民族矛盾、区域间矛盾、阶级矛盾都会发展，相应地中央和地方的矛盾也会发展，就可能出乱子。"对于如何解决贫富差距扩大和地区发展不平衡的问题，邓小平同志提出了"两个大局"的设想，即"沿海地区要加快对外开放，使这个拥有两亿人口的广大地带较快地先发展起来，从而带动内地更好地发展，这是一个事关大局的问题。内地要顾全这个大局。反过来，发展到一定的时候，又要求沿海拿出更多力量来帮助内地发展，那时沿海也要服从这个大局"。在1992年的南方谈话中，邓小平同志指出："社会主义制度就应该而且能够避免两极分化。解决的办法之一，就是先富起来的地区多交点利税，支持贫困地区的发展。"

邓小平同志认为，没有生产力的发展，就不会有财富的增加，没有财富的增加就不可能实现富裕，实现共同富裕就会成为空谈。在社会主义初级阶段，促进生产力的发展，必须把共同富裕与同等富裕、同步富裕区别开，既要鼓励先进，又要鞭策落后。邓小平同志的重大贡献在于把"共同富裕"上升为社会主义的本质,提出社会主义的本质就是解放生产力,发展生产力,消灭剥削,消除两极分化,最终达到共同富裕。①

(二) 兼顾效率与公平论

江泽民同志强调,在社会主义现代化建设中必须让广大人民群众充分共享改革发展的成果。在党的第十四次全国代表大会上,江泽民同志提出了建立社会主义市场经济体制的目标,对于如何在提高效率的前提下更好地兼顾社会公平也做出了探索和回答,提出:"兼顾效率与公平。运用包括市场在内的各种调节手段,既鼓励先进,促进效率,合理拉开收入差距,又防止两极分化,逐步实现共同富裕"。1993年,党的十四届三中全会通过了《关于建立社会主义市场经济体制若干问题的决定》,进一步深入阐述了效率与公平的问题,"建立以按劳分配为主体,效率优先、兼顾公平的收入分配制度,鼓励一部分地区一部分人先富起来,走共同富裕的道路"。

随着改革的推进和对外开放的扩大,沿海有条件的地方快速发展起来。东西部发展的差距随之逐步拉开,地区发展不平衡成为影响共同富裕的突出问题之一。1999年,在邓小平同志"两个大局"的思想指导下,以江泽民同志为核心的第三代中央领导集体提出了"西部大开发"发展战略,西部地区的快速发展和共同富裕迎来了前所未有的机遇。江泽民同志在强调全面贯彻"三个代表"重要思想时指出:"制定和贯彻党的方针政策,基本着眼点是要代表最广大人民的根本利益,正确反映和兼顾不同方面群众的利益,使全体人民朝着共同富裕的方向稳步前进"。党的十六大提出了全面建设小康社会的奋斗目标,明确提出"要在本世纪的头二十年,集中力量,全面建设惠及十几亿人口的更高水平的小康社会",为实现共同富裕指明了具体而明确的目标。

在探索开辟共同富裕新道路方面,采取了加强宏观调控,优化转移支付等手段,实施了"西部大开发"战略,加大了扶贫开发力度,建立和完善社会保障体系等一系列措施,使改革发展成果得到广大人民群众的共享。随着

---

① 孙业礼.共同富裕:六十年来几代领导人的探索和追寻 [J]. 党的文献,2010 (1):80-87.

社会主义市场经济的不断发展和完善，社会经济成分、组织形式、就业方式、利益关系和分配方式多样化的趋势进一步发展，正确处理公平与效率的关系，实现共同富裕的任务更加复杂和艰巨。①

(三) 科学发展观

2003年7月，中共中央总书记胡锦涛在中共十六届三中全会上提出"坚持以人为本，树立全面、协调、可持续的发展观，促进经济社会和人的全面发展"，必须遵循"统筹城乡发展、统筹区域发展、统筹经济社会发展、统筹人与自然和谐发展、统筹国内发展和对外开放"的要求。中国共产党第十七次全国代表大会把科学发展观写入党章，中国共产党第十八次全国代表大会把科学发展观正式列入党的指导思想。

进入21世纪，中国社会经济发展进入了一个新的阶段。2003年，我国人均国内生产总值突破1000美元。改革开放使得广大人民群众解决了温饱问题，生活富裕程度大大提高，人民生活总体上达到了小康水平；但是也必须看到，地区之间、城乡之间以及占有不同资源的群体之间的收入差距进一步拉大。如何实现共同富裕成为对中国特色社会主义道路的更严峻、更现实的考验。科学发展观的根本方法是统筹兼顾，统筹城乡发展、统筹区域发展、统筹经济社会发展等，为更好地促进社会公平、实现共同富裕开辟了新的实践，探索了新的途径。

在党的十六届五中全会上，中国共产党提出了建设社会主义新农村的重大历史任务，2004~2007年，中共中央、国务院连续出台了4个指导"三农"工作的中央一号文件，按照"多予、少取、放活"的方针政策，财政支农力度进一步加大，农村义务教育和医疗保障不断加强。胡锦涛总书记提出了推进基本公共服务均等化、促进生产要素跨区域流动等部署，要继续深入推进"西部大开发"战略，全面振兴东北地区等老工业基地，促进中部地区崛起，支持东部地区率先发展，促进区域发展总体战略深入落实。

党的十六届六中全会以后，随着社会主义和谐社会建设的不断深入，社

---

① 孙业礼. 共同富裕：六十年来几代领导人的探索和追寻 [J]. 党的文献, 2010 (1)：80-87.

会公平得到了有效的建设，且形成了更有力的政策和法律保障，让改革成果共享、实现共同富裕的措施也更加多样化。纵观中国社会主义建设的发展历程，共同富裕一直是我们党坚定不移的目标和全国人民的共同愿望。经过几代共产党人的实践和探索，共同富裕的目标和路径越来越清晰。①

二、新时代开放发展理念的核心内容

以习近平总书记为核心的党中央，在继承发展前者协调发展思想的基础上，顺应时代发展新潮流，以及我国经济建设发展中面临的新问题，提出了新时代协调发展的新理念、新思路。新时代协调发展理念主要包括以下核心内容。

（一）"四化"协调发展

坚持走具有中国特色的新型工业化、信息化、城镇化和农业现代化的协调发展道路，需要实现新型工业化和信息化的融合、工业化和城镇化的互动、城镇化和农业现代化的协调，即"四化协调"。将我国的经济作为一个总体，探索经济协调发展的新路径，从而促进国民经济的整体发展。

所谓新型工业化与信息化的融合指的是信息化和工业化在发展过程中逐步深入到对方领域，互为动力、共同发展的过程。具体表现为在国民经济的各个领域使用信息技术，例如产品的信息化、生产过程的信息化以及管理的信息化等。两者的关系是：工业化是信息化的前提和基础，信息化是工业化发展的手段、方法和推动力量。新型工业化和信息化的融合有利于提高生产效率，加快经济发展方式的转变，实现产业结构的优化升级；有利于提高我国资源环境的系统性效率，实现经济的可持续发展。为了抓住新一轮产业革命的重大机遇，加快深化工业化和信息化的融合发展，党的十八大报告提出到 2020 年要实现工业化、信息化水平大幅度提升。②

工业化和城镇化的发展水平作为衡量发展中国家发展水平的重要标志，

---

① 孙业礼．共同富裕：六十年来几代领导人的探索和追寻 [J]．党的文献，2010（1）：80-87．
② 杜传忠，刘英基，郑丽．基于系统耦合视角的中国工业化与城镇化协调发展实证研究 [J]．江淮论坛，2013（1）：33-39．

是促进经济和社会发展的关键动力。工业化的过程就是资源从农业领域逐步转向非农业领域，农业在国民收入和就业中的比重不断降低，非农产业的份额持续上升的过程。城镇化是经济增长和工业化引发的从业人员从第一产业向第二产业、第三产业的转移过程，首先表现为城市人口数量的增加，进而表现为对城市资源和空间的合理利用。工业化和城镇化常常被人们称为现代社会经济发展的两个车轮，在现代经济条件下，一个国家或地区的工业化和城镇化之间存在相互作用的辩证关系：一方面，工业化是城镇化的基础，随着生产力水平的不断提升，第一产业会释放出大量的劳动力流向城市的非农产业和部门，并逐步成为城市居民。同时，工业化的快速发展也带动了新兴产业的发展，将会为城镇化的发展质量和水平提高提供重要的支撑。另一方面，城镇化的发展也会为工业化的发展提供强大动力，为工业化的发展集聚技术、劳动力等各类生产要素，节约生产成本和制造成本。另外，城镇化的发展也促进着产业结构的不断优化升级，是一个国家的产业结构逐步由农业转向工业，并最终转向服务业。

新型城镇化和农业现代化的相互协调发展对于现代社会经济建设发展具有重要意义，新型城镇化和农业现代化对于产业结构调整和经济转型至关重要。新型城镇化主要是指以城乡统筹、城乡一体、产城互动、节约集约、生态宜居及和谐发展为主要特征的城镇化。农业现代化是用现代化的物质装备农业，用现代化的技术改造农业，用现代化的产业提升农业，用现代化的经营促进农业，用现代化的理念引导农业，从而提高农业的效率和竞争能力。整体来看，新型城镇化有利于推动农业的现代化发展，农业现代化又有利于加速城镇化的实现。

（二）区域协调发展

随着我国改革开放的不断推进，我国各区域经济发展水平得到了空前的提升，但是区域之间的发展差距却越来越大。在经济发展新常态之下，我国区域经济发展的内外部条件正在发生着深刻的变革，促进各区域之间的协调发展迎来了新的机遇，也存在着多方面的挑战。主要表现为区域发展的差距仍然较大，老少边穷地区的发展水平较为落后，促进区域经济协调发展的机制尚待完善等。为了解决区域之间逐步扩大的发展差距，1995年，党的十四届五中全会首次把坚持实现区域经济的协调发展、缩小区域之间的发展差距作为一项长期性的重大战略。我国"四大板块战略"包括1999年开始实施的"西部大开发"战略、2003年开始实施的振兴东北老工业基地战略、2006年开始实施的中部地区崛起战略以及鼓励东部地区率先发展的战略。"四大板块战略"构成了我国促进区域协调发展的整体安排。

今后，我国协调发展的主要任务是："深入推进实施区域发展的总体战略，重点实施好'一带一路'建设、京津冀协同发展、长江经济带发展三大战略；全力实施脱贫攻坚，扶持特殊类型地区的发展；加快城市群建设发展；拓宽蓝色经济空间；构建生态安全屏障；加强区域合作互动，推进区域协调发展，促进产业有序转移与承接；积极参与国际区域合作"。

(三) 城乡协调发展

促进城乡协调发展，实现城乡一体化进程，是贯彻落实协调发展理念的基本要求，是我国在工业化、城镇化以及农业现代化发展到一定阶段之后的必然要求，是我国经济在进入新常态的大背景下，实现可持续发展的必要条件。城市和农村是我国国民经济的两大子系统，只有两者实现相互协调才能实现整个国民经济的持续健康发展。首先，农村的发展离不开城市，要想改善农民的生活水平和收入状况，就离不开城市在人才、技术、资金和市场等方面的支持，大量的优质教育资源和医疗设施等基本公共服务设施都集中在城市，农村基础设施的供给和建设需要依赖于城市发展所提供的财税支撑。其次，城市的发展也同样离不开农村，农村可以为城市提供所需要的大量劳动力和各种生产、生活所需的原材料，并且大量的农村资金通过多种渠道流入城市，可以为城市的资本累积做出贡献，为城市经济的快速增长提供必要的要素供给和资源保障。

但是，长期以来，受到生产力发展水平以及我国政治、经济体制等诸多方面的限制，我国城乡的二元结构并没有从根本上得到改善，城乡之间的差距不断扩大，严重制约了我国城镇化水平的提升和我国农村现代化进程的进一步推进，严重削弱了两者对国民经济增长的整体贡献。所以，加快推进城乡协调发展和城乡一体化进程，是实现我国经济协调发展的战略组成部分，是推进新型城镇化和农业现代化的前提条件，"随着我国经济发展步入新常态，要适应经济发展新常态的特点和要求，要采取新思路、新机制和新措施，全面推进城乡一体化，积极构建以城带乡、城乡一体、良性互动、共同繁荣的新型城乡关系，实现城乡协调发展"。

（四）物质文明与精神文明协调发展

改革开放 40 年来，我国的物质文明建设取得了令人瞩目的成果，国家的经济发展水平和综合实力都有了显著的提升，但是，与此相对应的是我国的精神文明建设没有与之同步发展，以至于出现了很多问题，诸如精神空虚、道德滑坡、诚信缺乏等现象。精神文明与物质文明的偏离，不仅违背了社会主义的本质要求，也制约着我国特色社会主义的建设发展。物质文明和精神文明的协调发展是我国特色社会主义建设的内在要求，要实现中华民族伟大复兴，既要在物质上不断提高生产力水平，也要在精神文明建设上不断提升。当前各国之间综合国力的竞争，既是以经济和科技实力为主要内容的国家硬实力的较量，也体现在以精神文明建设为气质的国家软实力的竞争上。并且随着国际竞争的日益多元化和复杂化，以精神文明建设为核心的国家软实力对于一个国家的发展将会发挥越来越重要的作用。因此，以习近平同志为核心的党中央在党的十八届五中全会上强调实现精神文明和物质文明的协调发展，习近平强调："要以辩证的、全面的、平衡的观点正确处理物质文明和精神文明的关系，只有物质文明建设和精神文明建设都搞好，国家物质力量和精神力量都增强，全国各族人民物质生活和精神生活都改善，中国特色社会主义事业才能顺利向前推进。我们要进一步深化对推动'两个文明'协调发展极端重要性的认识，不断增强新形势下'两手抓、两手都要硬'的政治自觉、思想自觉和实践自觉"①。

（五）经济建设与国防建设协调发展

2016 年 3 月 25 日，在习近平总书记主持召开的中共中央政治局会议上审

---

① 严书翰.8.19重要讲话的深层蕴含［J］.人民论坛，2013-09-01.

议通过了《关于经济建设和国防建设融合发展的意见》，并即日实施。至此，将军民融合发展上升为一项国家战略，成为在全面建成小康社会进程中实现富国和强军相统一目标而制定的法规政策。我国当前经济建设和国防建设协调发展的主要目标是："形成全要素、多领域、高效益的军民融合深度发展格局，使经济建设为国防建设提供更加雄厚的物质基础，国防建设为经济建设提供更加坚强的物质保障。到2020年，经济建设和国防建设融合发展的体制机制更加完善成熟。"姜鲁鸣认为："在大国发展战略中，把握好安全与发展的黄金分割点，破解'大炮'与'黄油'的矛盾，关乎大国崛起的前途命运。明确把军民融合发展上升为国家战略，意义重大。这是基于对国防建设与经济建设协调发展规律的深刻认识和把握，确立了推动经济建设与国防建设融合发展的根本路径，为实现富国强军的统一指明了方向。"

第二节　协调发展的中国道路

一、1978~2002年经济快速增长阶段

在1978年召开的党的十一届三中全会上，提出我国发展重点转向"以经济建设为中心"。以总量增长为主导的经济发展理念的核心是通过市场化的体制改革和对外开放程度的逐步加深，促进企业和居民等微观的经济主体成为资源配置中的参与主体，使企业和居民可以依据市场的价格信号进行资源的优化配置，以此来推动经济的效率和国民经济的增长速度。全会明确提出的经济发展目标是，从1981年到20世纪末的20年，我国经济建设的总体奋斗目标是：在不断提升经济效益的前提之下，力争使我国的工农业总产值由1980年的7100亿元增加到2000年的28000亿元。

1987年10月，党的十三大报告明确指出：我国的经济建设分三步走，第一步是实现国民生产总值比1980年翻一番，解决人民群众的温饱问题；第二步是到20世纪末，国民生产总值比1980年翻两番，人民生活水平基本达到小康水平；第三步是到21世纪中叶，我国的人均国民生产总值达到中等发达

国家水平，人民生活比较富裕，基本实现现代化。

1978年，我国开始实行家庭联产承包责任制的农业经营体制改革。在城市，通过对国有企业的存量改革和民营经济的增量改革推动企业改革，还逐步推进了农产品流通体制改革，逐步将农产品的统购统销制度改革为"双轨制"以及市场化的流通方式，带动劳动、资本、管理技术和土地等生产要素的市场化方式改革，形成了一批商品市场、要素市场、现货市场和期货市场等，全国市场也在不断完善和成熟中。

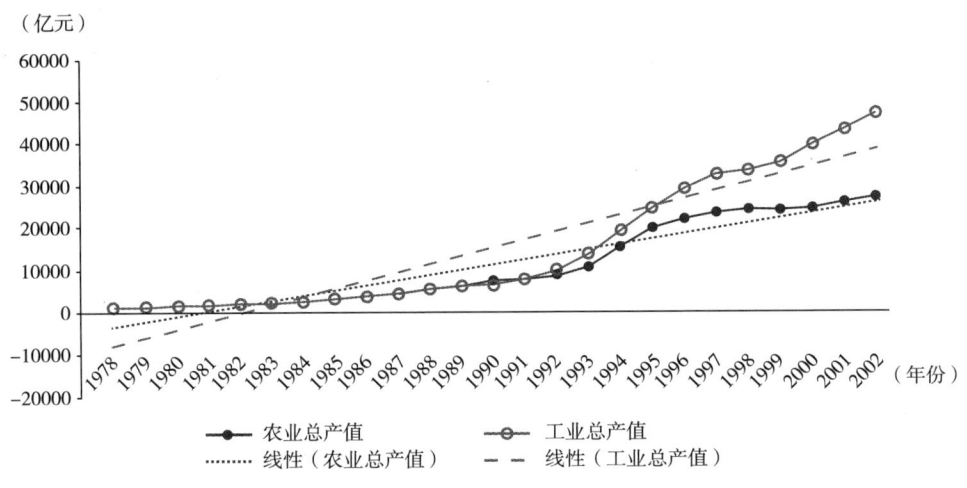

图6-1　1978~2002年我国工农业生产总值情况

我国的经济运行方式从原先的计划经济体制转型为市场经济体制，产权结构也由原有的以公有制为主体转向多种所有制并存，分配制度从以按劳分配为主向考虑要素的贡献差别化发展，与国际上其他经济体之间的关系也从封闭转向全方位、多角度的开放。这样，政府的指令计划在经济发展中的主导作用得以削弱，企业和居民等微观经济主体的主动性和积极性不断调动起来，生产要素和商品在不同部门之间的流动性显著增强，我国的国民生产总值也从1978年的3650亿元增长至2002年的12100亿元，年平均增长率达9.7%，我国的经济规模、国际竞争力和经济实力显著提升，到2002年已经较为成功地完成了"三步走"战略的前两步。

但是，在以总量增长为主导的经济发展理念的指导之下，并非只带来了经济高速增长的红利，伴随着经济高速增长产生的还有产品对国外市场的过度依赖；对能源等生产要素过度使用；对生态环境的过度破坏及城市和农村之间，东部、中部和西部之间越来越大的发展差距，经济发展理念尚且需要不断完善。

二、2003年后经济统筹协调发展阶段

经济发展不仅仅包括总量的增长，还应当包括更多丰富的含义和内容，经济增长只能作为实现经济发展的前置条件，但是不能等同于经济发展。2003年10月，党的十六届三中全会上，将发展观创新放在了关键位置。会议公报中强调："要按照统筹城乡发展、统筹区域发展、统筹经济社会发展、统筹人与自然和谐发展、统筹国内发展和对外开放的要求，更大程度地发挥市场在资源配置中的基础性作用，为全面建设小康社会提供强有力的体制保障……深化经济体制改革，必须坚持统筹兼顾，坚持以人为本，树立全面、协调、可持续的发展观，促进经济社会和人的全面发展。"

2003年以后，我国的发展理念出现了从单纯强调经济增长向注重统筹协调的方式转变。统筹协调理念的含义："在全面深化体制改革的前提之下，依靠政府和市场关系的良性互动实现经济的中高速增长，并由此实现经济结构的持续转化和增长成果对绝大多数社会成员福祉改进的更好回应。低成本、持续性、包容性是统筹协调发展理念的基本内涵，解决发展进程中的不平衡、不协调、不可持续问题则是此种理念的实践指向。"

此后，作为对党的十六届三中全会思路的延续，2007年10月党的十七大报告中强调，我国在新的发展时期要想全面建成小康社会，就要贯彻落实科学发展观。科学发展观的内涵是："第一要义是发展，核心是以人为本，基本要求是全面协调可持续，根本方法是统筹兼顾。"

2012年11月，党的第十八次全国代表大会上明确提出"面向未来，深入贯彻落实科学发展观，对坚持和发展中国特色社会主义具有重要的现实意义和深远历史意义，必须把科学发展观贯彻到我国现代化建设的全过程，体现

到党的建设各方面"。2015年10月，党的十八届五中全会上提出：要加大结构性改革的力度，加快实现经济发展方式的转变，从而实现更高质量、更高效率、更加公平、更可持续的发展，"实现'十三五'规划的发展目标，破解发展难题，厚植发展优势，必须牢固树立创新、协调、绿色、开放、共享的发展理念"。这意味着我国推动经济增长的发展理念正在向统筹协调的发展理念进行转变。

立足于我国当前经济发展的阶段性特征，我国的经济发展理念开始从强调经济增长转向注重统筹协调，从某种意义上来说，经济制度变迁以及微观主体的行为选择都是内生的，是与发展理念的动态转化相关的，和上述转变相关联，协调发展既是经济社会发展的重要实施工具，也是全面建成小康社会的价值取向。

第三节 中国当前协调发展的机遇

我国当前的经济发展正在步入新的发展阶段，并且呈现出新的发展特征，主要体现为：经济总量持续增长，但增长速度开始转向整体下行；经济结构发生改变，但目前尚未探索出新的转化机制；经济体制持续转型，但亟待全面深化体制改革。这些特征表明，我国的经济发展正在呈现出总量与结构、增长与发展、政府与市场等多个维度的复杂特征。经济发展理念的调整也成为我国社会变迁的内在需要，协调发展理念则体现了对我国经济发展新阶段、新特征的回应。同时，我国经济体制转型的系统性特征、政府和市场之间关系的持续性调整以及我国共同富裕目标的初步达成，都表明我国的经济发展的约束条件和目标定位具有独特的属性，协调发展理念的提出是必要的。

一、经济总量持续增长

自20世纪70年代末以来，我国经济取得了高速增长，但是伴随着国内外格局的改变，我国的经济发展已经逐渐步入下行的趋势，并呈现出从超高速增长转向中高速增长的演变态势。从理论上来讲，我国的经济增长趋势下滑是多种因素综合作用的结果，它首先源于经济规模较大而对增长率带来的拉低效应，也就是说，在经济规模较小的时候，实现超高速增长的难度不是很大，但是随着经济规模的增大，基数持续增长，保持此前的高速增长则会变得困难。世界上其他几个主要的经济发达体，如美国、日本等都曾出现经济在高速增长之后的一段 GDP 回落的历程。

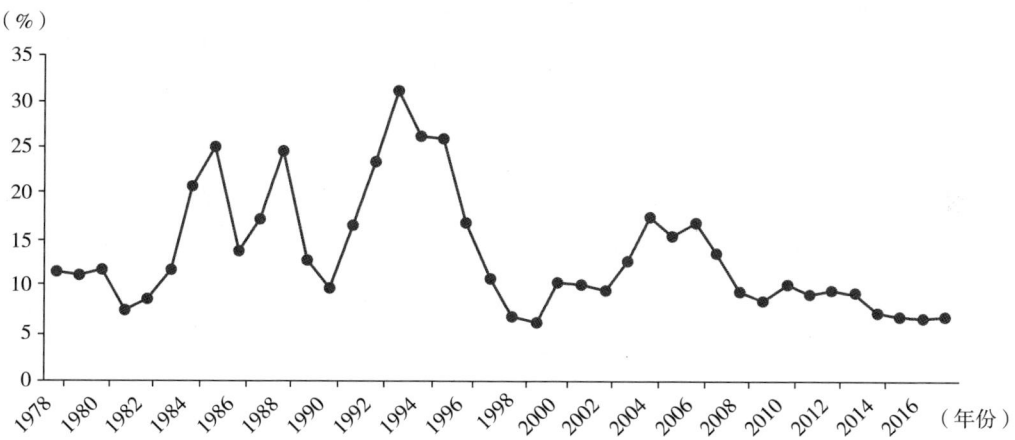

图 6-2 1978~2016 年我国 GDP 增速

此外，改革开放以来，我国经济的高速增长还是建立在劳动力充足、劳动密集型制造产业的迅速发展以及国际市场对我国制造业产品的旺盛需求之上的。但是，随着我国人口增长速度的下降、人口结构的变动以及劳动力成本的持续走高成为我国未来发展的一个基本趋势，我国的人口红利已经不复存在。2008 年金融危机之后的结果可见一斑，国际金融危机的爆发导致我国产品的国际需求环境正在面临着逆转局面。综上所述，可以看出，此前支撑中国经济超高速增长的各项条件都已经呈现出减弱态势，如果不能探索出一条新的推动经济增长的道路或模式，那么经济增长速度呈现下滑也将成为必然。更为重要的是，改革开放之后的 40 年里，伴随着我国经济的高速增长而来的还有我国对生态环境的破坏，这也将极大程度地制约我国经济的高速增长。

二、经济结构转型升级

在经济总量高速增长的背景之下,我国的经济结构也在发生着显著变化。我国的工业化进程伴随着服务业的高速发展,我国目前已经从由第二产业主导的经济体转变为由服务业主导的经济体。同时,三大产业的产值结构变化也引发了就业和人口结构的变化,我国已经从由农村人口主导的经济体转变为由城市人口主导的经济体。除此之外,我国经济在需求结构和投入结构等诸多方面也发生了改变,在经济起飞阶段,资本形成总额在 GDP 中的占比有利于形成未来的生产力,但是持续的国内市场走低、外部市场的依赖加剧以及宏观政策的选择约束都会随着消费率低迷而发生。我国经济结构的显著变化来源于诸多因素的影响,例如:经济资源的市场化配置程度提高、要素流动性和再配置功能增强、国内外市场需求的演变和带动、技术进步以及政府调控方式变动等。改革开放以来,我国虽然经历了快速的产业结构和社会结构的转变,但是两者之间的落差却始终存在,且并未出现收敛的趋势。可以预料到,基于以上多种因素的共同作用,未来我国经济的增长仍将引发经济结构的持续变动。但是,发展过程中累积的失衡现象和跨国竞争中存在的劣势条件,都导致我国现在的经济结构面临着新的更大的挑战。无论是从内部的失衡格局,还是从国际的竞争能力来看,我国的经济结构转化仍然还需要进一步改变,现阶段还是需要新的经济发展动力来有效促进多重经济结构的调整变化。

三、体制改革持续深化

改革开放以来,我国持续推进以市场化为导向的经济体制改革,企业和居民等微观经济主体逐步取代政府成为参与资源配置的主要力量,商品和要素市场的价格信号也逐步取代指令性计划而成为资源配置的主要机制。经济体制的持续转型导致了资源配置效率的提升,也不断刺激着要素、资源的跨部门、跨地区流动,并为企业和居民的经济行为提供了激励和约束机制。但是,问题在于,经济体制转型涉及经济系统内部不同制度之间的协同,也涉及经济系统与社会领域等不同制度之间的重构,系统性、交叉性和复杂性直接影响着我国经济体制改革的顺利推进。经济增速整体放缓、结构转化动力不足都暗示我国亟待全面深化经济体制改革,并由此减弱甚至是消除制约我国经济持续协调发展的制度障碍。进入21世纪以后,我国的经济体制转型在经历了初期的重大突破之后开始进入改革的"深水区",尤其表现在政府和市场之间的关系因为渐进式的改革而出现了"路径依赖",这将对后续的结构优化和经济增长带来不良影响。简言之,市场化体制转型是我国经济增长和结构变化的驱动力,但是体制转型或者说是制度变革在一定程度上还是需要深度推进的,目前来看,我国亟待解决全面深化改革这一难题,从而形成经济持续增长的原动力。

我国作为社会主义国家,需要通过先富带动后富,进而实现共同富裕。进入21世纪以来,伴随着我国经济总量的增长,对增长成果的合理分配成为发展中日益重要的话题,协调发展正是上述发展理念深化的产物。也就是说,协调发展是对经济高速增长背景之下结构性变革问题的矫正,是对持续发展和共同富裕目标的新指向。协调发展是实现经济发展新常态下我国经济持续健康发展的内在要求,协调不仅是手段,也是发展目标。"树立协调发展的理念,坚持协调发展,必须牢牢把握中国特色社会主义视野的总体布局,正确处理发展中的重大关系,重点促进城乡区域协调发展,促进经济社会协调发展,促进新型工业化、信息化、城镇化、农业现代化同步发展,在增强国家硬实力的同时,注意提升国家软实力,不断增强发展的整体性"。协调发展理念融合了我国在经济发展和理论演变中的双层逻辑,对于我国接下来全面建成小康社会、最终实现共同富裕等目标具有重要的价值。

第四节 当前中国协调发展的挑战

改革开放促进了我国经济持续的高速增长,但是这种增长却伴随着一系列的结构问题,主要表现在城乡之间、产业之间、区域之间、经济增长和能源利用之间、经济增长与生态环境之间、国内发展与境外依赖之间等多个方面,这些结构性问题的积累将会导致我国经济增长的原动力削弱,经济变动的风险加大,特别是在国际性金融危机的冲击之下,这类结构性问题将会不断地显现出来,并会极大程度地阻碍经济的持续增长。结构失衡是我国经济发展在经历了超高速增长之后开始逐步步入增速下行阶段的主要原因,同时也进一步证明了我国经济正处在结构的转型调整和增长动力转换的关键阶段,结构性问题将会倒逼我国的协调发展方式做出相应回应。

20世纪70年代,智利、墨西哥、巴西等国家都已经达到中等收入国家水平,但是,在随后的发展中,拉丁美洲3个国家中,除了部分国家实现了经济的继续增长之外,其余多数国家,如巴西、墨西哥等都陷入"中等收入陷阱",其中一个重要的原因是这些国家在经济发展和社会进步的过程中,出现了不协调的方面,严重恶化了经济的发展环境,大大降低了经济的发展效率,主要表现是工业化和城市化的发展失调。经济发展具有超越总量增长的多元指向:经济发展不仅要考虑短时间,还要注意长时间段的经济发展;既要考虑总量增长,也要考虑增长产生的红利在各社会成员之间的分配状况。目前,我国实现协调发展还存在以下几个方面的问题。

一、"四化"协调存在矛盾

从新型工业化和信息化的深度融合来看,还存在诸多问题和制约因素。首先,"两化"融合的整体水平不高,"两化"融合从总体上来说还处于起步阶段,大多数的企业还主要是以信息化手段的单向应用为主,信息化的集成水平过低,大多数企业都面临着智能装备不足、组织结构僵化、流程管理缺失的问题。其次,涉及"两化"融合的产业基础总体较为薄弱,不论是新一代的信息技术还是智能装备制造产业都正在面临着知识产权不完善、关键元部件依赖进口、集成服务水平不高的困境,目前仍然很难构建起跨学科、跨领域的制造业投入产出机制,因而也就无法对新型工业化和信息化的深度融合提供强大的技术支撑;此外,还存在着严重的"信息孤岛"现象,我国企业的信息化建立大多是相互独立的系统,缺乏相互之间的统一规划,导致薪资在企业之间的传递渠道不通畅,难以实现信息等各类资源的共享,信息化的升级换代较慢。最后，我国在推进新型工业化和信息化深度融合上的相关法律法规还不健全，政策、制度的建设相对滞后，支持"两化"融合的相关财政、税收和金融政策等都亟待完善，迫切需要加强各系统之间的相互协调。

从工业化和城镇化的良性互动来看。第一，我国在土地制度、户籍制度、行政体制、财税体制等方面都存在着一定的缺陷，严重制约着城镇化的推进和工业化的协调发展。第二，城市的基础设施和公共服务能力不足以承载农村居民流向城市，城市在住房、医疗、教育和社会保障等方面的能力稍显薄弱，大量的农民工进入城市以后并没有享受到应有的与城市居民对等的待遇和公共服务条件。① 第三，我国的城镇化水平呈现出东高西低的状况，东部地区由于经济水平发展较快，吸引了大量的人才、资金、技术等的流入，城镇化发展速度较快，但是处于内陆地区的中西部地区的城镇化发展水平远远达不到这种状态。第四，很多城市在实现城镇化的过程中，过分追求城市的规模扩张，使得很多城市的基础设施不够完善，城市功能并没有得到相应的提升和加强，忽视了城镇化发展中的内在质量和素质的提升。

二、区域发展失衡问题严重

区域发展不平衡是我国在长期的经济发展过程中逐步形成的一种不合理的分布状况，从改革开放初期的区域均衡发展战略到改革开放以"两个大局"思想为指导的区域非均衡发展战略，再到区域协调发展战略的实施，40年来我国通过对区域发展战略的不断调整，使每个区域都取得了巨大的进步，但是区域之间的发展不均衡状态却始终存在。东部、中部和西部的发展战略在一定程度上人为割裂了三个地区之间的经济联系，使得区域的整体性布局不平衡现象日益凸显：东北地区出现"新东北现象"；中部地区呈现出中部塌陷趋势；西部地区是全国的薄弱环节；东部地区发展迅速但增速濒临瓶颈期。②

---

① 杜传忠，刘英基，郑丽. 基于系统耦合视角的中国工业化与城镇化协调发展实证研究 [J]. 江淮论坛，2013（1）：33-39.
② 董庆霞，岳东峰. 以协调发展理念推进全面建成小康社会 [J]. 领导之友，2017（5）：21-25.

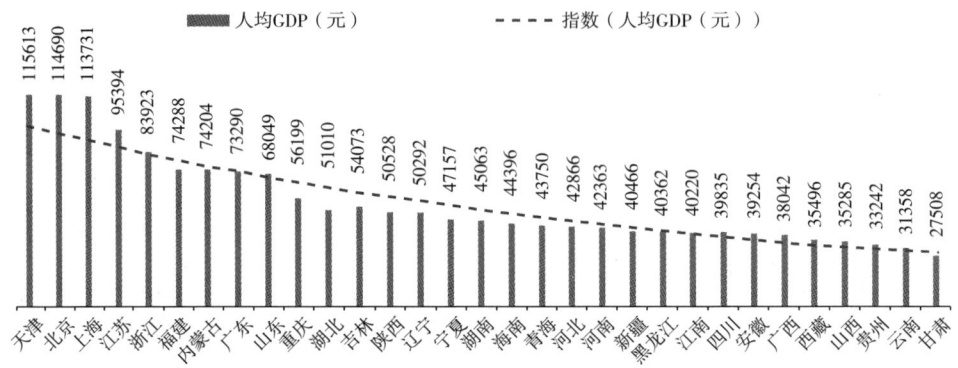

图 6-3 我国各省份 2017 年人均 GDP

区域之间发展的不协调主要是指我国东部、中部和西部之间经济发展的差距较大。改革开放初期，国家采取的是"让一部分人先富起来，先富带动后富"的发展政策。鼓励东部沿海地区率先发展，在经济发展水平达到一定程度时，可以帮忙带动中西部地区的发展。正是由于这项具有时代性质的鼓励性政策，我国东部地区在经济发展浪潮中紧抓发展机遇，不断进行各方面的改革开放，经济发展水平不断攀升，人民生活质量得到显著提高，东部地区在社会基础设施建设、社会保障体制完善等方面都取得了长足进步。但是，遗憾的是，在此过程中有所忽略中西部地区的发展，中西部地区尤其是西部地区的经济发展并没有完全跟上时代的步伐，很多省份的经济发展仍然相对滞后。目前，长三角、珠三角、京津冀等东部地区利用得天独厚的地理位置等优势条件，已经成为我国经济增长的中流砥柱，其经济发展程度也已经达到中高收入水平，东部地区居民也基本实现小康水平。但是，处于我国内陆的中西部地区，发展状况却不容乐观，人民生活水平和文化素质都普遍低于东部地区，同时基础设施建设和社会保障体系的建构也远远落后于东部地区。而这种区域之间发展的不平衡、不协调状况，也严重阻碍了我国经济新常态"稳中有进"推进，各区域之间不能根据各自的不足进行针对性建设，优势的互补状况发挥不充分，使得区域经济发展的整体效能大大减弱。这种区域间的差距势必会影响到我国全面建成小康社会的奋斗目标的实现。

三、城乡差距明显难以缩小

我国在城乡协调发展的进程中存在着一些值得重视的问题。

第一，我国城乡居民的收入差距较大是影响城乡协调发展的主要障碍。随着我国经济发展整体水平的提升，农村居民的人均年收入在逐步增加，农村居民的生活质量和消费水平得到了显著提升。但是从绝对量上来看，农村居民的人均可支配收入与城镇居民的人均可支配收入之间还是存在着相当大的差距，2017年，我国城镇居民的人均可支配收入为36396元，农村居民的人均可支配收入为13432元，城乡居民的人均可支配收入倍差高达2.71。

第二，我国当前存在的城乡户籍制度、城乡分割的市场政策、城市偏向政策等严重影响城乡协调发展。一方面，限制了农村人口向城市的自由流动以及农村人口在城市的落户，恶化了人口等要素的自由流动；另一方面，这也使得城乡之间在资源配置上存在不合理，导致农村经济基础薄弱，发展缓慢。这些举措是以牺牲农村地区为代价的，政府通过宏观调控，将大量的农村建设资金输送到工业和现代化建设上去，使得农村的经济减缓，甚至停滞不前。城乡之间的资源和要素的分配不合理，由于城市的收入水平较高，以及市场在资源配置能力上的差异，使得农村在资源配置方面处于劣势，不仅不可以有效地吸收城市资源，而且农村很多的现有资源还在不断流入城市，流入城市的人口不仅不能享受城市福利，也不能解决"人多地少"的根本矛盾。这在一定程度上加深了城乡发展的失衡状态，目前这种资源由农村流向城市的单向流动仍然存在着较大的惯性。

第三，城乡之间在基础设施、医疗服务、社会保障等公共服务水平上也存在着很大差距。长期以来，城乡在基础设施投入方面存在着巨大的差异，导致城乡发展的不平衡：一方面是经济型基础设施的投入不均衡，城乡在交通运输、邮电通信等多个方面的投入失衡，部分农村地区还存在饮水安全、道路不畅和无法通电等问题；另一方面是社会性基础设施的投入不均衡，城乡在医疗设备、教育水平上存在着显著差异，在农村，简陋的医疗卫生难以解决农民的健康发展要求，尽管近年来，农村公共服务在数量上取得了较大

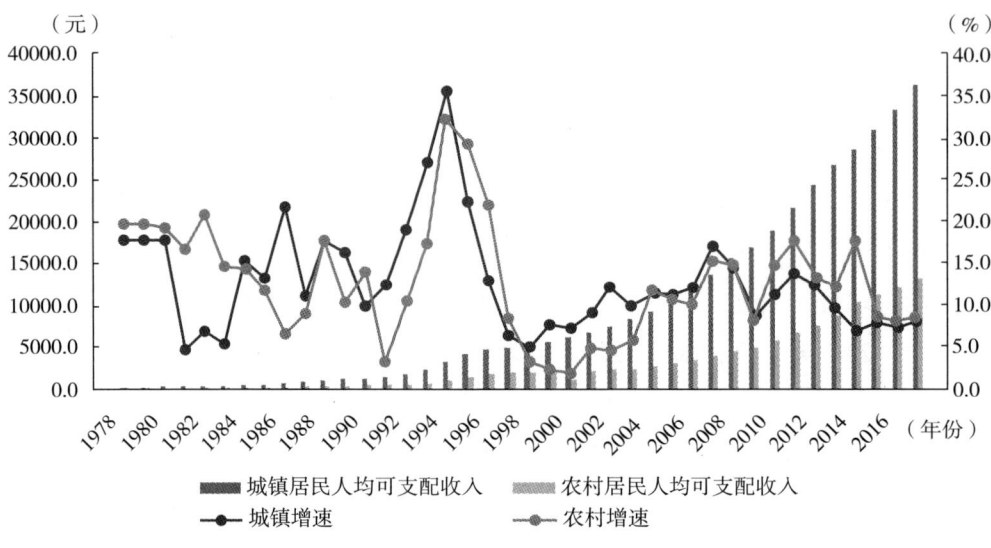

图 6-4 1978~2016 年我国城乡居民人均可支配收入

的发展，但是农村地区在教育水平、医疗保障和社会服务等方面还是与城市之间存在着较大的差距。

第四，城乡在产业结构上的巨大差异在很大程度上影响着城乡协调发展。在农村实行的是土地集体所有制和一家一户的分散经营模式，这就使得农业的发展难以形成规模化经营，农业生产的低效率状态难以在短期内得到改变。在生产上，农业生产具有很强的土地依赖性，导致农业很难产生显著分工；在消费上，农产品属于生活必需品，市场规模扩张和经济的发展速度之间不一致；在交易上，农业生产的周期性和季节性使得农产品的价格变化不大，农民的收益较低。同时，城市中还存在着大量在劳动密集型企业中从事体力劳动的农民工，收入水平整体不高，造成城乡居民收入的差距，制约了城乡的协调发展。

四、物质文明与精神文明不够协调

进入经济发展的新阶段，我国所面临的国内外经济和政治形势都在发生着显著的变化，使得加强精神文明建设越发迫切。国际方面，反华势力由之前的政治颠覆逐渐转向意识形态文化领域的潜移默化；国内方面，社会意识形态也呈现出多元化的发展趋势，不同思想、不同道德观念以及不同的价值取向之间产生着剧烈碰撞。改革开放的40年中，我国的经济体制、社会结构、利益格局、思想观念等多方面都发生了巨大的变化，伴随着经济的高速发展，人们的精神文化需求也越发旺盛，但是从全国来看，许多区域的精神文化生活仍很贫乏，部分人的理想信念和道德价值观念仍然有待加强；还存在着部分党员干部信仰迷茫、精神迷失，出现贪污腐败和道德沦丧；一些领域的道德败坏以及诚信缺失现象比较严重。① 随之而来的是众多的社会不文明行为，例如"天价门""地沟油""扶不扶""钓鱼执法"等，各类不文明行为层出不穷，导致有部分观察者直接将我国目前的社会状态定位为一种"沦落社会"。仅以官员贪污腐败为例：中国经济网地方党政领导人物库的公开资料显示，党的十八大以来，我国省部级以上的落马官员（不含企业任职）已经多达154人。"截至2017年12月31日，我国总计从90多个国家和地区追回外逃人员3866名，追赃金额高达96亿元。但是仍然有涉嫌贪污贿赂等职务犯罪外逃的国家工作人员800余人在逃，和90%剩余'百名红通人员'隐匿在美国、澳大利亚、加拿大、新加坡等国，不少人已经取得当地合法身份。"可见，我国政府官员的精神文明建设的匮乏，才导致我国之前存在着数量如此庞大的贪污腐败群体。虽然我国近几年的清廉指数在不断提升，但是，在世界180个国家和地区中，中国的排名仅为77。

众多社会不文明行为甚至是败德现象的存在，已经在不断侵蚀、消解着支撑我国实现进一步发展所需要的社会资本，同时也增加了我国进行国家治理的难度与风险，甚至导致社会上出现一部分对中国特色社会主义理论、制度与道路的质疑，其实，这就是因为我国的物质文明建设和精神文明建设没有实现同步发展，特别是中国社会精神与道德出现沦落危机是国家对社会精神与思想道德层面治理的失败。所以当前重申物质文明建设和精神文明建设之间的协调发展，逐步扫清发展道路上的社会不文明行为，重新建立和累积

---

① 董庆霞，岳东峰. 以协调发展理念推进全面建成小康社会 [J]. 领导之友，2017 (5)：21-25.

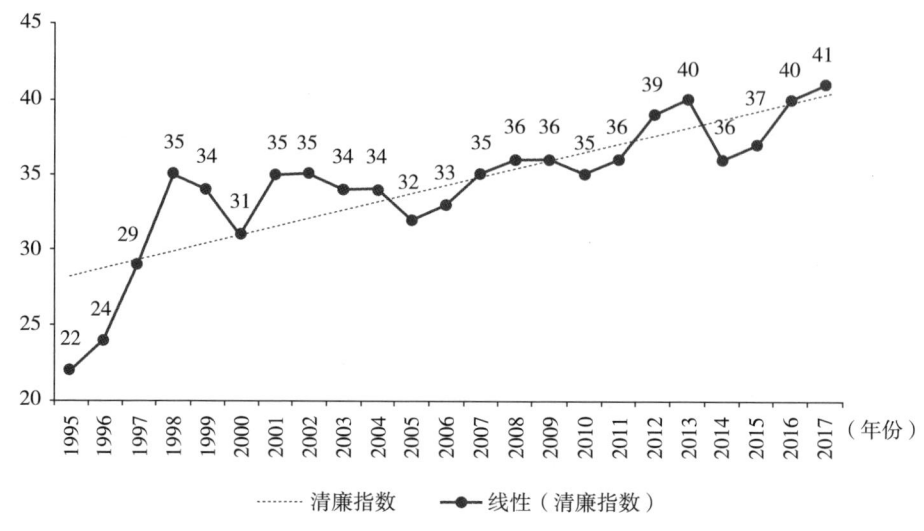

图 6-5　1995~2017 年中国清廉指数

社会资本，降低我国进行国家治理的难度与风险，增强对中国特色社会主义理论、制度与道路的自信，成为重中之重。物质文明和精神文明最终强调的是人类社会发展的两个不同的方面，而全面建成小康社会要达到的目标之一是实现人的全面自由的发展。只有精神文明与物质文明相匹配，作为全面建成小康社会主体的人才能实现个体的全面发展。

五、经济建设与国防建设不够协调

《中国军事战略》白皮书指出："当今世界，世界多极化、经济全球化、社会信息深入发展，国际社会……国际形势深刻演变，国际力量对比、全球治理体系结构、亚太地缘战略格局和国际经济、科技、军事竞争格局正在发生着历史性的变革。霸权主义、强权政治和新干涉主义将有新的发展，各种国际力量围绕权力和权益再分配的斗争日趋激烈，恐怖主义活动日益活跃，民族宗教矛盾、便捷领土争端等热点复杂多变，小战不断、冲突不止、危机频发仍是一些地区的常态，世界仍然面临现实和潜在的局部战争威胁。"我国的经济发展在改革开放 40 年中取得的成就举世瞩目，但是，我国的国防建设仍然存在着很多不足：第一，我国的军工企业自主创新和能力自主的基础研发及生产能力不强，成为制约我国国防科技产业发展的主要障碍；第二，我国军队目前所拥有的技术人才无法满足建设现代化、信息化军队的要求；第三，在投入规模方面，我国解放军的财力投入相对不足，使得解放军武器装备的发展和其他要素发展不协调。

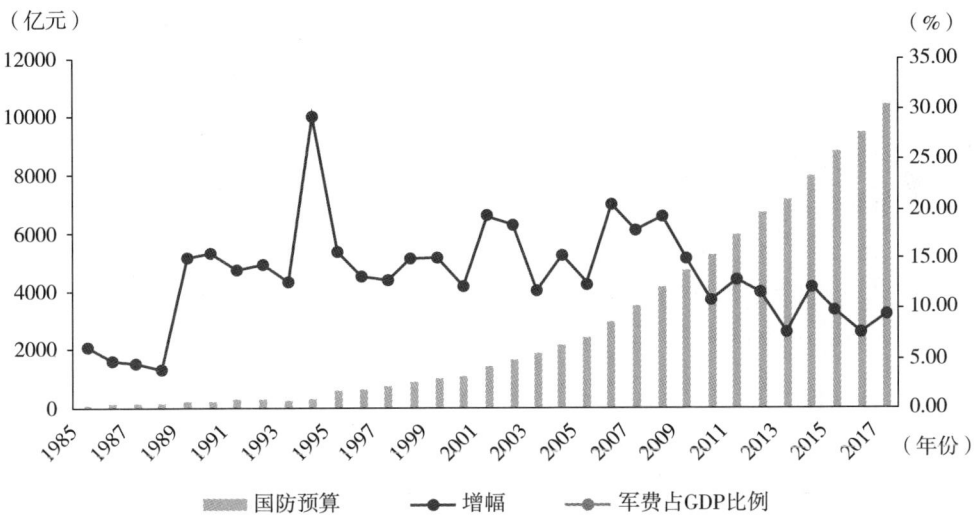

图 6-6　1985~2017 年我国国防预算增长情况

在 2018 年 3 月 5 日召开的第十三届全国人民代表大会第一次会议上，财政部就《关于 2017 年中央和地方预算执行情况与 2018 年中央和地方政府预算草案的报告》提请审议。预算草案中提出，2018 年中央一般公共预算本级支出 32466 亿元，增长 8.1%，其中，国防支出 11069.51 亿元，增长 8.1%，创历年新高。但是，以 2017 年为例，我国的 GDP 总额为 793984 亿元，国防预算为 10211.59 亿元，国防预算的占比为 1.30%，而这一数据在 2015 年和 2016 年分别为 1.32% 和 1.28%。自新中国成立以来，我国的国防开支从 1950 年的 28.01 亿元逐步突破万亿元，但是国防支出在我国 GDP 的比重却呈下降趋势，从我国有 GDP 统计的 1952 年开始，国防开支占 GDP 的比重就从 1952 年的 8.52% 下降到 2017 年的 1.30%。十多年来（2007~2018 年），我国的国防费用占 GDP 的比重远远低于世界平均水平，其中，北约国家为 2%，世界平均水平为 2.6%，美国和俄罗斯为 4%左右，与世界其他国家尤其是美国、俄罗斯等世界大国的差距较大。

第五节　新时代推动协调发展的路径

一、加快实现"四化"协调发展

加快推进工业化与信息化深度融合，根据当前全球以互联网和新一代信息技术为标志的新产业革命的发展特征和趋势，结合我国当前在新型工业化和信息化方面存在的问题，我国目前深入推进工业化和信息化深度融合的主要任务是把智能制造产业作为"两化"融合的主攻方向，加快推进我国制造产业的智能化升级，未来的发展中要贯彻落实《中国制造 2025》中提出的各项发展计划以及新要求，加快培育和发展创新、高效率的智能制造生产模式，尤其是要重点提升在航空航天、机械制造、汽车生产、钢铁、石油、纺织、医药等重点产业的智能化水平。推进装备和产品的智能化制造水平，推进制造过程的智能化，促进管理的智能化，加快构建智能制造产业的行业标准体系。

积极推进工业化与城镇化良性互动。实现工业化与城镇化之间的协调发展，重点是要将新型城镇的发展放在更加突出的位置，着力推进城镇化发展中的比重和发展水平。首先，要进一步完善和健全我国在推进工业化和城镇化建设中的相关体制机制，进一步完善农村在发展进程中阻碍其发展的户籍制度，完善土地承包责任制和经营权流转制度，更好地促进农村剩余劳动力的转移；加快建立起城乡的社会保障制度改革，实现城乡公共服务的均等化发展；实行城乡干部的全新考核机制，将城镇化水平和公共服务等基础设施的覆盖率作为政府官员绩效考核的重要项目。其次，加快转变城镇的发展模式，实现大中小城市之间的有机协调，对城镇化的发展由过去的注重速度扩张逐步转向质量效益扩张。最后，将产业结构的优化升级和城镇化的发展相协调，处理好高新技术产业、战略性新兴产业和劳动密集型产业之间的关系，在重点发展技术含量较高的产业的同时，还要大力发展我国具有比较优势的劳动密集型产业，吸引更多的农村剩余劳动力实现就业；尽快实现农业现代化，提升农业的生产效率，加快实现农业的产业结构升级，以进一步转移农村剩余劳动力，实现城镇化的发展。

着力推进新型城镇化和农业现代化协同发展，一方面，要扫清我国城镇化发展道路上的相关障碍，加快推进新型城镇化建设。除了上文提及的户籍制度改革和土地制度改革机制之外，还需要深化住房制度改革，严格控制房价，打击炒房行为，满足城市新市民的住房需求，建立起租购并举的住房制度；深化财政、金融体制改革，建立完善的激励机制，激励政府有计划地解决人口落户问题；改革城镇的管理体制，调整和规范化城镇的规模、结构和机构设置情况，发展具有当地特色的中小城市和小城镇。另一方面，通过构建农业发展的三大体系加快推动农业的现代化。要把建设现代化的农业产业体系、生产体系和经营体系作为我国在今后的农业现代化发展中"三大支柱"，走一条具有中国特色的产出高效、资源节约、环境友好的农业发展道路。增加农业的资本投入，通过国家的相关产业政策进行一定的资金和优惠政策倾斜，充分发挥各地资源的比较优势，促进农林牧渔相结合，第一、第二、第三产业相融合发展，延长产业价值链，全面提高农业的经济效益、生态效益和社会效益；建立和完善现代农业经营体制，重点加大和培育规模化的经营主体和服务主体，加快形成一支具有高素质的农业生产经营者队伍，提高农业生产的不同主体之间的联系和合作。用现代化的武器装备农业，用现代化的技术服务农业，用现代化的要素投入农业，用现代化的方式改造农业，推动我国的农业发展由原来的拼资源、拼消耗的发展方式转为依靠技术等高科技手段，从根本上改变我国的农业发展方式。

二、积极实现区域协调发展

首先，需要深入推进"四大板块"战略和"三个支撑带"战略。"积极促进东中西部地区和我国东北地区的协调发展，同时促进沿大江大河、沿边沿海和沿重要交通干线的经济增长带建设,促进生产要素在更广阔的区域内有序流动,构建东中西、南北方协调发展的新格局"。要继续深入推进"西部大开发"战略的建设,促进生产要素等资源向西部地区流动,培育西部地区新的经济增长点,提升西部地区的基础设施建设和公共服务能力。在东北地区继续实行"东北振兴"战略,推进重点领域的改革和结构调整,实现东北地区的单一产业结构转向多元化发展,促进城市的资源型发展。中部地区的发展要充分发挥中部地区在承东启西、贯通南北上的独特的地理位置优势,加快中部地区的交通运输系统建设,使中部地区发挥好承接产业转移的作用,全面深化我国大陆地区的对内对外开放,在吸纳人口、集聚产业的基础上增强中部地区的综合实力。东部地区的发展仍不可忽视,还是要坚持东部地区率先发展,着力推进全面深化改革政策和制度创新方针,加快实现创新驱动的发展方向,进一步加大对外开放的力度,实现建设全面开放型经济体系的开放目标。加强"一带一路"沿线的建设,加强我国沿线省份的基础设施建设,帮助其建立较为完善的工业体系。优化京津冀地区的空间布局,推动京津冀协同发展,"遵循'功能互补、区域联动、轴向集聚、节点支撑'的布局思路,以'一核、双城、三轴、四区、多节点'为骨架,推动有序疏解背景非首都功能,构建以重要城市为支点,以战略性功能区平台为载体,以交通干线、生态廊道为纽带的网络型空间格局"。长江经济带的建设要把保护和修复生态环境放在首位,建设人与自然的和谐生态环境,引导产业合理布局,加速城市群的辐射作用,推进长江经济带新型城镇化的建设。

其次,要加快脱贫攻坚和特殊地区的发展。通过发挥制度优势和政策优势,推进精准扶贫、精准脱贫,加快实施贫困地区的基础设施建设,不断提升贫困地区的基础设施建设和公共服务水平,完成危房改造,提升医疗卫生水平,加强义务教育工作的开展。同时也要加强对革命老区、边远地区、民族地区的支持,完善革命老区的振兴发展,推进边远地区的开放开发活动,完善民族区域自治,推进各民族嵌入式的社会结构构建。

最后,要健全区域协调发展的体制机制。健全市场机制,充分发挥好政府、企业和社会组织在发展中的作用,构建全方位、多层次的区域合作网络,形成东西协调、南北互动的发展格局；健全互助机制，实行经济发达地区对经济欠发达地区的对口支撑，加大东部地区对中西部地区在经济政策、资金投入和生产要素等方面的支持；健全生态保护机制，加强对重点生态环境区的生态环境保护和补偿机制，探索市场化的保护机制。

三、强力推动城乡一体化建设

第一，要加快实现农业的现代化，推动城乡一体化的进程。创新农业的生产经营方式，由原来的小规模、低效率生产转变为大规模、集约化的发展方式，加大高科技产品在农业生产经营上的运用，提高农业的资源利用率和劳动生产率。鼓励和支持原有的农村经营主体向龙头产业、专业大户等新型的农村经营主体转型，指导农业实现一定程度上的规模化经营。推动城乡的产业结构转型升级，加快实现优势资源和要素向优势产业的集中，大力发展服务业，促进服务产业的规模化和品牌化经营，加快构建一个优势互补、富有中国特色的服务业发展格局。

第二，实现城乡统筹，充分发挥市场在资源配置中的基础性作用。在自然资源、资本和土地等要素上实现城乡统筹，充分发挥市场的各经济主体在市场经济中的积极性和主动性，使市场的各个参与主体在市场的经营体制框架之下逐步成长为自主经营、自负盈亏的市场参与主体，让市场信号可以引导实现各类资源的优化配置，使市场的行为更加有效，让市场可以充分发挥优化资源配置的作用，发挥各主体在实现城乡一体化发展中的主动性和积极性，加快实现城乡一体化进程。

第三，充分发挥政府在实现城乡一体化进程中的引导作用。政府在城乡协调发展的进程中，可以起到顶层设计和计划安排的作用，例如对基础设施建设、教育、医疗等的投入。这些项目的推进都需要政府在资金和政策上的强大支持，仅仅依靠市场的力量，很可能会带来失效现象。政府在提供基础设施方面可以做到：提高公共服务支出水平和一般性转移支付的比重，减少专项性转移支付比重，并逐步取消有失公平的税收返还和体制性补助，从横向上和纵向上逐步完善转移支付制度；进一步实行制度创新，全面深化城乡的相关配套设施，建立起合理的、完善的户籍登记制度、土地管理制度、社会保障制度和公共服务体系以及社会治理体系，从而促进城乡之间的要素自由流动与公平交换，公共资源的合理配置与有效利用，实现城乡一体化进程。

四、深入推进"双文明"建设

全面建成小康社会，实现中华民族的伟大复兴和"两个一百年"的目标，是中国共产党对全国人民做出的庄严承诺。在实现全面建成小康社会的道路上，不仅需要不断满足人民群众日益增长的物质需求，还需要满足人民群众日益增长的精神文化层面的需求，必须深入贯彻落实习近平总书记在新时代提出的发展理念，实现精神文明和物质文明的协调发展。只有实现了物质文明和精神文明两者之间的统一，国家的物质力量和精神力量才会增强，中国特色社会主义事业才能取得进一步的发展。

一方面，要继续坚持以经济建设为中心的基本方针不动摇，为加快建成小康社会奠定充分的物质基础。虽然改革开放以来我国的经济建设取得了重大成就，但是全体中国人民的生活水平还需要进一步提升，国家的综合实力还有待加强。这就要求我们继续坚持以经济建设为中心不动摇，在大力发展我国经济的同时，不断提高经济的发展质量，全面提升我国社会的物质文明水准。因此，在未来的发展道路上，必须进一步深化改革，为我国物质文明的建设提供强有力的体制保障，深入推进开放格局，建设更高质量、更高水平的对外开放格局，为我国物质文明建设注入新的活力。

另一方面，要加快精神文明建设，积极践行社会主义核心价值观，加强社会公德、职业道德、家庭美德和个人品德"四德"的培育。首先，要重视学校在道德教育中起到至关重要的作用，"四德"培育是一个系统工程，也是一项长期性的工程，而学校在教育方面可以根据不同年龄段学生的特征，有针对性地传播道德教育，覆盖范围较广，教育效率高。其次，也不可以忽视家庭、家教以及家风的培育。良好的家庭教育环境能够对孩子的成长起到潜移默化的作用。而家庭作为社会的一个组成细胞，是道德教育的重要战场之一，通过对传统美德的弘扬与培育可以有利于精神文明建设的生活化和常态化。再次，要主动构建我国在道德建设上的长效机制。国家要重视道德建设，坚持依法治国和以德治国的有机结合，不断完善媒体在监督和舆论引导机制上发挥的作用，在全社会弘扬精神文明建设，形成以立德为荣、失德为耻的社会风气。最后，需要广泛开展道德实践活动，实现理论与实践的高度结合，要将精神文明建设付诸行动，全社会积极践行社会文明之事，从身边小事做起。深入开展各项志愿活动，关心弱势群体，加强志愿者建设，不断提高公民的道德修养和社会的文明程度，在全社会形成"做文明人、办文明事"的良好风尚。辅助性地深入开展授奖评优活动，弘扬社会真善美、传播正能量，培育知荣辱、讲正气、作奉献、促和谐的良好道德风尚。

五、积极推进军民融合发展

历史上，美国、俄罗斯和日本等军备大国都实行过军民融合的发展方式。其中，美国军民融合发展的主要特点是："政府特别支持军民融合，并积极营造深度融合的环境；能从当前国防和经济建设的实际情况出发，制定相应的制度，促进二者的协同发展；民营企业在创新发展中占据着重要的地位，能做到与军工企业进行技术和资源上的互通。有效利用高校、科研院所在军民融合科研中的重要作用，并给予更多的资金与资源支持"。而日本军民融合发展的特点为：在国家的国防军工产业实施高度集中的一元化管理体系，其中，总理负责决定军民融合的规划和部署工作；防卫厅长官具体负责国防建设的相关发展规划；自卫队则进行采购任务的具体执行。日本的军民融合发展采用的是"政产学研"相结合的运行体制，通过积极发展军民两用技术，来增加民用产品的生产经营，并对能够生产军用产品的民营企业提供大额的优惠与支持，主动推进主要军工企业进行改革重组，提升本国军工企业的核心竞争力。俄罗斯军民融合政策总体特征是国防建设与民用科研的相互渗透，国家出台了多项政策来保障和促进军民融合政策的实施，而政府提供的大额的经费保障更是实现军民融合的强大后盾。

可以发现，不论是美国的"军民一体化"模式、日本的"以民掩军"模式，还是俄罗斯的"先军后民""军转民"模式，都表明发达国家十分重视把军民融合放在国家发展的重要战略位置。同时，美国、日本、俄罗斯的军民融合发展都依据本国国内发展的实际情况和国际发展环境的变化，使用差别化的战略和发展路径。这说明，军民融合的发展模式并非一成不变的，其实现形式可以多样化。从当前来看，我国行业之间的准入壁垒还在不同程度地影响着我国军民融合的发展进程，标准制度衔接问题、政策界限模糊以及利益保护措施不完善等诸多问题都影响着我国军民融合的发展与推进。针对这些问题，我国当前应当将重点放在法规制度、政策措施和监督考评等方面体系的建设上，要不断制定符合我国当前发展阶段和发展特征的法规制度体系。在诸如资金扶持、政策倾斜、重点项目以及领域建设的牵引等方面，及时出台相关的配套政策和治理措施；从监督考评建设上来看，还需要建立起一个系统的、可量化的监督考评体系和工作机制。因此，推动军民融合的健康与快速发展，有必要在我国建立起一整套系统完备、衔接灵活、有效激励的军民融合发展体制，为我国军民融合的发展提供可依靠的政策保障，使政府成为军民融合的坚强后盾，以此来带动我国国防建设与经济建设的协同发展。①

---

① 阳轮弟. 习近平军民融合发展战略思想研究［D］. 广州：广州大学，2017.

第七章 绿色发展

2015年10月,党的十八届五中全会首次提出"绿色,共享"理念,构成了新发展理念的重要内容之一。会议提出:坚持绿色发展,就必须要坚持节约资源和保护环境的基本国策,坚定走生产发展、生活富裕、生态良好的文明发展道路,加快建设资源节约型,环境友好型社会,形成人与自然和谐发展现代化建设新格局,推进美丽中国建设为全球生态安全做出新贡献。[①]

第一节 新时代绿色发展理念的形成和发展

绿色发展理念历经了中国共产党历届主要领导人的发展,其线索越来越明显,观点越来越明确,理论越来越丰富。

一、理念的形成

新中国成立后,以毛泽东同志为核心的党中央立足我国基本国情,从实际出发,实事求是,在无比艰难的国内外处境的情况下提出了比较完善的发展措施,当中蕴含着绿色发展理念。其核心内容包括:尊重自然、保护自然,增产节约,江河治理工程化等。改革开放之后,绿色发展的理念日益具体,思路也日渐清晰。

(一)加强生态环境保护

在改革开放的契机下,中国打开国门,积极与世界各国交流,了解到世

---

① 十八届五中全会公报全文 [EB/OL]. 第一财经, https://www.yicai.com/news/4704487.html, 2015-10-29.

界各国经济发展和环境保护的状况，谨记资本主义国家先污染后治理的错误经验教训，认真学习发达国家在处理经济发展和生态保护矛盾方面的技术和政策。因此，邓小平同志提出协调发展的绿色思想，将生态文明建设放在我国社会主义初级阶段社会发展的重要位置。

1. 强调人与自然协调发展的重要性

以邓小平为核心的第二代党领导集体要求统一发展经济效益和生态效益，提出要结合我国改革开放前生态环境和经济发展的现实状况，提高生产力，增强综合国力和经济实力，改善人民的生活水平，这也是国家建设与发展的出发点和落脚点。面对日益突出的经济社会发展与资源环境约束之间的矛盾，邓小平同志提出"要聚精会神把长远规划搞好，长远规划的关键，是前十年为后十年做好准备"。[①] 此外，"植树造林、绿化祖国、造福后代"这一长远目标也得到了邓小平同志的重视，这一立足长远角度的生态理念为我国生态环境的建设提供了坚实的基础。

2. 强调科技和教育的力量

"科学技术是第一生产力"，邓小平同志曾经这样说道，科技水平的提高极大地促进了生态环境的改善和环保事业的发展。科学技术的发展能够带动环保技术水平的提高，同时还可以大幅度提高资源的利用率，节省能源的消耗。另外，教育起到了十分关键的作用。宣传是教育中最直接、最有效的途径，提高群众的环保意识，让人们深入了解生态环境对人类生活的重要性，促使大家积极投入到生态环保的具体实践中。

3. 强调生态环境保护的法律保障

以邓小平同志为核心的第二代中央领导集体对于生态环境保护工作高度重视，明确指出要加强生态环境立法。1978年在修订《宪法》时，首次将环境保护写入宪法之中，为国家的生态环境保护工作提供了重要支撑。1983年第二次全国环境保护会议将环境保护确立为我国的一项基本国策。之后制定了环境保护相关的各种法律法规，环境保护法律体系逐步建立并不断完善。

---

① 中共中央文献研究室. 邓小平文选（第3卷）[M]. 北京：人民出版社，1993：16.

面对改革开放新时期的建设难题，以邓小平同志为核心的党中央领导集体毫不退却，抓住历史机遇，突出强调人与自然和谐发展、共同发展的重要性，提出将生态环保法制化摆在重要的位置，凸显了科技和教育在生态环境保护中的重要地位。虽然这一阶段没有明确提出绿色发展的概念，但是第二代党中央领导集体的绿色发展理念，丰富了第一代领导集体的绿色发展理念的内涵，为我国的绿色发展理念提供制度保障和技术支撑。

（二）强调可持续发展

改革开放后，人民的生活环境大大改善，国家发展欣欣向荣。然而，在发展的同时，粗放型的发展方式也给我国环境带来了难以言喻的后果。如土壤退化，水质污染等，加剧生态环境恶化。结合国内发展的实际情况和国际相关经验，立足整体、兼顾局部，在继承和发展历任党中央领导集体绿色思想的基础上，提出了可持续发展战略，在我国环境和经济建设的协同发展方面做出了重要探索。

1. 可持续发展战略

20世纪90年代初，中共中央针对可持续发展制订了很多方案和计划。江泽民同志对可持续发展战略高度重视，1995年9月就提出："在现代化建设中，必须把实现可持续发展作为一个重大战略。要把控制人口、节约资源、保护环境放到重要位置，使人口增长与社会生产力的发展相适应，使经济建设与资源、环境相协调，实现良性循环。"① 党的十五大报告更进一步强调："我国是人口众多、资源相对不足的国家，在现代化建设中必须实施可持续发展战略。"党的十五大正式将可持续发展战略确定为我国经济发展的重要战略。进入21世纪后，党和政府更加关注可持续发展问题，更加注重经济发展与生态保护之间的关系。江泽民同志提出要以西方发达国家为鉴，不走其先污染后治理的老路，在发展的过程中要将经济建设和环境保护并行。

2. "西部大开发"战略

江泽民同志继承了以毛泽东为核心和邓小平为核心两代党中央领导集体

---

① 中共中央文献研究室. 江泽民文选（第1卷）[M]. 北京：人民出版社，2006：463.

关于绿色发展的思想，提出了实施"西部大开发"战略这一重要决策。西北地区是中华民族和中华文明的重要发祥地。西北地区也是古代中华文明与世界文明的重要交会处。古"丝绸之路"作为中外经济文化交流的重要渠道，对中华文明和世界文明的发展都曾做出了重要贡献。我国的陆地边界，西部地区占了80%。因此，加快西部地区的发展，对于我们国家未来的繁荣昌盛和长治久安，具有极其重大的意义。我国西部地区自然资源十分丰富，但是由于地理以及气候方面的因素，东部地区与西部地区的发展差距逐渐拉大。为扭转这一发展差距扩大的趋势，推动不同区域之间协调发展，党中央决定开展并实施"西部大开发"战略。西部的环境保护与全国生态保护息息相关，两者是整体和局部的关系。

3. 绿色环保多策并举

生态环境的保护和建设是一个全面而系统的项目，涉及经济、生活与生态的方方面面。以江泽民同志为代表的党领导集体提出要多管齐下，多策并举，全面整体解决问题。第一，加大宣传教育，加强人民群众的环境保护意识，提倡人民群众参与到环保实践中来，提升人民群众的积极性和主动性。同时，要督促企业转变生产方式，推动发展资源节约型和环境友好型产业，走新型工业化道路。第二，加强法治化建设。法律具有强大的约束力，法律面前人人平等。环保事业的发展需要法律的保障。各政府部门严格执法力度，提高监察水平，严厉打击任何破坏环境的违法行为。第三，加强国际合作，学会借鉴他国的经验与教训。环境保护问题是整个世界都会面临的问题。在国际交往中，要加强各国之间环境保护方面的经验交流，同时，推动相关国家之间的合作，促进生态问题的解决，为我们的子孙后代谋求一个健康良好的生态环境。作为一个发展中大国，中国也会履行自己的国际义务，为全球环保事业的发展贡献自己的力量。

(三) 科学发展观和环境友好型社会

随着我国社会主义现代化建设的推进，环境问题日益严重。国内外情形十分严峻，国内重工业发展的同时恶化了中西部地区的环境问题；国际上臭氧层破坏严重，生物多样性锐减，冰川消融，海平面上升。以胡锦涛总书记为核心的党中央领导集体能够从现实出发,继承并进一步完善了绿色发展的思想和内涵,提出了科学发展观。2010年6月,胡锦涛在中国科学院第十五次院士大会上首次指出:"绿色发展,就是要发展环境友好型产业,降低能耗和物耗,保护和修复生态环境,发展循环经济和低碳技术,使经济社会发展与自然相协调。"

1. 提出科学发展观

胡锦涛同志在党的十七大报告中提出了科学发展观的概念,并对其作出解释:"科学发展观第一要义是发展,核心是以人为本,基本要求是全面协调可持续性,根本方法是统筹兼顾。"这一理论的提出对国家的发展、社会的进步、人民生活水平的提高发挥了重要的引领作用,是马克思主义与我国国情有机结合的产物,是马克思主义中国化在当代的理论成果之一。

2. 提出构建资源节约型和环境友好型社会

胡锦涛总书记在2006年3月中央人口资源环境工作座谈会上首次提出了建设环境友好型社会的号召[①]。中国共产党第十六届五中全会正式将建设资源节约型、环境友好型社会确定为我国的一项长期战略任务。环境友好型社会是一种人和自然和谐发展的社会形态,是可持续发展社会的具体表现形式,环境友好型社会建设对于社会的稳定发展起着重要的导向作用。

3. 作出建设生态文明的明确要求

党的十八大报告明确指出,要大力推进生态文明建设。改革开放以来,我国经济社会发展取得了举世瞩目的成就,同时也必须看到资源环境的约束日益趋紧,给经济社会发展带来了巨大的负面影响。面临这种新的形势,就需要牢固树立生态文明理念,将生态文明建设提到影响经济社会发展战略全局的高度。这就要求更加重视资源节约和环境保护工作,更加注重生态环境建设,积极推行绿色、低碳、循环的生产方式和生活方式,从源头上做好生态环境保护工作,扭转生态环境恶化的趋向。

---

① 中共中央文献研究室. 十七大以来重要文献选(上)[M]. 北京:中央文献出版社,2007.

(四) 习近平绿色发展理念

2015年10月,在党的十八届五中全会上正式提出了五大发展理念,"绿色发展理念"正式出现在党的会议上,成为今后指导国家发展的重大战略思想。

以长江的保护和发展为抓手,习近平总书记提出:在当前乃至未来相当长时期内,长江的开放和利用,要把保护和生态环境修复摆在核心地位,不能再搞以破坏生态环境为代价的开发。要让黄金水道在绿色发展中探索新模式、新路径,从而实现黄金效益。习近平很早就认识到,绿水青山就是金山银山,保护与发展并不矛盾。促进绿色发展是当今世界的时代潮流,中国经济要适应"新常态"。同有形的物质一样,美好的环境也被承认是可贵的财富,而有限的能源、资源是人类最好的储蓄。

1. 人类文明与生态文明

习近平总书记指出:"生态兴则文明兴,生态衰则文明衰。"这一论断贯穿了马克思主义历史唯物主义和辩证唯物主义的思维。人类文明的发展变迁与生态环境之间密不可分,相伴相随。历史上,人类发源地由于随后的生态转衰,给几大古文明以接近致命的毁灭。恩格斯在《自然辩证法》中指出:"美索不达米亚、希腊、小亚细亚以及其他各地的居民,为了获取耕地,破坏了森林,但是他们做梦也想不到,这些地方今天竟因此成了不毛之地。"

习近平总书记强调:"你善待环境,环境是友好的;你污染环境,环境总有一天会翻脸,会毫不留情地报复你。这是自然界的规律,不以人的意志为转移。"顺自然规律者兴、逆自然规律者亡。充分尊重大自然,在这个基础上妥善处理人与自然的各种矛盾和问题,这是人类社会发展进程中的关键所在。人类的文明从砍倒第一棵树开始,到砍倒最后一棵树结束。生态文明,是在人与自然关系上的一次进步。生态文明建设,是解放生产力、发展生产力的客观要求,是社会文明发展的必然要求,更是功在当代、利在千秋的伟大工程。当前,要把生态文明建设融入经济、政治、文化、社会建设各个方面,协同推进"新四化"和"绿色化",使之成为"两个一百年"奋斗目标和中华民族伟大复兴中国梦最有力的托举。

2. 绿水青山就是金山银山

习近平总书记关于生态文明新理念新思想新观点，主要体现在保护环境即是保护生产力的生态生产力观。最具代表性的就是："我们既要绿水青山，也要金山银山。宁要绿水青山，不要金山银山，而且绿水青山就是金山银山"。习近平总书记的这一重大论断，阐明了经济社会发展与生态环境保护之间相互影响的辩证关系，也说明了经济社会发展与生态环境保护之间是不可分割的有机整体①。绿水青山和金山银山绝不是对立的，关键在人，关键在思路。把传统的生态环境和自然资源优势变成社会进步、经济发展的长处，那么绿水青山也就变成了金山银山。这是我们党积极探索经济社会发展和自然和谐关系的认识升华，是发展理念和模式的深刻变革，是执政理念和方式的重大转变②。"两山论"具有丰富的思想内涵，体现了对民生福祉的关注。

习近平总书记强调："要正确处理好经济发展同生态环境保护的关系，牢固树立保护生态环境就是保护生产力、改善生态环境就是发展生产力的理念，更加自觉地推动绿色发展、循环发展、低碳发展，决不以牺牲环境为代价去换取一时的经济增长。"从而对"生态文明何以能"的问题进行了回答。

3. 生态环境建设是系统工程

生态环境建设是一项复杂的系统工程，涉及诸多内容。其中，绿色是其重要内涵和特征，生态文明建设是基于绿色的新理念。"绿水青山就是金山银山"是习近平生态文明思想的重要体现，良好的生态环境是永续发展的必要条件。破坏环境必受自然惩罚，危害生态终将毁灭未来。

因此，在经济社会发展战略和决策的过程中，要把绿色发展作为重要的导向，一方面处理好未来发展与环境保护的关系，另一方面要高度重视已经出现的生态环境污染问题，处理好当前与未来的关系。这就需要进一步研究、推广和应用新的绿色技术，探索绿色的生产方式和生活方式。从政府的角度来讲，还要逐步构建与绿色发展相适应的激励约束机制，将生态文明思想贯

---

① 张乐乐. "两山论"视域下美丽乡村建设路径探究 [J]. 农家参谋，2018 (4).
② 李娣. 中国走向生态文明建设新时代 [J]. 全球化，2018 (3).

穿到日常的决策和工作中来。2000~2016年我国环境污染治理投资总额如图7-1所示。

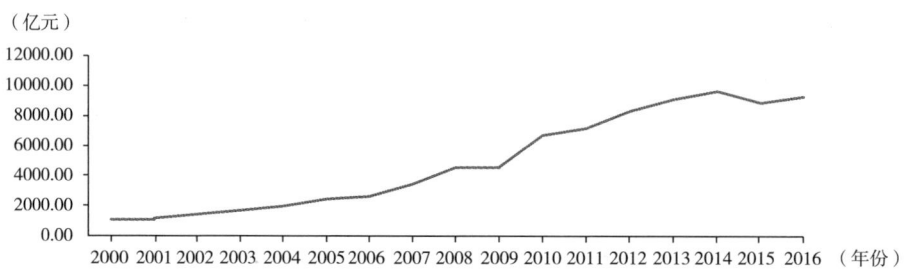

图7-1 我国环境污染治理投资总额

二、新时代绿色发展的重要内涵

党的十八届五中全会上首次提出"创新、协调、绿色、开放、共享"五大发展理念，其中，绿色发展理念是针对日益突出的生态环境问题而提出的，是为了实现人类经济社会发展与自然和谐并存而提出的，事关我国全局性发展。一方面，习近平绿色发展理念是对毛泽东思想、邓小平理论、"三个代表"重要思想、科学发展观的继承和发展；是对新中国成立以来经济社会建设和发展的经验科学总结而形成的理论。另一方面，也是对科学发展观的直接继承和发展，符合新时代生态文明建设的基本要求。低碳、循环以及可持续是绿色发展理念的核心步骤，在人与自然和谐发展的基础上，有效利用自然资源，加大污染治理力度和环境修复力度，让广大人民群众享受绿色生活，从而实现社会主义新时期的建设目标，实现人民生活幸福富裕、国家美丽而富强。

首先，绿色发展理念强调人与自然和谐统一的关系。关于人与自然的关系，中国传统文化中已经出现雏形，比如"天人合一""物我一体"等。这些观点主要体现了尊重自然，人与自然应和谐相处的理念。随着工业的快速发展，人们的生活水平有了很大的改善和提高，同时也出现了严重的生态环境污染问题，人们逐渐改变了征服自然、与自然抗争的认识，逐渐认识到人类也是自然界的一个有机部分，人与自然之间存在着千丝万缕的关联，这种联系是普遍存在的。因此，自然界的变迁对人类会产生影响，而人类的实践和行为也会对自然环境产生影响，必须认识和遵循这一规律，从人与自然的整体和全局出发，妥善处理好整体与局部的关系，努力推动实现人与自然界的协同发展。同时从哲学的角度来看，自然界运转和社会发展遵循着特定的客观规律，人们在实践活动中要注重认识并遵循这些规律，在规律框架下探索科学发展的模式和路径。

其次，绿色发展必然要求重视生态环保。工业化的进程极大地提高和发展了生产力，极大丰富了人民的物质生活，但也使得生态环境极大的影响和破坏。绿色发展理念要求和倡导企业坚持绿色、低碳、循环的生产方式。事实上，国家已经逐步加强对各类污染指标的控制，要求逐步提高能源资源利用效率，鼓励和推广使用新能源，探索低碳、循环、绿色的发展方式，产品也强调低碳环保。对于广大人民群众来说，在日常活动中，公民要提高自身的环保意识，少用一次性产品，培养绿色生活习惯。

最后，绿色发展也是以人为本的重要体现。人类发展的最高目标是实现人的全面自由发展，人的自由全面发展也不可能脱离客观世界凭空存在，绿色发展理念基于人类社会发展出现的生态环境问题，主张探索可持续发展的新模式、新路径，这也是符合最广大人民群众的根本利益的，是马克思主义基本原理与生态文明思想结合的产物。

第二节 绿色发展的中国实践

一、保护生态环境义不容辞

改革开放给中国带来的不仅是经济的高速发展，还有大量的污染、破坏。在改革开放初期，由于过分强调 GDP 增长，导致一些地方政府更加关注促进短期的经济增长，而忽视长期的社会发展问题，尤其是环境保护问题。中国的环境问题在发展初期带来的后果十分严峻。因追求工业的发展，我国 20 世纪末的环境污染问题十分严峻。数据显示，2000年我国二氧化硫排放量为1995万吨，烟尘排放量、工业粉尘排放量也都是非常巨大。目前，以PM2.5为代表的大气污染已经成为我国非常突出的环境污染问题。水污染问题同样引起了大家的广泛关注。我国七大水系均有不同程度的污染。辽河、海河和淮河最为严重。据统计，七大水系中42%的水质超过Ⅲ类标准，城市河段很多成为劣Ⅳ类甚至劣Ⅴ类水质。城市湖泊水质污染问题不容忽视，氮、磷污染引起的富营养化问题加剧。旱灾水灾频发也给人们的生产生活带来了严重的挑战。我国农田旱灾受灾面积由20世纪50年代的1.2亿亩上升到90年代的3.8亿亩。自1972年以来，黄河断流现象越发突出，1997年更是达到了破纪录的227天。① 到20世纪末，我国荒漠化土地占国土陆地总面积的比重达到27.3%，并且，荒漠化面积不断扩大，土地沙化有逐年严重的倾向，一些地区的居民甚至被迫搬离家园。②

当然，在这一阶段政府并不是毫无触动。1979年，政府将"三北"防护林工程列为国家经济建设的重要项目。工程要求保护好原有的植被，并因地制宜发展各种林地，注重多重树种、多类型植物的搭配，形成错落有致的综合防护体系，充分发挥了防固沙、水土保持、农田防护等综合作用。《中华人民共和国环境保护法》于1989年正式通过，该法是新中国成立后的第一部环境方面的立法，对于改善和保护环境起着积极的作用。

为保护生态多样性，我国建立了众多的自然保护区、动物园、植物园以及引种繁育中心（基地），到1995年底，中国已建成类型比较齐全的自然保护区799处，面积达7185万公顷，约占国土总面积的7.19%。国家级自然保护区有99处，其中加入国际人与生物圈保护区网的自然保护区有10处。中国共建动物园和公园动物展区175个、各种野生动物繁殖中心（场）227个、建立大型植物园60多个、野生植物引种保存基地255个，使大熊猫、扬子鳄、中华鲟、白鳍豚、东北虎、朱鹮、银杉、珙桐、苏铁、金花茶等珍稀濒危动植物得到保护。此外，中国还建立了10多个标本馆、2个基因库和2个

---

① 刁寅霞，吕振然. 中国环境问题的挑战 [J]. 商品与质量，2011 (S6): 209.
② 李莉，刘瑞. 关于我国环保现状的思考 [J]. 科技信息，2011 (16): 44.

野生动物细胞库,为遗传多样性的研究和保存打下良好的基础。

二、生态文明建设得到重视

进入 21 世纪以来,党和政府高度重视环境问题。2007 年党的十七大报告提出:"形成节约能源资源和保护生态环境的产业结构、增长方式、消费模式……生态文明观念在全社会牢固树立。"污染排放得到有效遏制,生态环境污染趋势扭转。这说明了当前国内对生态建设的科学认识上升到了一个新的台阶、新的阶段。在这一阶段中,我国的绿色发展初现萌芽。

1. 逐步完善的法律体系与管理制度

我国宪法明确规定:"国家保护和改善生活环境和生态环境,防治污染和其他公害。"新中国成立以来,我国共制定了环境保护和自然资源保护方面的法律 20 余部,形成了基础牢固,主体鲜明的环境法律体系。进入 21 世纪后,国家进一步修订和完善了水、大气、固体废弃物污染防治以及噪声防治等方面的法律,并出台了《危险化学品安全管理条例》《排污费征收使用管理条例》《危险废物经营许可证管理办法》《关于加快发展循环经济的若干意见》《关于做好建设资源节约型社会近期工作的通知》等法规性文件。国务院相关部门、地方人民代表大会和地方人民政府制定和颁布了相关规章和地方法规 660 余件。[①]

在环境法律体系不断完善的过程中,国家对环境执法也越来越重视。环境执法和督查工作日益加强,环境违规违法问题治理日益严格。环境执法的规范性、常态化正在逐步形成。

2. 高度重视工业污染防治

工业污染防治是我国环境污染治理工作的重中之重。我国工业污染治理的战略、方式、方法也在发生根本性变化,越来越重视从源头治理和全过程控制,从单一治理向综合治理转变,从简单治理向调整产业结构和发展循环

---

① 中华人民共和国国务院新闻办公室. 中国的环境保护(1996—2005)[M]. 北京:外文出版社,2006.

经济并重转变。① 与 20 世纪末不同的是，21 世纪初全国工业粉尘排放量下降了将近一半（见图 7-2）。工业废水（石油类）排放量下降了将近 2/3（见图 7-3），工业化学需氧量排放量下降 200 多万吨（见图 7-4）。此外，国家还提倡对工业污染源产生的废水、废气和固体废弃物（三废）综合利用，21 世纪头十年里，我国"三废"综合利用产值稳步上升，如图 7-5 所示。

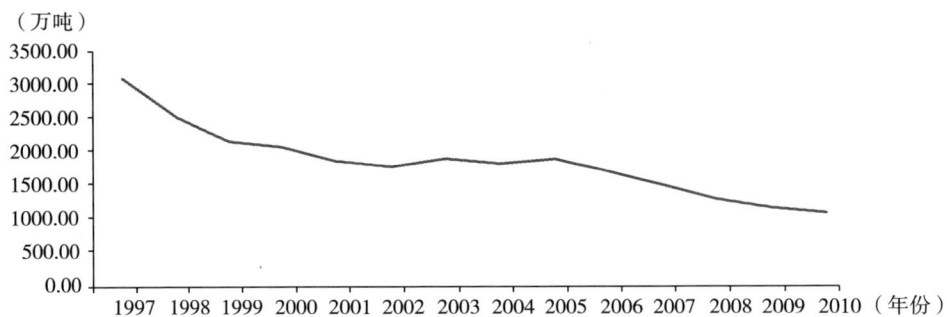

图 7-2　1997~2010 年全国工业粉尘排放量控制状况

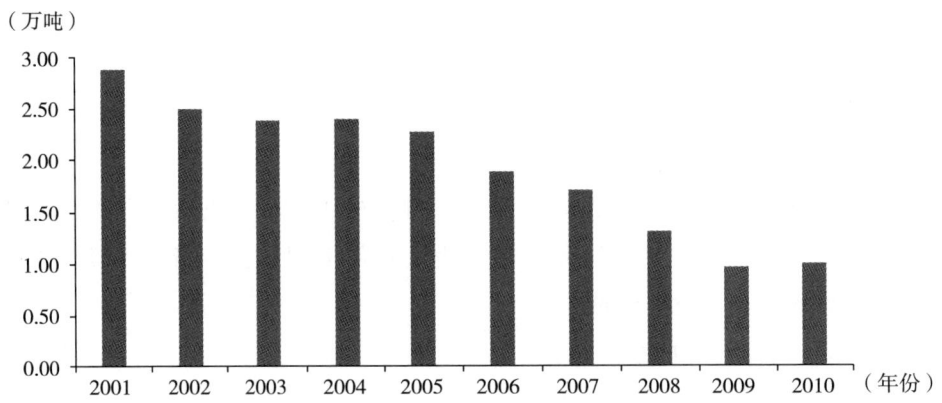

图 7-3　2001~2010 年全国工业废水（石油类）排放量控制状况

---

① 中华人民共和国国务院新闻办公室. 中国的环境保护（1996—2005）[M]. 北京：外文出版社，2006.

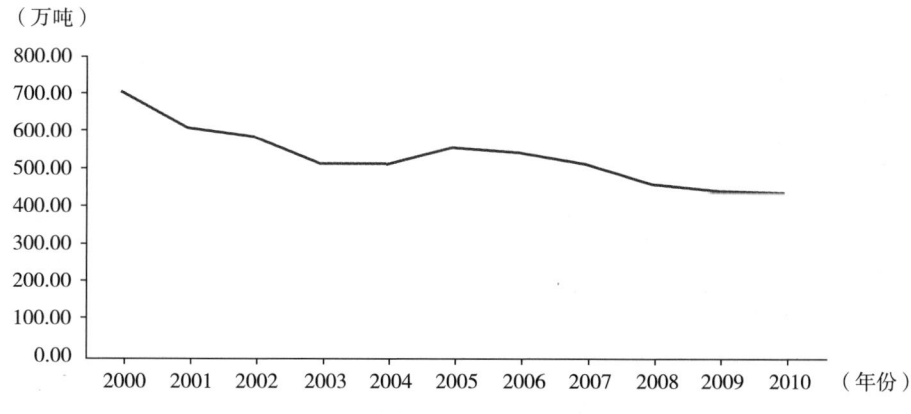

图 7-4　2000~2010 年工业废水中化学需氧量排放量控制状况

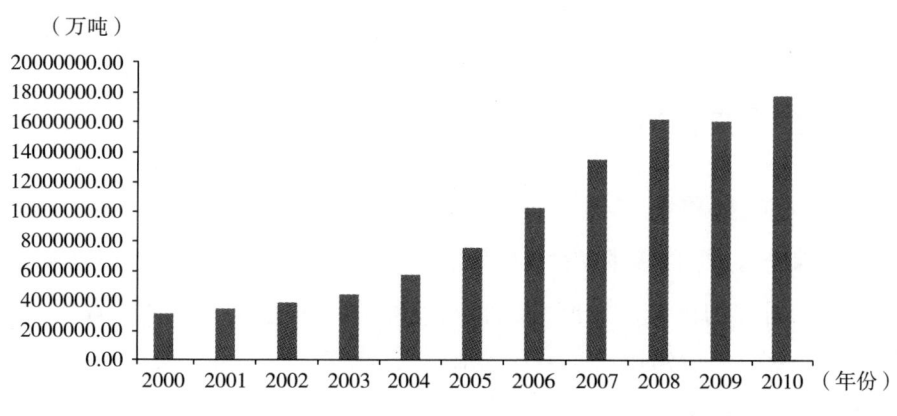

图 7-5　2000~2010 年"三废"综合利用产值

3. 重点流域水污染防治

从"十五"时期以来，国家对重点流域水污染的治理越发重视，推动实施了一系列水污染治理工程，建设了一批重点治理项目,[①] 水环境得到了较大改善。

4. 生态保护与建设

水土保持。紧密结合生态文明建设关于水土保持的总体要求，以改善民

---

① 中华人民共和国国务院新闻办公室. 中国的环境保护（1996—2005）[M]. 北京. 外文出版社，2006.

众生产生活为主要目标,将科技进步和技术创新提升为支撑,采用多种方式、多种路径、多种渠道全方位增强现有水土保持的强度,防止新的水土流失,全面推进水土保持事业的更好更快发展。

防沙治沙。坚持用产业化的思路指导生态建设,把防沙治沙与产业发展有机结合,积极推广"农户+基地+龙头企业"发展模式,形成了生态修复、生态牧业、生态健康、生态旅游、生态光伏、生态工业"六位一体"和第一、第二、第三产业融合发展的生态产业综合体系,走出一条科技持续化创新、因地制宜、合理推进的科学治沙之路[①]。

土地保护与整治。我国高度重视耕地资源保护,严格确保耕地面积不减少。对土地的用途管制更加严格,从根本上遏制乱占耕地等问题。国家还加大土地开发整理,建立土地开发整理项目管理制度,确保耕地总量动态平衡。

三、全面贯彻落实环境保护

1. 全面打好污染防治三大战役

深入推进《大气污染防治行动计划》《水污染防治行动计划》《土壤污染防治行动计划》的落实。按照三大行动计划确定的总体目标和阶段性目标,推动大气、水、土壤污染得到有效控制,京津冀、长三角、珠三角等重点区域整体环境有所改善。

2. 完善环境保护的预防架构

重新整合和界定生态环境保护责任,增强生态环境的保护力度和污染防治的标准化管理,继续完善生态环境保护的相关机制、实施兼容激励和约束的制度体系、社会各界共治体系。建立相对独立并且效率较高的生态环境监测系统,逐渐形成布局优化、功能完备、资源共享、统一公布、相互协同的生态环境互联网监测系统,实现生态环境质量第一时间作出预报或预警。继续完善网格化的监管机制,每个地方主管部门都要对生态环境的监管负有责

---

① 苏永生,赵媛. 弘扬库布其精神 为防沙治沙提供科技支撑[N],内蒙古日报(汉),2018-08-14.

任。继续建设修复流域水质自动监测的站点，将跨越不同地理位置的流域水质自动监测站直接划归省级有关部门管理。加快建设大气自动监测站工程，完成好土壤监测点的规划任务。

3. 提出高质量发展理念

2018年国务院政府工作报告明确指出："按照高质量发展的要求，统筹推进'五位一体'总体布局和协调推进'四个全面'战略布局，坚持以供给侧结构性改革为主线，统筹推进稳增长、促改革、调结构、惠民生、防风险各项工作"①。

生态环境保护是经济高质量发展的一支重要推动力量，高质量发展对生态环境保护也提出了新的更高的要求，两者相互融合，密不可分。处理好两者之间的关系，有利于推动高质量发展，也有利于推进生态环境的优化和改善。打好污染防治攻坚战是推动高质量发展的重要手段和举措。②首先，生态环境是高质量发展的核心目标之一。其次，生态环境是衡量高质量发展成效的重要标尺，高质量发展的成效在许多方面都与生态环境密不可分。最后，生态环境保护是促进高质量发展的有效手段。

第三节 当前中国绿色发展的机遇

一、科学发展观深入人心

发展是科学发展观的第一要义，从其本质上来说，就是要建立起一个资源节约型和环境友好型"两型社会"，从而在更大程度上实现经济社会的协调发展与人口资源环境之间的相互协调，最终实现整个人类经济社会的永续协调发展。

在当代，科学发展观已经成为指导人们生活观念和生活方式的一面旗帜，

---

① 参见2018年政府工作报告。
② 杜悦英. 生态效益：新时代高质量发展的推动力 [J]. 中国发展观察，2018 (7).

正在不断深入人心，并且在很大程度上已经落实到了人们生活的方方面面。例如：近几年资源能源节约集约和生态环境保护方面的法律法规逐步完善，加快开发和推广节约能源资源的各种实用技术和环保产业等得到快速发展。

未来，随着科学发展观观念的深入和政策的继续落实，我国的生态环境将会得到进一步的改善，实现以传统的煤炭、石油为能源的"黑色"经济增长方式向绿色发展轨道的转型。

二、国际技术合作日益频繁

近几年，我国不断加强同其他国家的合作，集中全力发展对外经济技术的交流和竞争。例如，风电、核电、智能电网、低碳和高速铁路等技术，我国已经具备了相当大的竞争优势。现在，我国的环境标准已经基本实现与国际标准的接轨，中国现在掌握的部分绿色发展技术，已基本上与世界先进技术同步。

随着中国参与环境与发展的国际合作的逐步深入，中国也不断从国际社会中获得更多的资金和技术支持。我国在国际社会中自始至终强调负责任的大国形象，当前，中国要积极倡导绿色发展理念、加强与发达国家的技术交流合作，从而更好地提升中国的绿色竞争力。

三、区域与行业示范先行

自我国开始倡导并加强生态省（自治区、直辖市）、可持续发展实验区、环境模范城市、循环经济试验区、主体功能区划分等试点的示范开始，已经在环境保护上取得了相当大的成就，通过区域与行业的示范先行，部分传统的资源城市开始注重技术创新在经济发展中的作用，目前已经形成了节能、减排和提升附加值的绿色产业链；还有一些区域实现了特色产业发展与生态治理的双赢。

行业示范凸显了行业与行业之间的纵横融合；区域示范显现了区域与区域之间的优势互动，区域与行业示范先行，大大提高了规模效应和示范效应。越来越多的地方决策者开始接受这种经济建设与发展方式，这种发展新理念正在越发成为一股崭新的浪潮。

第四节 当前中国绿色发展的挑战

一、来自国内的主要挑战

尽管在最近几年,我国大力推广与实施了多项环境保护的措施和工程,但是历史遗留问题十分严重,又加之我国生态环境本身所具有的脆弱性,给我国的生态系统带来十分严峻的问题和挑战。主要体现在以下几点。

(一)生产理念简单粗放

自1978年开始实行改革开放以来,我国的经济发展水平不断提升,但是之前片面追求经济发展水平提升的经济发展模式也给我国的环境保护带来了诸多难题,主要表现为:高污染、高能耗、高投入和简单粗放。现阶段,随着我国的经济发展进入新常态,现在就需要实现经济发展理念的转型,由之前片面的、简单粗放的经济发展方式转变为追求高素质的、高质量的经济发展,实现经济的持续发展。

(二)政府考核机制不合理

在我国,传统的政府政绩考核中,存在着两个硬性经济指标——GDP和外资引进量,这种以经济指标为核心内容的考核机制存在着极大的片面性,与绿色发展和可持续发展的理念和要求格格不入。

第一,政府在GDP的测算中可能存在重复计算,与真实情况产生背离;第二,一个地区为了追求GDP增长而带来的生态环境破坏和自然资源浪费的代价,而这些隐性的代价,会在未来的经济发展实践中显现出来。

(三)市场配套体制不完善

绿色产业的发展离不开市场的作用和金融的支持,绿色发展理念作为五大发展理念之一,是未来很长一段时间内中国经济发展的指导理念。

但是从目前来看,我国绿色金融和债券市场的基本规范以及核定和监督体系都不够完备,将来还需要制定清晰统一的规范和标准。当前的调查研究表明,目前我国绿色发展的金融政策支撑体系还较为薄弱,相关市场配套体系还不尽完善,从而导致绿色金融政策的适应性不强和创新难度增大。

(四) 水土流失现象依然严重

水土流失问题不仅对我国的生态保护来说是个难题,同时问题严峻性也给我国的经济建设造成了阻碍。水土流失现象是自然因素和人为因素共同作用的结果:我国地大物博,边缘辽阔,山地占据了总国土面积的2/3;我国大部分区域均处在季风气候带,夏季的雨量集中。如此复杂地形和气候环境,再加上人们对土地毫无节制的开发利用,促使我国水土流失十分严重,长期水土流失就会带来一系列的连锁反应,比如土地荒漠化、森林覆盖率减少、土地沙化等。

近几次的全国荒漠化和沙化状况监测显示:我国的荒漠化土地面积在200万平方千米左右。相关数据表明:"2004年、2009年、2014年分别为263.62万平方千米、262.37万平方千米、261.16万平方千米,分别占国土总面积的27.46%、27.33%、27.2%"[①]。从具体数据中可以看出,近几年来,我国荒漠化问题总体上呈现好转的趋势,但是进展十分缓慢。据统计,在过去的十年里,我国林地损失严重,共失去600多万公顷,当前我国的森林覆盖率仅为21.6%,情况十分严重,如图7-6所示。

(五) 生物多样性丧失

我国作为世界上生物多样性比较丰富的国家之一,拥有各类生物数量占全球的将近10%,属于全球生物多样性保护的重要地区。近年来,由于自然和人为等多方面的因素,导致了我国的生物多样性正遭受着严重的破坏。在物种多样性上,20世纪50年代时,黑长臂猿尚有2000只,分布于10多个县,现仅残存有不足30只。一些常见种类如猕猴、赤鹿、海南黑熊、孔雀雉和原鸡等,现在已成了罕见物种。在生态多样性上,生态脆弱区域面积逐渐扩大,湿地面积每天都在大幅减少,生态系统的功能作用不断遭到挑战。

---

① 曾鹏. 绿色发展理念视阈下美丽中国建设研究 [D]. 武汉:武汉大学, 2017.

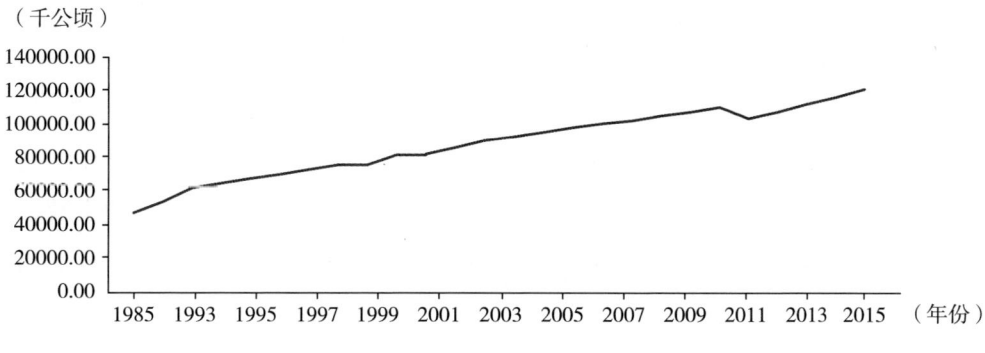

图 7-6　全国水土流失治理面积

二、来自国外的主要挑战

(一) 节能减排压力巨大

麻省理工学院研究人员指出，中国和印度等主要发展中国家的能源密集型产业发展很快，排放压力很大，经济合作与发展组织国家大部分的减排效果可能会被抵消掉。因此，发达国家强烈要求中国也要控制碳排放，参与到全球减排工作中。美国等发达国家建议加征进口碳关税，如果这些得到落实，将会对我国的进出口贸易和外向型经济发展产生巨大的冲击。

中国出口的产品大部分是高污染、高能耗的初级工业产品，出口利润低，且容易给国内环境带来不良影响。中国社科院的研究显示：近年来，我国出口不利影响已经远超过进口的有利影响，资源环境方面也形成了巨大的逆差，加剧了我国资源短缺和生态环境污染问题。这一问题的根源在于环境资源优化配置的制度失灵，今后如果继续这种贸易方式，我国的资源环境将难以为继。

(二) 绿色贸易纠纷不断

近年来，我国对铝矾土、焦炭、氟石、镁、锰、金属硅、碳化硅、黄磷和锌等资源产品出口采取限制措施，这也在一定程度上引发了与发达国家之间的贸易摩擦。

2009年,美国和欧盟等发达国家和地区认为中国对部分"两高一资"产品采取的出口配额和出口关税等手段的控制,违反了中国加入WTO时他们的承诺,最终WTO判定中国取消对这些产品的出口限制措施。2012年,美国、日本和欧盟针对我国对稀土等有色金属实行的限制性措施提出反对。2014年,WTO"一审"裁定我国违规。环境保护部认真分析了我国在这个案件中败诉的原因,提出中国要进一步深化对国际贸易规则的研究,注重利用WTO贸易审议等平台,在绿色贸易方面加强探索,避免类似案件发生。

从以上可以看出,绿色贸易政策的制定要综合考虑国内外的各种因素,既要考虑本国的实际情况来确定节能减排的目标,也要考虑这些政策与国际贸易规则特别是WTO相关规定的一致性。①

第五节　新时代深化绿色发展的路径

一、环境方面

(一) 生态修复

通常意义上讲,生态修复指的是减少以至于消除人为因素对生态环境造成的影响,减轻生态环境所承受的各项压力,尤其是要减轻人为因素造成的压力,从而促进生态环境恢复自我调节能力,使之向着符合生态自然规律的方向进行发展。抑或是激发生态系统的自我修复能力,同时借助一定的人工干预,促进已经受到破坏的生态系统逐渐恢复原貌,即便不能恢复原状,也能够遏制恶化的趋势,使其朝着改善的方向发展;主要是指受自然气候变化和人类开发自然的影响而遭到破坏的生态系统的恢复,促使生态系统恢复到原先的正常运转,例如已经砍伐的森林要重新恢复、退耕还林等。笔者认为,生态修复重在被污染水体和被损害土地两个方面,受到污染的水体一般包括受污染的河流、湖泊、地下水以及近海等;被损害的土地包括受损农地、废

---

① 马涛. 中国对外贸易绿色发展的挑战和应对 [J]. 生态经济, 2015, 31 (7): 172-174.

弃矿井、水土流失的土地等。

2015年，国务院正式批复了《全国水土保持规划（2015-2030年）》，针对长江中上游、黄河中上游、东北黑土区、西南石漠化等水土流失严重的贫困地区，要继续开展国家水土保持的重点工程建设。水土流失的生态修复刻不容缓，我国不断加人这方面的投入，2015年全国共完成水土流失综合防治面积7.4万平方千米，其中，综合治理面积为5.4万平方千米，实施生态修复面积为2万平方千米，实施坡改梯400万亩，建设生态清洁型小流域300多条。

要实施重大生态修复工程，增强生态产品生产能力，生态修复将成为一个新兴的生态环境建设领域。与生态修复相关的投资将会带来一系列的经济效应，推动众多新兴产业的发展。此外，这也为我国的生态文明建设，绿色发展下的经济增长，就业水平的提高发挥着十分重要的作用。具体来说，首先，生态修复工程的实施不仅仅是生态环境的保护和改善，要与绿色发展相结合，与资源能源的循环利用相结合，同时要与新农村建设、新型城镇化等结合起来。要将生态修复看成我国国民社会发展体系的一部分，并将其纳入我国国民经济建设之中。其次，生态修复工程的实施要注重绿色发展理念的融入，要注重生态修复相关法律法规的建立健全，相关政策的制定实施，注重过程中的政府监管、制度创新和公众参与。生态修复规划、年度计划等都必须依据《全国水土保持规划（2015-2030年）》《生态文明体制改革总体方案》等相关文件。生态修复工程的实施要注重调动企业、公众和其他利益相关者的参与积极性，要注重吸引各种社会资本的参与，创新社会资本参与生态修复工程的方式，推动生态修复工程资金来源的多样化，提高生态修复工程相关工作的可持续性。最后，在生态修复的过程中，必须在保障居民生计的基础上，通过设计一些综合性的项目来达到改变居民大众对原有的比较陈旧的生存路径的依赖。需要注意的是，生态修复必须明确地将生态问题、经济问题以及社会问题融为一体，而不能孤立看待某个具体问题。与此同时，在集中进行环境修复工程的阶段中，人们对于环保政策的态度也在趋于进步。

（二）生态保护

优化生态保护国土空间布局。要遵循经济社会发展与资源、生态、环境相协调的要求，加快实施主体功能区战略，统筹优化开发区、重点开发区、限制开发区、禁止开发区四类区域的布局和发展，科学划定生产空间、生活空间和生态空间的红线和范围，加强生态环境保护的立法、普法和执法，并需要做到严格遵守，否则承担相应的法律责任。加强对生态环保工作的监督和考核，进而更好地推进生态文明建设。

（三）生态创新

生态创新主要依托于生态环保领域的科学技术创新，是提高资源利用效率、减少对环境影响的重要保障。首先，生态创新使得人类生活与自然协调发展，更有利于提高生态保护水平。其次，生态创新能够加速生态修复的进程。生态创新表现为人类创新出一种路径，能够加速自然环境的生态修复进程，从而更快地消除历史造成的环境污染。最后，生态创新是人与自然和谐相处共存方式的构建。人与自然和谐相处是生态文明的根本要求，实现人与自然和谐相处也需要生态创新的支撑，通过生态创新探索人与自然和谐相处的新模式和新路径。

二、经济方面

（一）发展生态经济

何谓生态经济？生态经济指企业产品的生产、加工和废气的排放等全过程像生态系统一样，形成了一个封闭式的循环系统，在这个系统里面，能够实现生态的可持续发展，实现资源的全部利用和废弃物的零排放，这属于比较理想的经济形态，需要建立在科技高度发达的基础之上。生态经济与传统意义上的城市工商业经济形式，或者说是市场经济形式都不相同，生态经济是以太阳能、氢能等一系列可再生新能源为基础，纯粹意义上的生态经济是一种理想的状态，与现实生活有着一定的差别。目前，各国生态经济的发展是日常经济活动的生态化体现。具体而言，在发展农业生态经济时，居民应当增强生态保护和环境保护方面的意识，增加土地生态资本的积累，提高土地的生态价值。政府可以利用税收或价格等手段限制粗放利用土地的行为，既可以提升土地价值，也可以促进经济转型；在发展林业生态经济时，有关部门应注重区分保护林和自然林的范围和界限，注重提高林业发展的生产力水平，为林业的分类和管理奠定基础；在发展旅游业生态经济时，习近平总书记曾经这样说过：绿水青山本身就是金山银山，绿水青山能够带来金山银山，这是一种自然和谐、浑然天成的关系。① 这种更高的境界可以解读为农业和林业集中区都是发展生态经济的重要载体，在这样一些区域可以探索发展生态旅游等生态经济，把生态优势逐步转化为经济优势，既能够增加当地农民的收入，也能够为人们提供更为丰富的旅游产品，带来健康和快乐。

（二）发展循环经济

习近平同志指出："要大力节约集约利用资源，推动资源利用方式根本转变，加强全过程节约管理，大幅降低能源、水、土地消耗强度，大力发展循环经济，促进生产、流通、消费过程的减量化、再利用、资源化。"② 为促进循环经济发展，可以采取减量化、再利用和再循环几个方面的具体措施，循环经济的发展需要探索人与自然和谐统一的路径，需要人类社会的发展建立在节约集约的基础之上，需要系统地实现经济系统资源的综合配置。在这个基础上，首先是做好再思考。绿色发展的循环经济建设不是局部的、孤立的循环经济建设，需要反复思考，不断加强顶层设计。其次是再修复。在自然界自身修复的基础上，还要人为地生态修复，付出努力。然后是再统筹。再次是统筹要求循环经济的建设在世界范围内实现统筹兼顾，跨越国界，任何国家、任何地区、任何民族、任何个人成为全世界建设循环经济的参与者。最后是再创造和再发展，通过科学技术进步，推动可持续发展能力的提升，推动循环发展，永续发展。

（三）发展低碳经济

低碳经济是制度经济学的内容之一，是指在可持续发展理论的指引下，

---

① 习近平. 之江新[M]. 杭州：浙江人民出版社，2007：186.
② 习近平. 习近平谈治国理政[M]. 北京：外文出版社，2014：209.

通过技术革新、产业转型、新能源开发等手段，尽最大可能地减少煤炭、石油等高碳类型的能源消耗，减少温室气体排放，达到经济社会发展与资源环境之间保持和谐双赢的一种经济发展方式。

第一，建立低碳经济的政策体系。在充分发挥市场在资源配置中起决定性作用的基础上，在财政、税收政策方面不断完善相关制度，加强宏观调控，引导建立低碳型的生产体系、生活体系和消费体系，力争按照市场规律来建立反映市场供需和稀缺程度的低碳产品的价格体系，为构建生产、生活、生态融合发展、协同发展的格局奠定基础，也为不同需求的主体提供多元化的能源服务，从而确保人类的经济活动不影响生态系统的正常运转。第二，加快完善促进低碳经济发展的产业制度。低碳经济条件下的传统产业转型升级和战略性新兴产业的不断兴起，意味着对现有产业制度进行革新，通过创新产业制度，彻底改变传统高碳经济发展框架下的产业结构以及传统意义上的产业链条，取而代之以新型的低碳经济促进经济增长。

三、生活方面

（一）教育

幼儿阶段要对幼儿进行保护环境的教育，培育幼儿从小就具备环境意识和相关意识，提高环境保护的自觉性，注重将绿色教育融入日常的生活中，引导幼儿参与一些生态环保相关的公益类、节庆类活动，如植树节、地球日、世界无烟日等；努力加强与家长的沟通，取得家长的理解和全力支持，提醒家长要注意培养自身的环境素质意识，为自己的孩子树立起爱护环境的好榜样。中学阶段要结合中学生成长阶段的接受能力，开展适合中学生的绿色教育，如回归绿色，打造本真教育，让课堂教学充满绿色；倡导研究课堂、快乐课堂、民主课堂，把绿色教育融入课堂教学之中。在大学阶段，根据需要创设绿色课程，并将其作为学生必修课，旨在培养生态文明建设方面的人才；对学生实施生态课程的普及教育，让每位学生都能提高自身的生态环保意识，使环境保护与可持续健康发展的基础知识成为学生的基础知识并转化为学生的综合素质，使生态文明建设的科学内涵深入人心，使学校成为环境保护、增进可持续健康发展领域重要的培训主战场。

(二) 采购

企业在采购活动中，应充分考虑环境效益，优先采购环境友好、节能、低耗和易于资源综合利用的原材料、产品和服务，兼顾经济效益和环境效益；企业应不断完善采购标准和制度，综合考虑产品设计、采购、生产、包装、物流、销售、服务、回收和再利用等多个环节的节能环保因素；与上下游企业共同践行环境保护节能减排等责任，打造绿色供应链；企业应当坚持市场化运作，以企业为主体充分发挥企业的主导作用。政府通过制度改革、政策引导、信息公开和促进行业规范等方式，推进企业绿色采购，充分发挥行业协会的桥梁和纽带作用，强化行业自律。[①] 此外，也应当落实政府采购政策功能。首先，扩大政府绿色采购的内涵与外延，进行全生命周期的绿色认证。其次，完善我国政府绿色采购的认定标准，这需要进一步细化与规范。最后，政府绿色采购的机制要更加科学，如果政府绿色采购作为指标纳入采购单位的考核当中，将对政府绿色采购起到极大的推进作用。

(三) 消费

绿色发展理念成为消费者自觉行为的消费模式是我国生态文明建设的重要组成部分。2015年中共中央国务院《关于加快推进生态文明建设的意见》提出：倡导勤俭节约、绿色低碳、文明健康的生活方式和消费模式。其中所讲的消费模式就是绿色消费。居民消费行为可在需求产出链条的作用下，引导企业产出行为的绿色化，间接对环境质量产生积极影响。政府应转换工作思路，转为构建系统化的长效激励机制，并创新制度设计，实现对居民绿色消费行为有效、常态化引导。此外，也应当培养人们的环境素养。

四、积极开展国际交流与合作

绿色发展道路上必然会遇到的环境保护与节能开发困难不再是某一国家单独面临的问题，我国绿色发展还不成熟，需要积极参加国际间的交流与

---

① 企业如何实现绿色采购？[N]. 中国环境报，2015-01-22.

合作。

　　1992年，我国政府成立了中国环境与发展国际合作委员会（以下简称"国合会"）。20余年来，"国合会"对我国环境与发展领域的重大问题进行研究，提出了很多具有前瞻性的政策建议，不断推动中国与国际社会在环境与发展领域的对话与交流。①"一带一路"建设蕴含巨大的绿色机遇与潜力，绿色"一带一路"可为沿线国家人员交流提供更广阔的平台，为共同应对环境问题拓展合作渠道，帮助提升环境管理能力，推动环保科技产业合作。"一带一路"沿线大部分国家绿色产业发展空间广阔，尤其是在环保基础设施方面。目前，方兴未艾的绿色金融机制和绿色信贷政策，正在引导更多的资金投向节能环保产业，丝路基金、亚投行也一直关注和支持绿色投资。②

　　与国际环境组织的交流，将先进的生态保护理念和绿色经济发展方法引入国内，给我国各级政府的环保观念和发展思路带来新的提升，给国民的生态意识带来新理念的更新和启发③

---

①③ 赵永利. 我国生态文明建设视野下的绿色发展研究［D］. 长春：吉林大学，2017.
② 王文博，班娟娟. 绿色投融资激活"一带一路"新发展［N］. 经济参考报，2018-08-28.

第八章 创新发展

伴随着改革开放的步伐,我国的创新发展在不断推进、渐次升级,创新发展的特征不断得到突出体现。中共十八大以来,以习近平同志为核心的新一届政府将国家创新发展更加主动地提升到战略高度。习近平同志在2014年中国科学院、工程院两院院士大会的讲话中针对国家创新提出了"实施创新驱动发展战略,建设创新型国家"的国家创新发展观,并指出要"加快建立健全各主体、各方面、各环节有机互动、协同高效的国家创新体系""要着力以科技创新为核心,全方位推进产品创新、品牌创新、产业组织创新、商业模式创新,把创新驱动发展战略落实到现代化建设整个进程和各个方面"[①]。2016年5月,我国出台的《国家创新驱动发展战略纲要》(以下简称《纲要》),充分体现了以习近平同志为核心的党中央提出的创新发展的战略发展观,《纲要》具体提出了创新发展的理念、战略目标、战略任务、战略保障等内容,是我国改革开放以来历届政府关于国家创新发展战略的系统提升,从国家创新体系建设的高度,形成了创建创新型国家的国家创新发展观。

第一节 创新发展的国家理念

一、开放式创新发展观

开放式创新发展是我国改革开放总设计师邓小平同志提出的基本创新发展理念。邓小平同志是将改革开放和创新发展放在全球格局的国际发展环境

---

① 习近平在中国科学院第十七次院士大会、中国工程院第十二次院士大会开幕会上发表重要讲话[N]. 人民日报,2014-06-10(1).

中加以审视和决断，邓小平提出的"发展才是硬道理"包含了创新发展的深邃内涵，而创新发展必须通过改革开放的路径加以实践、实施和实现，通过全方位的改革开放与创新发展，才能真正建立起社会主义的物质文明和精神文明，这是对社会主义发展观的重大创新。

邓小平创新发展的思想体系集中体现在改革实践创新、改革开放创新的基点之上。

1. 改革实践创新

改革实践创新重点体现在农村和城市的经济体制改革。农村经济体制改革以党的十一届三中全会后推行的农村联产承包责任制为突破点，改革创新极大地解放了农村生产力，呼唤出农村及城镇化发展的生机与活力。在农村改革实践成功的基础上，改革从农村转向城市，城市借鉴农村改革创新经验，通过实行一系列的承包制、租赁制、股份制、资产经营责任制，形成了以公有制为主体、多种经济成分并存的改革创新发展新格局。改革创新实践极大地促进了中国经济社会的发展与进步，检验了"发展才是硬道理"的改革创新发展观。

2. 改革开放创新

改革开放创新集中体现在设立经济特区、对外开放沿海城市、建立经开区以及推行"一国两制"构想等。改革开放创新首先体现在从经济特区的设立到全方位的对外开放。经济特区的设立是开放创新的破冰之履，沿海城市经济区率先开发开放是开放创新的进一步深化，经开区的创立与发展是开放创新的具体实践，这些都从不同层面反映和体现了邓小平同志开放创新的发展理念。

开放创新的另一重要思想是"一国两制"的提出。针对台湾、香港、澳门问题，邓小平提出了"一个国家、两种制度"的创造性构想。依据这一构想，党和国家制定了针对台湾的"一国两制，和平统一"、针对香港的"一国两制，港人治港"和针对澳门的"一国两制，澳人治澳"的战略、策略与方针政策以及相应的法律法规。基于这样的开放创新发展观与战略决策，实现了香港、澳门地区的回归，并为台湾与大陆的统一奠定了政治解决的基础。

对内、对外全方位的开放创新，形成了邓小平总体国家开放创新发展观及战略思想。

二、创新型国家建设观

在邓小平同志之后，江泽民同志将国家创新建设的思想理论提高到了一个新的阶段，他将国家创新系统地表述为理论创新、制度创新、科技创新和文化创新，提出了"四位一体"的国家创新建设的思想体系，创造性地将创新思想进一步系统化、科学化。他指出，在历史的发展过程中，应该不断重视创新，为了实现发展，促进人类进步，就要不断进行创新。

在"四位一体"国家创新建设思想体系下，首先提出了"三个代表"理论，以指导实践创新；在国家创新建设的实施层面，提出了以自主创新为主的国家战略；基于自主创新的国家战略，着力实施国家创新体系建设，具体推出了"知识创新工程"（经国家批准，中科院组织实施）"技术创新工程"（科技部带头推出的以推进企业技术创新工作为目标的创新工程）"211工程"（由教育部推出的以提高高校教育科研水平、培养科技人才为目的的教育创新工程），在国家宏观层面上形成了建立国家创新体系完整的总体战略布局。此外，国家重点科技攻关计划、高技术研究发展计划、重大科技成果推广计划、自然科学基金以及"火炬"计划、"星火"计划等，都为国家创新体系的建设打下了良好的基础。

三、创新型国家发展观

继江泽民同志之后，以胡锦涛同志为首的国家领导人提出了建设创新型国家的科学发展观，将建设创新型国家作为国家发展的核心战略和提高综合国力的关键，并将增强国家自主创新能力贯彻到国家现代化建设的各个方面。2007年10月15日，胡锦涛同志代表第十六届中央委员会向大会上提出了"以坚持走中国特色自主创新道路，提高自主创新能力为主，创建创新型国家"的科学发展观，并将突破关键技术作为提升国家自主创新能力的核心，为此制定了国家中长期科技发展规划纲要，加大对自主创新的投入以及对创新型人才的培育。2010年，胡锦涛总书记在全国人才工作会议上提出了"四个创新"的理念：使一切创新想法得到尊重、一切创新举措得到支持、一切创新才能得到发挥、一切创新成果得到肯定①。从要鼓励创新、爱护创新的这"四个创新"中可以读出，创新是推动人才工作发展的根本动力，是实现人才强国战略的根本保证。2012年，胡锦涛同志在全国科技创新大会会议上发表的重要讲话中进一步提出了实现创新型国家建设的战略目标，指出到2020年创新型国家建设要达到的目标是：基本建成适应社会主义市场经济体制、符合科技发展规律的中国特色国家创新体系，进入创新型国家行列②。

此外，以胡锦涛为总书记的党中央领导集体首次提出了创新管理的理念，将创新管理具体落实到"网络问政"之中，从中也折射出执政者与时俱进的社会管理思路。

四、新时代创新型国家建设新发展观

以习近平为核心的新一代国家领导集体，面对新的国际国内形势，基于我国多年的发展经验和现实国情，提出了"创新、协调、绿色、开放、共享"五大创新发展的新理念（党的十八届五中全会），将创新作为引领我国发展的第一动力。五大发展理念中，创新发展理念在新发展理念中居于首位，充分体现了创新是国家发展的关键，必须要重视创新，坚持创新发展；其次五大发展理念中的创新发展，不是指局部创新（如仅指科技创新、管理创新等），而是指要全面创新（包括理论创新、制度创新、文化创新、管理创新、社会组织创新以及科技创新等方方面面的创新）。创新发展就是要将创新渗入到社会生活的方方面面，并贯穿到党和国家的一切工作之中。新的创新发展理念的提出以及理论创新、制度创新、科技创新、文化创新等创新内容的实施，使我国在创新发展理念指导下形成了新的创新发展战略、创新发展政策，系

---

① 胡锦涛总书记为何提出"四个创新"？［EB/OL］. 人民网，中国共产党新闻网，http：//cpc.people.com.cn/GB/64093/64103/11723903.html，2010-05-28.
② 激发全社会创造活力 加快建设创新型国家［EB/OL］. 人民网，http：//theory.people.com.cn/n/2012/0716/c83846-18527043.html，2012-07-16.

统化地构成了新时代中国特色社会主义创新发展的新篇章。

1. 理论创新

在理论创新方面，面对发展中遇到的新情况、新问题，需要不断揭示和预见实践对象的本质属性，并对人类历史经验和现实经验作出概括和升华。对于当代中国而言，理论创新要求我们立足实践，着眼未来，结合马克思主义具体理论对中国现代化建设道路进行理论创新与应用。

2. 制度创新

制度创新是创新发展的前提，创新工作的有效开展必须要有完善的制度和创新机制作为保障，才能保证技术、管理、文化等方方面面的创新实质性实施。正如习近平总书记在2014年6月中国两院院士大会上所指出的，实施创新驱动发展战略，最根本的是要增强自主创新能力，最紧迫的是要破除体制机制障碍[1]。现在我国正处于新时代的关键时期，面临重大的机遇和挑战，制度在这种情况下显得尤为重要。我们要顺应时代发展和社会需求进行科学的制度创新，保证现有制度跟上社会需求的步伐，让制度变得更为科学合理。

3. 科技创新

科技创新是指创造和应用新工具和新技术、采用新的生产方式与经营管理模式、开发新产品、提供新服务，并以此推动社会生产力的发展和进步。科技创新是核心。当前，我国已经进入全面建成小康社会的关键时期，比历史上任何时期都需要充分发挥科学技术的支撑引领作用。科技创新是推动产业结构升级、经济效益提高的根本途径。科技创新为转变经济发展方式、优化经济结构提供强大动力。

4. 文化创新

文化创新是指社会主体根据社会实践的要求和广大人民群众精神文化需求的变化，运用一定手段，实现文化观念、文化内容和文化形式等方面的创

---

[1] 赵刚. 全面创新全链创新全球创新——习近平总书记创新思想解读[J]. 前线, 2016（10）: 20-22.

新。2014年10月,习近平总书记在北京主持召开的文艺工作座谈会上的讲话中指出,"文化是民族生存和发展的重要力量。人类社会每一次跃进,人类文明每一次升华,无不伴随着文化的历史性进步"①。

文化创新的根本目的在于传承优秀的中华文明与传统文化,同时积极吸纳国外先进文化为我所用,并在国内外先进文化兼容并进的基础上发展和创新出推动社会进步的新文化内容、新文化展现形式,构建起中国强大的文化软实力。

第二节 中国创新发展的历程与特征

我国的创新发展经历了一个与改革开放进程相适应的不断推进与演进的过程,这一演进历程中体现了创新在经济社会发展与赶超中渐次升级、创新发展的特征。

一、跟随创新

改革开放初期,我国基本上是走了一条从技术模仿、技术引进、技术消化吸收到自主研发再到技术创新的模仿创新与跟随创新之路。伴随着技术的跟随创新,相应形成了从技术产品的工艺革新到生产流程、组织管理、商业模式跟随创新的发展模式。跟随创新为自主创新奠定了发展的基础。

二、自主创新

在跟随创新的基础上,经过长期的科技投入、技术积累,逐步奠定了一个基本呈体系的科技发展基础,并渐次进入世界科技大国的行列。其特征是自主创新能力不断提升,实现除一些关键技术、核心技术之外的技术与工艺的自主化;技术创新的活跃度不断提高,创新发展由量变向质变升级。基本形成自主创新新格局。

---

① (授权发布)习近平:在文艺工作座谈会上的讲话[EB/OL].新华网,http://www.xinhuanet.com/politics/2015-10/14/c_1116825558.html,2015-10-14.

自主创新新格局形成的立足点相对体现在：

一是形成了以企业创新为主体的创新体系。其标志是企业创新的集聚要素不断增强。企业的研发投入比重在不断上升，技术引进与消化吸收比重在不断下降。有关数据显示，2017年，全社会R&D支出（研发经费）预计达到1.76万亿元，其中企业的研发支出占到全社会的75%以上，企业研发人员的比例占到全社会的70%以上，企业在全社会研发投入、研究人员、发明专利占比均超过70%，企业创新主体地位进一步增强（科技部部长万钢在国务院举办的新闻发布会上的讲话）；企业创新规模与活力大幅上升，形成了企业创新的相对活跃期。国家统计局曾于2015年首次就企业创新对全国64.6万家企业开展过调查，调查的结果显示：2013～2014年，开展创新活动的企业占到41.3%，其中工业企业领域的企业创新活动十分活跃，开展创新活动的企业中50%为工业领域的企业；企业创新能力逐步增强，涌现出了一批参与国际竞争的创新型企业。国家统计局的调查结果还显示，企业更加注重提升管理效率、创新商业模式，有1/3的企业也开展了组织创新和营销创新活动，拓展了创新范围；企业家群体正在形成，而且企业家群体呈现出年轻化、高学历的特征，对创新的重视程度在不断上升。

二是创新创业发展环境与政策支撑体系日益完善。我国行政审批制度的改革，"一证一照""先照后证"、营业执照电子化、轻审批重监管等工商注册管理体制的改革，"放、管、服"改革，从制度改革层面为创新创业发展奠定了良好的发展环境；自党的十八大以来，基于国家创新发展的战略性部署，基本形成了支持创新发展的国家规划、政策意见、实施方案等政策支撑体系。在发展规划方面，颁布实施了《纲要》，成为指导我国中长期创新驱动发展的行动纲领；在政策目标设定方面，从"体系建设、扶持主体，激励创新活动"向"营造环境、培育创新生态，重视激励、发挥市场机制"的转变；在政策内容安排方面，从以科技政策为主转向综合配套政策体系；在政策工具的应用方面，从以点对点支持创新主体的"优惠政策"转向激励创新的"普惠性政策"，初步形成了相对完整的支撑创新发展的政策体系。

三、从自主创新开始向世界前列迈进

综合创新能力在不断增强。中国在创新活动上的投入与产出规模均位居世界前列。世界知识产权组织（WIPO）发布的2018年全球创新指数显示：中国创新综合能力比2017年上升5位，在被调查的世界126个国家和地区中排在第17位，自2007年排名开始以来首次进入前20（环球网）。

制造业正在从低端向中高端不断升级。部分企业在世界产业格局中正在产生重要影响。在四代机、搜索引擎、电信标准、导航系统、大飞机电子商务、社交媒体、智能手机等领域，我国正在进入世界领跑者行列。

高科技产品产出能力在不断上升。据亚洲开发银行发布的《2015年亚洲经济一体化报告》显示，中国在亚洲高端科技产品出口所占份额从2000年的9.4%上升至2014年的43.7%，位居亚洲第一。与发达国家的日本相比，日本所占份额从2000年的25.5%下降至2014年的7.7%。实际上，中国已成为亚洲高端科技产品出口的主导力量[①]。

总体上看，创新正在成为我国经济增长的新动力。

第三节 各国实施创新发展战略比较

一、科技创新是历次工业革命的先导

近现代以来，各国先后建立科技创新中心，抓住了每一次重大技术与工业革命，进而占据了世界经济主导地位和科技创新领先地位。17世纪后期，英国进入蒸汽动力时代，伦敦成为第一个全球科技创新中心；18世纪后期，法国巴黎成为第二个全球性创新中心，极大地推动了法国重工业发展；19世纪中后期到20世纪前半叶，德国柏林依靠第二次技术革命取代法国成为新的科技创新中心，推动德国工业快速猛进发展；20世纪中后期以来，美国波士

---

① 中国的科技与创新：成就与不足、短板与突破[J]. 东方财经杂志，2018-08-10.

顿及硅谷等地区先后成为首屈一指的全球科技创新中心,通过积极应用移民政策吸引大量的科技人才,领衔了第三次技术革命。

表8-1 代表性科技创新中心的不同发展阶段特征

发展阶段及特征	萌芽起步期	快速成长期	成熟稳定期
驱动条件	生产要素驱动为主,包括自然资源、劳动力、单一领域的技术等	投资驱动为主,个体和企业研发投资快速增长、强调新生产要素的创造	创新驱动为主,高水平大学、研究机构集聚,高素质人才持续流入,企业的全球化创新能力较强
创新模式	大企业以满足区域内或国内市场的流程创新为主,大学、公共机构基础研究占主导	国内需求升级,集成创新频繁(包括技术学习和合作创新等),小规模创业活动频繁,企业主导的区域性创新集聚形成	以先导性、突破性的技术创新为主,基础研发与商业化联系密切,开放性创新网络逐渐形成
政府政策	鼓励基础设施投资,公共扶持(如政府经费投入)或贸易保护程度较高(可能导致产业缺乏效率)	支持共性技术研发,强化专利保护、市场竞争等规划完善,孵化器、技术服务中介等得以引导	很少直接干预创新,更注重教育、信息、居住环境等基础设施,以及制度环境的持续改善
产业集群	制造业为主或单一产业功能区、工业区,也可能是大学科技园区	高端制造业逐步占据主导(技术密集型为主),一些支撑性服务业兴起(如金融、贸易等)	现代服务业(主要是金融、研发等)、创意产业、高端制造业等协调发展,更多体现为知识密集型
代表性城市或地区	欧美国家早期多数工业区(如芬兰的赫尔辛基、英国的威尔士),战后初期的东京都周边	美国波士顿、西雅图等地,新兴经济体地区(如新加坡、中国台湾新竹、印度班加罗尔等),20世纪七八十年代高速增长的东京都地区	自20世纪70年代以来的硅谷及现今的整个旧金山湾区,大伦敦地区(包括剑桥、牛津等),德国的埃尔朗根、大柏林地区,以及瑞典、芬兰等国家

资料来源:《学习与探索》2015年第9期。

由此不难看出，科技创新对推动技术革新与工业革命的先导作用。

二、实施创新战略成为各国抢占未来发展的新的制高点

美国目前的《重整美国制造业框架》，明确提出优先支持以高技术为支撑的清洁能源产业、生物工程产业；持续开发航空航天新技术，以保持航空产业的领先地位；以电动汽车为突破口振兴钢铁和汽车工业，积极培育纳米技术产业，大力发展智能电网。

英国的"制造业战略"和"构筑英国的未来"等报告，确立了通过重点发展生物产业、生命科学、数字经济、先进制造等战略性新兴产业，迎接新一轮产业革命的竞争。

日本的新增长战略以环境与能源以及健康产业为主导，重点发展环保型汽车、电力汽车、医疗与护理、太阳能发电等战略性新兴产业。同时，日本制订了"低碳社会行动计划"，并通过《绿色经济低碳变革》草案，构建了全球最全面的低碳经济立法体系，率先在全球范围内推行了国内商业领域强制性减排规划，力争走出经济低迷发展困局。

韩国的《新增长规划及发展战略》，重点发展能源与环境、新一代运输装备、新型信息技术产业、生物产业、产业融合、知识服务以及太阳能电池、绿色汽车、海洋生物燃料等产业。

欧盟一揽子能源计划和能源气候计划、欧盟"2025年向低碳经济转型路线图"，把低碳经济确立为欧盟经济未来发展方向。

德国曾于2006年出台了基于高技术战略发展的国家总体规划，2010年又推出"2020高技术战略"，2013年进一步提出高技术战略创新计划——"工业4.0"战略，支持工业领域新一代革命性技术的研发和创新，意在抢占新一轮工业革命的先机。

我国自近现代以来，错失了几次科技革命和产业革命的机遇，未来一二十年，随着新技术革命和产业革命的来临与加速推进，又将面临新的历史性发展机遇，适应和应对新科技革命和产业革命，迎接历史发展的新机遇，对中国具有特殊的意义。必须积极部署，通过创新驱动，实施建设创新型国家战略，

发展战略性新兴产业，贯彻实施"中国制造2025"，力推"互联网+"，引领第三次产业革命。

在改革开放以来历届政府创新发展战略的实施基础上，党的十八大进一步明确提出实施创新驱动发展的国家战略，创新驱动发展战略实施的要点在于科技创新、管理创新、文化创新等的全面创新。《纲要》将我国创新驱动发展的目标确定为三步战略：到2020年我国进入创新型国家行列，2030年进入创新型国家前列，2050年（新中国成立100年时）我国成为世界科技强国。习近平总书记在2017年全国科技创新大会上作的题为"为建设世界科技强国而奋斗"的讲话中还具体确定提出了我国未来30年科技发展的宏伟蓝图和战略任务。

党的十九大报告更加强调要坚定实施创新驱动发展战略。十九大报告提出的目标是，从2020年到2035年，中国跻身创新型国家前列。在十九大报告中，"创新"一词出现50余次，创新成为了中国发展中的高频词。十九大报告从建设创新型国家的高度，提出了创新引领、国家创新体系建设和创新人才队伍建设的创新驱动发展思路与举措。在创新引领方面，提出要强化基础研究与应用基础研究，引领原创性重大成果与关键共性技术、颠覆性技术、前沿性技术的突破，为现代化强国建设提供技术支撑；在国家创新体系建设方面，要深化科技体制改革，发挥市场在科技资源配置中的导向作用，形成与国际先进国家对接的科技成果转化的体制机制，推动科技成果的应用向现实生产力的转化；在创新人才队伍建设方面，要着力培育国际化领军人才、高水平创新团队人才、青年才俊英才，形成创新型人才队伍。

第四节 我国创新发展的机遇与挑战

一、创新发展的新机遇

（一）市场环境良好，创新氛围浓厚

市场环境正在向有利于激励创新的方向发展。自党的十八大以来，伴随

着经济步入新常态,基于供给侧结构性改革,以及经济转向质量效益型发展,并在去库存、去产能、降成本的结构性调整中,形成一轮新的产业周期。市场在资源配置中的决定性作用开始有效发挥,产业政策开始有效协调,市场竞争机制、市场发展秩序得到不断规范,为企业的发展创设出了能够提高市场竞争活力和资源配置效率的宽松环境。

此外,在李克强总理发出的"大众创业、万众创新"的号召下,众创空间、小微企业、孵化器、网络信息经济等形成经济发展新业态、新动能;创新创业基金、投贷联动、股权众筹等融资方式的创新,第三方财务服务等,正在改变着传统的金融结构与投融资功能;人才自由流动、打破户籍制度藩篱、不唯学历论,为创新创业不断创造出新的环境条件;知识产权保护、打造技术共享平台等众多举措激发出体制活力和内生动力,不断营造出创新创业的良好的生态和政策环境。同时,随着合理整顿金融秩序和抑制房地产泡沫等重大政策措施的实施以及多种因素造成的能源价格走低,加之简政放权改革的持续推进,企业发展越来越具有了更加宽松的发展条件与发展环境。

(二) 多项措施出台,全力支持创新

政府对基础研究和应用基础研究愈加重视,加速基础研究和应用研究的衔接融合。实施一批重大科技项目,建设一批重大科技基础设施,打造一批"双创"示范基地。在传统产业广泛开展"互联网+"行动,老产业焕发出新活力。通过改革,逐渐完善科研管理、人才评价等机制,使得科技人员把更多精力用在研究上,用活科技人才,释放创新潜能。推动强化企业创新主体地位,促进产学研用贯通,使创新成果转化为现实生产力。

各级政府为支持包括民营企业在内的各类实体企业的发展,出台了鼓励技术创新、引进人才、产学研合作、金融支持等方面的支持政策与举措,同时推进供给侧结构性改革,减少对企业的收费,帮助企业降低成本,为民营经济创新发展营造了更为公平的市场环境。此外,为助力创业创新和产业升级,中央设立国家新兴产业创业投资引导基金,重点支持处于"蹒跚"起步阶段的创新型企业,促进技术与市场融合、创新与产业对接,孵化和培育面向未来的新兴产业,推动经济迈向中高端水平。

(三) 新兴技术革命,改变全球格局

当前,以人工智能、互联网、大数据、生物基因、量子通信、大数据等为代表的智能信息技术正呈现群体性突破态势,不仅拓展了人类对物质世界的作用空间,而且提升了人类实时精确控制物质世界的能力,推动了以更安全、更放心、更便捷、更舒适、更和谐为特征的未来智能化信息社会的发展,正日益深刻地影响着人类生产、生活方式,给人类社会的价值观和伦理带来挑战[1]。能源、海洋和空间等战略领域存在大量发展需求、面临重大技术变革;智能、深海、深地、深空、深蓝等战略科技领域急需前沿探索,寻求国际合作新模式,关键技术突破迫在眉睫,产业核心竞争力培育高潮迭起。在全球范围内人工智能产业化应用蓬勃发展大背景下,我国的人工智能产业已成为诸多行业转型升级中的重要抓手和创业投资的热门方向。

二、创新发展所面临的挑战

创新驱动国家战略的实施,对我国今后现代化强国的建设,增强国际竞争力,都具有举足轻重的作用,必须在发展中充分应对,跨越来自国内外的各种挑战,使创新驱动发展战略得以有效实施。

(一) 来自国内的主要挑战

1. 创新理念的缺失与提升

我国虽然是四大文明古国中唯一一个文明没有中断的国家,但早期内忧外患的局面严重影响了我国近代科学的发展。在国人的思维习惯模式中,传统文化的禁锢使得广大人民在创新发展方面,与西方民族勇于冒险和探索的文化理念形成较大的反差。

我国过去长时期利用自然资源的优势堆砌 GDP 的增长,也在客观上、在很大程度上抑制了科技创新,使创新创业既失去了制度基础,也弱化了创新发展的思维根基。

---

[1] 国家高端智库专家为落实《政府工作报告》相关目标建言 [EB/OL]. 安徽理论网, http://ll.anhuinews.com/system/2017/03/17/007583278.shtml, 2017-03-17.

改革开放以来，资源依赖型发展模式依然盖过科技创新发展路径。除了制度因素外，论其深层次原因仍然在于传统观念中创新意识淡薄，在理论与实践上对科技创新及其内涵、作用机理缺乏应有的文化思维与理解。

"创新"一词在20世纪初就已在经济学界出现，1912年，著名经济学家熊彼特创立了创新理论。在我国，1910年初，蔡元培撰写的《中国伦理学史》中，指出"故西洋学说则与时俱进"，实际上就是要打破中国思想文化界抱残守缺、故步自封的理念，跟上时代的步伐，与时俱进，勇于创新。毛泽东同志在民主革命与社会主义建设实践中提出的实事求是的思想路线，其本质含义也在于要以创新的精神和科学的态度去认识、把握和遵循事物发展的客观规律。十年"文革"结束后，邓小平同志在全党重新确立了实事求是的思想路线，实际上也赋予了"要创新发展、'解放思想'、一切向前看"的时代内涵。江泽民同志于1995年在全国科学技术大会上则明确提出了"创新是一个民族进步的灵魂，是国家兴旺发达的不竭动力"，并在党的十六大政治报告中再次强调指出：创新是一个民族进步的灵魂，是一个国家兴旺发达的不竭动力，也是一个政党永葆生机的源泉，进一步阐明了创新对于一个民族发展的极端重要性。胡锦涛同志围绕实现"人才强国"战略，具体提出要实现"四个创新"，并在党的十七大报告中明确将"提高自主创新能力，建设创新型国家"作为国家发展战略的核心和提高综合国力的关键。党的十八大以来，习近平同志把创新摆在国家发展全局的核心位置，并将创新上升到理论高度，"惟创新者进，惟创新者强，惟创新者胜"形成习近平"创新是引领发展的第一动力"的创新思维，构成习近平新时代中国特色社会主义思想的重要组成部分。

专家、名人、领导人的创新思维与思想，只有真正贯穿到民众的内心深处，才能真正推动"大众创业、万众创新"，使之蔚然成风。

在现实中，一是要厘清创新与经济社会发展的正向关系，增强创新环境建设以及群众的创新意识，使民众真正意识并感受到国家重视创新、鼓励创新并制定相关的政策来支持创新，使广大群众自觉参与创新创业并以实际行动支持和保护创新成果。二是认清创新驱动发展与投资、资本驱动发展的关系。创新驱动发展既不是脱离实际一味追求发展高科技与新型产业，也不能全盘脱离资源型投资驱动,现实的选择必然是将科技发展、创新驱动逐步融入到各地的发展实践中,使科技创新的作用最大化①。三是充分认识当前及今后的创新驱动发展是全面创新的国家战略。创新包括科技创新、制度创新、文化创新、理论创新等,其中科技创新是创新的关键,是创新驱动发展的根本。要充分发挥科技资源的驱动作用,逐渐将科技创新融入产业链中,循序渐进实现产业创新,推动经济社会的全面发展。

2. 基础研究严重不足

基础研究、应用研究与开发性研究不足,技术创新跟随多、引领少,仍然是我国产业发展中面临的重大课题。

基础研究、应用研究与开发性研究方面的投入相对不足。相关统计显示,2016年,中国基础研究投入的比例占总R&D的5.2%,为近十几年来的最高水平,但与发达国家对R&D的投入相比仍有较大的差距。发达国家对R&D的投入占GDP的比重已达到15%~20%,远远高于我国对基础研究的投入。

企业对开发性研究的投入甚少。在我国作为世界第二大经济体的背景下,企业在研发投入方面与发达国家的差距正在逐步缩小,但在研发投入强度、产出利润率等方面仍有不小的差距。像华为技术有限公司那样肯在应用研究与开发性研究上下血本投入的企业很少,由此使得企业的竞争力明显落后于发达国家的企业。

表8-2 2015~2016年全球R&D投入最多的10家企业

单位:亿欧元,%

排名	公司	国家	行业分类	R&D投入	R&D三年增长率	销售收入	研发投入强度*	利润率
1	大众汽车	德国	汽车及其零配件	136.1	12.7	2132.90	6.4	-0.6
2	三星电子	韩国	电子及电气设备	125.3	10.7	1571.90	8	13.2

---

① 芦苇. 新常态下科技创新的困境与出路[J]. 经济问题, 2016(6): 2-19.

续表

排名	公司	国家	行业分类	R&D投入	R&D三年增长率	销售收入	研发投入强度*	利润率
3	英特尔	美国	IT硬件及设备	111.4	6.1	508.5	21.9	25.6
4	Alphabet谷歌上市实体	美国	软件及计算机服务	110.5	22.2	688.8	16	25.8
5	微软	美国	软件及计算机服务	110.1	4.8	783.7	14.1	23.8
6	诺华	瑞士	制药及生物技术	90	1.8	462.8	19.4	17.8
7	罗氏	瑞士	制药及生物技术	86.4	3.3	445.7	19.4	28.7
8	华为	中国	IT硬件及设备	83.6	26.3	558.9	15	11.6
9	强生	美国	制药及生物技术	83.1	5.7	643.6	12.9	28.7
10	丰田汽车	日本	汽车及其零配件	80.5	9.3	2165.10	3.7	10

资料来源：德勤中国，《从排行榜看中外企业的研发投入》2017年4月7日。

从表8-2中可以看出，全球R&D投入最多的10家大企业中，我国仅有华为一家企业入围。

表8-3 2015~2016年中国R&D投入最多的10家企业

单位：亿欧元，%

中国排名	世界排名	公司	行业分类	R&D投入	R&D三年增长率	销售收入	研发投入强度*	利润率
1	8	华为	IT硬件及设备	83.6	26.3	558.90	15	11.6
2	65	中兴通讯	IT硬件及设备	19.5	12.4	141.80	13.8	6.7
3	79	中国石油	石油天然气	16.8	-6.4	2441.4	0.7	4.9
4	91	中国中铁	建筑及材料	14.5	17	848.9	1.7	3.4
5	93	百度	软件及计算机服务	14.4	63.3	93.9	15.4	17.6
6	96	中国中车	工业工程	14.1	48	336.5	4.2	7.8

续表

中国排名	世界排名	公司	行业分类	R&D投入	R&D三年增长率	销售收入	研发投入强度*	利润率
7	106	联想	IT硬件及设备	12.8	31.3	412.5	3.1	0
8	111	中国铁建	建筑及材料	12.4	10	821.6	1.5	4.1
9	116	上汽集团	汽车及其零配件	11.8	13.3	912.3	1.3	2.2
10	117	腾讯	软件及计算机服务	11.8	25.8	145.5	8.1	39.3

资料来源：德勤中国，《从排行榜看中外企业的研发投入》，2017年4月7日。

从表8-3中可以看出，华为在国内R&D投入最多的10家企业中绝对排在第一，并将其他企业远远甩在后面，排名第二的中兴通讯的投入仅为华为投入的18.9%。这10家企业中，除了华为、中兴通讯、百度和腾讯外，大都是央企等垄断性企业，是依赖行业性垄断优势与研发投入双重要素求得发展，如果除去行业性垄断因素，其企业的竞争力必然大打折扣。从表8-3中还可以看出，IT与信息技术领域的企业R&D投入与竞争力在明显增强，而其他制造业类企业则榜上无名，凸显出制造类企业处于竞争力弱势区间。

由图8-1可以看出，我国排名前列的行业，主要集中在汽车及其零配件、软件及计算机服务、IT硬件及设备、工业工程、建设及材料、电子及电气设备领域。此外，建筑及材料工业工程行业也显示出了高研发投入的企业竞争力优势。相比之下，制造业企业的研发投入及竞争力的培育应是今后值得关注的焦点，国家应加大政策扶持与投入，为我国"中国制造2025"战略目标的实现尽快补上短板。

基础研究评价体系扭曲。基础科学研究领域目前依然存在着人才培养和选拔"以论文为导向"的评价体系。近年来，我国研究队伍虽然进一步扩大、文章数量不断攀升，但文章的成果与相应的创新性成果不相对应，致使许多研究只是为了完成一篇学术性论文，拿来做评职称、晋升级别等用途，完全与技术创新相脱节，不利于加快创新型国家的建设。

基础研究的产出与企业发展周期的错配。一项基础研究可能要花费三五

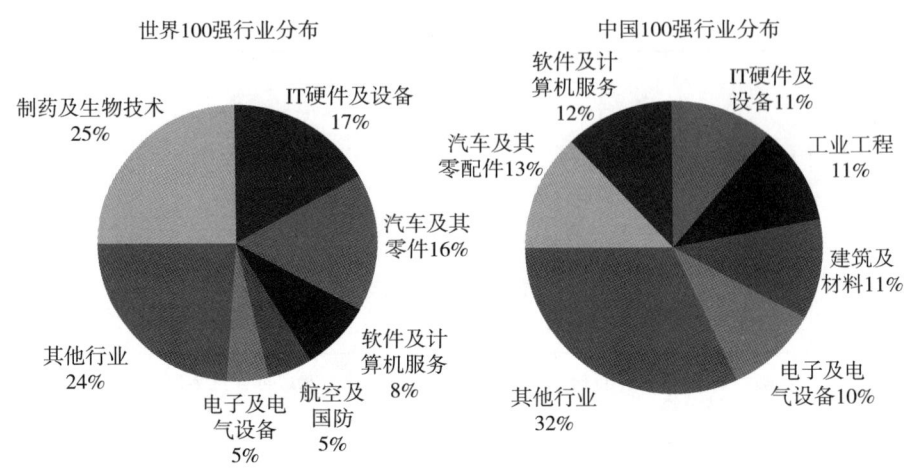

图 8-1　世界和中国 R&D 投入 100 强的行业分布

资料来源：德勤中国，《从排行榜看中外企业的研发投入》，2017 年 4 月 7 日。

年，也可能六七年甚至更长。而从创新的主体企业来看，一个企业的生存活跃期大约为 10 年左右，导致企业不愿意将更多的资金投入到研发方面。创新企业的活跃期又往往与宏观经济的发展周期紧密相连，目前的新常态最鲜明的特征是经济增速换挡回落，从过去 10% 左右的高速增长转为 6%~8% 的中低速增长，企业的利润增长点也在随着经济结构的调整产生诸多选择和不确定性，由此也增加了企业在创新研发方面的不确定性。为此，需要国家从政策、资金等层面搭建研发平台，通过产权与专利转让机制切入到企业，使之产业化。从根本上解决企业研发投入的内生动力机制。

从事基础研究的力量不足。我国从事基础研究的科研人员，若单从总量上看，规模庞大，居世界之首。但由于体制原因、基础研究投入不足等因素的影响，优秀的科研成果并不多，跻身世界水平的成果更是凤毛麟角。近年来，虽然我国的科研投入稳步增长，但科研投入仍然是基础研究薄弱的主要制约因素。基础研究的投入不足成为我国基础研究发展的主要制约因素，进而使得科技创新的原动力不足[①]。

---

① 芦苇. 新常态下科技创新的困境与出路 [J]. 经济问题，2016（6）：2-19.

3. 创新成果转化不顺

科技部自 2013~2015 年开展的第四次技术预测工作，我国整体技术水平与国际领先水平大约有 10 年的差距，而且我国形成领先技术的原始创新能力不足，基础研究成果转化为领先技术的比例大致为 1∶0.7，比美国、日本、德国等国低 30%~40%。

近年来，这一情况有了好转。从政府到院校都重视创新成果的转化，纷纷成立了各类平台、基地、示范区等，都有力地推动了创新成果的转化。但是地域发展的不平衡使得这些转化平台更多地集中在经济比较发达的地区，经济发展比较落后的地区仍然面临着信息不对称、信息滞后、信息孤岛以及成果转化率低的问题。此外，国内的科研成果转化环境不优。

4. 技术创新的生态环境没有真正形成

以芯片技术创新为例，从研发到生产，是有一个完整的创新生态系统。芯片分为几十个大类，上千种小类。一个终端需要多种芯片协同工作。以国产手机中的芯片集成为例，就有十数种芯片。[①] 但它们大多来自美国的高通和思佳讯、韩国的三星、荷兰的 NXP、日本的旭化成及索尼等公司。不仅如此，芯片与软件等又构成进一步的系统，如 ARM 的硬件系统与谷歌的安卓系统等。

这个由众多厂商错综复杂勾连形成的超级网络，成为任何一个国家和企业都难以独自完全掌控的产业链及生态系统[②]。对于一个技术创新的强国而言，就必须形成影响全球、引领未来的核心技术创新生态系统。

对于我国核心技术、关键技术生态系统的构建而言，仍以芯片技术为例，一是要掌握芯片制造"母机"的核心技术，包括光刻机、刻蚀机等。二是组建战略技术联盟，实现研究开发与产业化的融合创新。三是建立政府购买机制，为企业的持续研发与生产奠定基础。四是建立产业基金与科技创业投资机制，持续高强度投入，支持技术创新及产业化。

[①][②] 李万. 加快形成掌控核"芯"技术的大国创新生态系统 [J]. 智慧中国, 2018 (5).

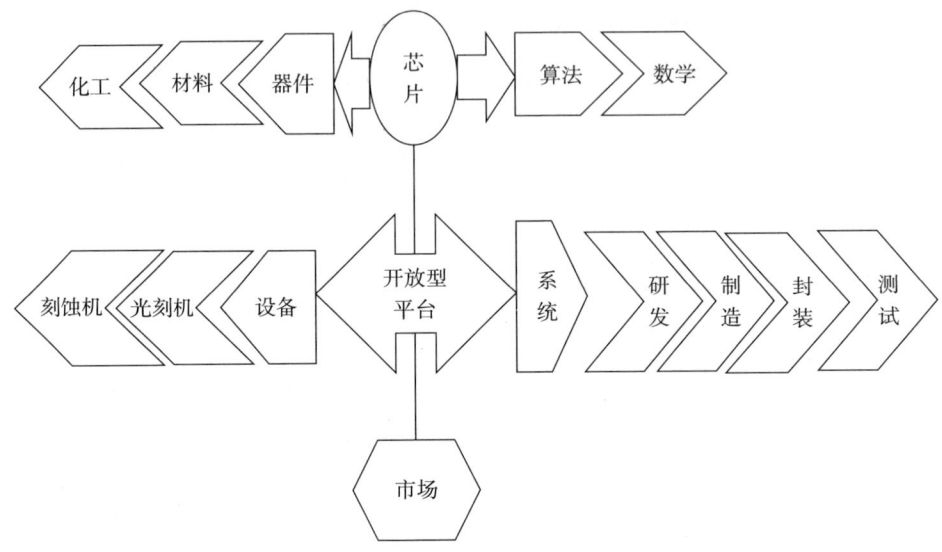

图 8-2　芯片技术创新发展生态系统

5. 高端创新人才缺乏

我国是泱泱人口大国，改革开放以来，伴随着经济社会的不断进步，人才资源也在不断聚集，已从人才资源相对匮乏的状况发展成为人力资源大国，但目前人才流失现象比较突出，我国流失的顶尖人才数量居世界首位，其中科学和工程领域滞留率平均达87%[①]。高端人才流失对我国自主创新能力无疑产生很大的负面影响，也影响着目前创新创业的有效开展。高端人才的缺失，在一定程度上严重制约了我国对高精尖科技产品的研发以及影响国家重大科技创新的核心关键技术的产业化。

（二）来自国外的主要挑战

1. 全球经济增长动力不足

自全球性金融危机爆发以来，世界经济长期处于低迷与低速增长期，发达国家普遍在1%~3%徘徊。低速增长、贫富差距拉大、全球经济治理碎片化成为当今世界发展的突出特点。

---

① 陈才麟. 中国知识产权贸易竞争力研究［D］. 北京：中共中央党校，2017.

境外投融资战略受外部环境的新变化和各种不确定因素的干扰,矛盾凸显,投资陷入低潮期。2018年8月1日,美国参众两院相继通过了《外国投资风险审查现代化法案》("FIRRMA法案")。将经济安全问题纳入审查程序改变了游戏规则,导致全球对美投资显著下滑,如2018年第一季度外国直接投资净额降至513亿美元(同期下降37%);2018年上半年中国对北美投资交易降至9年来最低点,仅25亿美元,而2017年同期为240亿美元。

各种形式的保护主义抬头,不利于国内创新氛围的建设。国际经济政治强人治国成为普遍现象。美洲、欧洲、亚洲、澳大利亚许多国家产生一批态度强硬的政治家,在国际舞台上姿态强硬,骤然之间,国家间关系紧张起来,包容气氛减弱。境外投资与合作的政治风险、经济风险增大,对外投资、对外贸易、外购资源、技术引进和资金引进的难度都会增加。境外投资的风险增大,技术引进、资金引进的难度增加。特别是汇率风险,以支付美元结算的项目,成本将大幅度提升,中国企业发生严重亏损的概率增加。

美国正在以经济、科技、军事优势地位,改变世界经济格局。国际经济格局发生的重大变化,将对中国经济和中国企业的发展产生重大影响,中国企业走出去的风险增大、技术引进、资金融通的难度增加,因此境外投融资必须关注外部环境的变化和新挑战、新趋势,提升企业经营决策的前瞻性、灵活性和有效性,加强对国内外市场和对外合作风险的防控。

2. 全球经济金融风险累积

风险来源错综复杂。金融科技在促进经济进步的同时,在创新上的突破又给经济的稳定带来了难题。如2017年勒索病毒攻击现象连续发生,俄罗斯石油公司、乌克兰切尔诺贝利核设施辐射监测系统都受到网络性攻击,许多欧美国家的企业也同时受到网络病毒的侵袭,网络攻击和勒索病毒侵袭大大影响了全球企业发展的稳定性发展,也增加了企业创新发展的难度[①]。全球范围内金融科技兴起的同时也使得资金的即时跨界流动变得更加容易和不可控。微信、支付宝等各类电子支付的迅速拓展使"无现金社会"日益成为全球普

---

① 王海权. 浅谈金融会计在防范金融风险中的作用 [J]. 金融会计, 2017, 1 (9): 22-27.

及的新现象,改变着全球金融版图。这对全球的创新规则制定、政府监管都形成新的挑战。

金融风险跨境传播和蔓延的趋势在不断显露。实际上,金融创新的同时也不断地积累起了市场风险,金融审慎监管与金融创新之间的失衡,则进一步加大了金融市场的风险①。此外,地缘政治不稳定,民粹主义抬头形成新的不稳定性,也在对国际发展领域形成新的风险源,值得密切跟踪关注。

3. 贸易保护主义重新抬头

现阶段发生的中美贸易战不仅使出口企业受损,也波及产业链中上游企业。美国在已经对中国出口的 340 亿美元加征 25% 关税的基础上,特朗普指示美国贸易代表确定价值 2000 亿美元的中国商品清单,如果中国采取报复性措施,将额外征收 10% 的关税。随后,特朗普宣称进一步升级至 5000 亿美元,这基本实现了对中国出口美国商品的全覆盖。中美贸易战冲击波不仅会使出口产品和出口企业受损,也会给产业链的中上游企业造成伤害。

2018 年 7 月 17 日,欧盟和日本经过 7 年谈判,签署了零关税、零贸易壁垒、非汽车工业零补贴,签署零协议。7 月 26 日欧盟主席容克与特朗普发表联合声明,就美国和欧盟实行零关税、零贸易壁垒、非汽车工业零补贴达成一致,这预示着一个比奥巴马提出的 TPP 协议更宏伟的自贸区——跨大西洋和太平洋的超级自由贸易区的诞生,这将会架空或取代目前的 WTO,从而改变世界经济格局;将对中国经济发展模式带来深远影响,倒逼中国经济调整结构,倒逼中国企业转型升级,倒逼中国改变以外贸出口拉动经济的外向经济模式,倒逼中国扩大内需、改善民生。

第五节 新时代推动创新发展路径再思考

一、加强基础研究,提升科技创新动力

基础研究关系到一个国家原始创新能力的强弱,关系到一个国家和民族

---

① 程虹.2017 中国创新面临的十大挑战 [J].中国中小企业,2017(2):57-59.

的科技实力。以美国为例,据统计,美国基础研究经费占 R&D 经费的比例逐步提高,从 1953 年的 8.9%提高到了 2004 年的 18.7%,至 2009 年,这一比例达到 19.0%。因此,美国重视基础研究是美国自第五次科技革命以来引领世界科技发展,成为世界科技强国、经济强国的重要原因。瑞士、法国、意大利和捷克等国,基础研究占 R&D 投入的比例也都达到 25%以上,澳大利亚、奥地利、韩国、丹麦等国近年也都在 17%~20%。

重视基础研究,加大投入力度势在必行。首先,要立足于国家的长远发展,要以长远的眼光,有重点、有目标、有计划地部署基础研究。在重大科学基础研究领域,要体现国家意志,着眼提升未来国家竞争力,明确目标,进行前瞻性、战略性部署,抢占全球科学技术发展的制高点。其次,要加大基础研究投入的比例。基础研究的研究周期长、投入经费多,政府要发挥引领作用,加大基础研究的政府投入;同时,大中型企业在保证企业发展的情况下,提高基础研究投入比例,充分发挥示范作用,以影响带动一大批科技型中小企业的发展。最后,要加强基础研究人才队伍的建设。要培养一批长期从事基础研究的人才团队。[①]

二、创新激励机制,提高企业创新能力

(一) 完善创新筹资渠道

我国大多数企业都是通过利用自有的资金进行研发创新,缺乏专门的创新资金。一方面是由于大多数企业会优先将自有资金用于产品生产、扩大市场上。另一方面主要是企业的筹资渠道单一、有限,内部融资目前仍旧是大多数企业筹资的主要渠道,政府给予的补贴和境外资金的流入非常少,这使企业很难拿出专项的资金用于企业创新,导致创新能力的不足。针对这种现状,提升企业创新能力,要先拓宽企业创新筹资渠道。企业之间可以加强合作,共同进行科研创新,提高资金利用效率。此外,企业可以利用国家提供的贴息、信贷等优惠政策获得更多的创新资金。

---

① 芦苇. 新常态下科技创新的困境与出路 [J]. 经济问题, 2016 (6): 19-24.

(二) 加大研发设备与技术投入

技术、设备以及人才共同构成了企业提升创新能力的基础。企业受资金规模限制，很难及时引入先进的技术设备，针对这种情况，可以考虑建立校企合作模式，利用高效、科研所的设备，将其投入到企业的研发活动中，走"产、学、研"相结合之路；还可以和当地有资质的相关实验室进行合作，吸收他们先进的技术，实现企业自身技术能力的提高。在技术引进的同时，企业应考虑自身的技术吸收和消化能力，选择最适合企业发展的、带有技术优势的高新技术，使企业能满足不断发展的市场需求。

三、完善人才机制，注重引进创新人才

无论是国家创新力竞争，还是企业发展力的竞争，核心是人才的培养和人力资源的竞争。

改革开放 40 年来，我国在世界上毫无疑问已确立了大国的形象和大国地位，但大而不强也是我国目前的基本国情。现在可以自豪地讲我国是制造业大国、科技大国、人才大国。我国目前研发人员居世界第一，为美国的 2 倍，是俄罗斯的 4 倍，科研投入居世界第二，专利申请量居世界第一，专业人才队伍（专业人才、高技能人才、企业管理人才、农村实用人才、社会工作者人才、党政管理人才）"六大人才队伍"总量已达 1.3 亿人[①]，是世界上任何一个国家无可比拟的。但与先进发达国家相比，差距同时十分明显。我国目前的科技转化率为 10%、技术贡献率在 50% 以上，而发达国家的科技转化率为 40%、技术贡献率为 70%~80%；从企业自主技术创新的角度来看，发达国家企业技术的对外依存度通常控制在 5% 以下，而对于我国目前的大多数企业而言，技术自给率低、对外依存度过高、自主创新能力和核心竞争力不强的现实状况亟待改变。

从国家层面来看，高度重视人才培育的发展战略。国家先后制定了《纲要》《关于深化人才发展体制机制改革的意见》《国家中长期科学和技术发展

---

① 吴德贵. 新时期人才工作新思考 [EB/OL]. 宣讲家网，2016-08-31.

规划纲要（2006~2020年）》《国家中长期人才发展规划纲要（2010~2020年）》《国家中长期科技人才发展规划（2010~2020年）》《"十三五"国家科技创新规划》《"十三五"国家科技人才发展规划》等，习近平总书记在党的十八大和十八届三中、四中、五中、六中全会的讲话已经形成关于人才工作的系列指示精神。我国人才战略的实施今后应从国家推动和市场机制"双轮驱动"，增加技术和人才的供给。

人才的培育还要注重发展创新型学校和职业技能学校。如美国的大学就是美国的创新基地，美国基础研究成果的70%是来自于大学。美国的加州理工学院，排名连续五年世界第一，按单位教授得诺贝尔奖是全世界最多的，平均一千个教授就有一个人获得诺贝尔奖，也曾经帮助中国培养出钱学森这样的领军人才，更为重要的是学校的创新型特色，每个学生都有自己的公司，有的甚至注册两三个公司，老师也有自己的专利和自己的公司，这就将学习、研发和创新实践紧密有机地结合在一起。再如美国斯坦福大学，可以说没有斯坦福大学，就不会有美国"硅谷"，斯坦福大学的老师、学生创办的公司成为纳斯达克上市的企业，已比比皆是。中国的雄安新区，作为"千年大计"首先应该将其发展成为中国的"硅谷"，成为创新型学校和创新创业的示范区和先行先试区。

从微观层面上来看，要充分发挥市场机制作用，注重企业人才的培育和企业创新机制的发挥。华为在这方面已经树立了一个标杆。华为拥有7万多人的研发队伍，全球有20多个研发中心，数学研究所设在俄罗斯，互联网研究所设在美国，材料研究所设在瑞典，软件的研究设在印度，在全世界聘请最优秀的人来创新，并投入大量资金集中力量搞研发。过去10年，华为在研发上的投入超过200亿美元，一个公司的投入相当于整个中科院的研发投入。2014年研发投入达到600多亿美元，2015年研发投入达到596亿美元，集中研究通信设备技术，并在该领域形成了国际国内领先，走在最前沿。正是因为研发力量的强大，使得华为研发创新出分布式基站、SingleRAN两大架构式的颠覆性产品。中国的市场就是要通过创新型体制机制，在各行各业培育出更多大大小小的"华为"，这样才能真正实现我国创新发展的战略转型。

四、完善体制机制,加速创新成果转化

2016 年《实施〈中华人民共和国促进科技成果转化法〉若干规定》出台,规定提出了具体的创新成果转化措施。新时代,我国的科技和经济的发展均有了不俗的成果,但是二者的有效结合仍然是新时期面临的难题之一。科技成果不能孤立地存在,倘若不能有效地转化成推动经济发展的生产力,经济和社会价值就无法实现。所以,政府应当积极主动地完善创新发展体制,厘清创新成果转化链条中各方的关系,解决三方的对接问题,推动创新成果转化。具体来说,可以从以下几个方面入手。

首先,政府要树立责任意识、担当意识和服务意识。政府是创新成果转化的关键。虽然在每年各个地区的政府工作报告、发展公告中都有相关数据的统计和披露,但在实际工作中并没有把科技成果转化为工作的重点。政府要从市场入手,深入市场、深入企业,到实践中调研,了解市场需求,以需求为导向,以科研项目落地为标准,和企业做好对接工作,制定出操作性强的政策措施。

其次,各大高校和大院大所要转变现有的评价机制。不应单单看重课题申报和论文发表数量,转而建立科学有效的考评激励机制,大成果转化类科研项目的评分比重,鼓励、引导科研人员走向国际、国内市场。

再次,大力推动企业成为成果转化的主体。推动国有企业在创新成果转化中的作用,破除传统的考核体制的瓶颈,将原有的单纯利润考核拓展为利润和研发投入与转化率考核,并将考核体制一步步落实到制度层面。目前,对于大量的科技型中小微企业,各地都相继出台了扶持、鼓励政策,但要以更加详细的制度措施使之落到实处,从准入门槛、经营情况等各方面规范科技型中小微企业的发展。

最后,运用"互联网+"打造成果转化平台。传统的科技成果转化方式耗时长、耗费高,成果转化的滞后性已经不能适应科技、经济、社会发展的需求。因此,要充分利用"互联网+"模式,建立专业的创新成果转化网络服务

平台,打通"供""需"双方的通道,实现线上、线下一体化。①

五、培育潜在经济增长率

潜在增长率是指在一定时期内由资源要素供给能力、生产效率和发展模式决定的经济增长速度。培育潜在经济增长率比实际增长率更重要。

我国的潜在增长率变化在2007年是一个转折点,之前改革开放时期经济发展基本上处于高增长阶段,2007年后随着深化经济体制改革、技术进步以及企业微观经济主体改善等因素,经济水平的潜在增长率呈匀速下降的趋势。

表8-4　2007~2017年我国经济潜在增长率的估算情况　　单位:%

年份	2007	2008	2009	2010	2011	2012	2013	2014	2015	2016	2017
增长率	14.20	9.60	10.20	11.90	10.30	9.60	9.80	10	9.50	9.40	9.30

资料来源:学术堂.我国经济潜在增长率的变化及应对[EB/OL].http://www.lunwenstudy.com/weiguanjj/27353.html,2014-06-23.

中国社会科学院副院长蔡昉认为,影响我国经济潜在增长率变化的主要原因:一是劳动力短缺导致工资上涨,二是劳动生产率增长速度低于农民工工资增长速度,三是资本报酬递减,四是劳动力转移出现负增长②。

针对当前阶段我国经济发展的特点,培育潜在经济增长率应提上应有的高度。一是推进深度城市化进程,提高城乡劳动力的有效供给。进一步推进农民工市民化,通过落实党的十九大提出的农村土地制度及户籍制度等领域的改革,加大农村在职劳动力的培训和基础职业教育,提高劳动参与率,增加劳动力的有效供给。二是积极创设全要素生产率提高的有效途径。提高企业经营效率是培育潜在经济增长率的重头戏,只有全社会企业的全要素生成率得以提升,尤其是国有企业全要素生产率能够得到一个质的提升的话,全

---

① 芦苇.新常态下科技创新的困境与出路[J].经济问题,2016(6):19-2.
② 蔡昉:如何通过供给侧改革提高潜在增长率[EB/OL].中金在线 http://news.cnfol.com/caijingrenwu/20160220/22284267.shtml,2016-02-20.

社会潜在增长率必然会有一个大跨度的提升，应借助国有企业混改，深化企业改制，打破行业垄断，优化资源的合理配置，使生产要素向生产率更高的行业流动。三是坚持创新驱动发展。通过创新加快人才建设，激发自主创新意识。宏观层面进一步完善创新体系，加强基础科技研究对经济发展的投入，提高科技贡献率，加快我国经济的迅速转型并促进经济发展的平稳进步。

六、企业家精神与企业创新能力的培育是经济转型的关键

"企业家精神""企业家作用""企业家才能"，这是习近平总书记自党的十八大以来系列重要讲话中多次出现过的高频词、关键词，说明了以习近平同志为核心的党中央在治国理政过程中高度重视企业家群体。2017年9月8日，党的十九大召开前夕，国家发布了《关于营造企业家健康成长环境弘扬优秀企业家精神更好发挥企业家作用的意见》（以下简称《意见》），中央首次以专门文件明确企业家精神的地位和价值，《意见》第15、第16、第17条专门提出了"弘扬企业家创新发展专注品质追求卓越的精神"，这是对激发中国企业创新动力和能力的最好推动。党的十九大报告中进一步明确指出，"激发和保护企业家精神，鼓励更多社会主体投身创新创业，建设知识型、技能型、创新型劳动者大军，弘扬劳模精神和工匠精神"。

企业是市场经济的重要主体，企业是社会经济体的细胞，企业有活力、有创造力，在一定程度上代表了整个社会就有活力和创新能力。企业作为社会经济的组织细胞，是市场经济活动的主要参与者，是生产和流通的直接承担者，更是推动技术进步与经济社会发展的中坚力量。当然企业作为一个微观经济活动的主体，自然是要以盈利为目的，由此决定了企业是市场活动中最为重要的主体。

企业作为市场经济的主体，引领企业前行的核心要素之一是企业家精神。法国经济学家理查德·坎蒂隆（Richard Cantillon）早在18世纪30年代就首次提出了"企业家"这一概念，他认为正是因为有企业家才会使得经济资源的效率得以提高。而"企业家精神"则是企业家特殊技能的集合，所谓特殊

技能既包括企业家管理企业的职业技能或领导才能，同时又内含企业家的敬业精神。"企业家精神"正是企业家组织建立和经营管理企业的综合才能的体现，也是现代意义上所认为的职业经理人制度所包含的企业家特质，它体现的是一种重要而特殊的无形生产要素。美国管理学家德鲁克在《创新与企业家精神》一书中提到"企业家社会"的观点时认为，"我们需要一个企业家社会，在这个社会中，创新与企业家精神是一种平常、稳定和持续的活动，成为社会、经济和组织维持生命活力的主要活动"。经济社会的发展自然离不开企业家和企业家精神，而企业家精神的培育则需要全社会共同协力，营造出能够使企业家发挥作用和构建出良好的企业家精神的环境与文化。

从我国现实的企业发展环境来看，塑造企业家精神和培育企业创新能力的组织制度、政策环境与社会环境是核心和关键。

1. 要重视营造出依法保护企业家合法权益的法治环境

这一点很重要，市场经济就是法治经济，没有一个良好的法治经济秩序，企业家精神的培育就失去了前提。

2. 营造出鼓励创新、宽容试错的社会文化环境

如美国在历史上就形成了对于个人冒险和竞争性创业的"容错度"文化，正因如此，也就不乏比尔·盖茨、乔布斯、扎克伯格等这样成功的企业家涌现出来。

3. 政府与社会机构共同支持，促进企业家精神的形成

目前的"大众创业、万众创新"就是在政府与社会的协力支持下而展开的，并形成了良好的社会氛围，相信经过一段时期的培育与发展，一大批中小企业会就此成长起来，并迸发出企业创新创业的后发优势，进而引领新兴产业的发展方向。

4. 企业体制机制创新

国有企业组织制度的改革要真正做到政企分开。政府作为国有资产所有者，由政府授权国资委作为管理国有资产的代表，可对国有资产实行授权经营、监督管理。对于国有企业通过公共服务类、功能类、竞争类不同功能的

确定与划分，实施分类管理。对于竞争性行业全部放开，通过"混改"吸收和组织更多的社会资本，放大国有资产的产权功能，并通过建立职业经理人制度，真正使企业进入市场化经营发展的轨道；对于公共服务类和功能类国有企业，可实行授权经营的方式，企业的经营管理人变为职业经理人，使企业的所有权与经营权分设。政府通过设立资本运营公司，对国有企业的管理由过去的管企业变为管资本运营，并通过引入政府主管部门评价机制和社会第三方评价机制进行考核管理。全面推行国有企业领导人任期制契约化管理，明确职责、权利、义务，严格任期管理与目标考核，并保持企业经营管理层必要的稳定性与合理的流动性。

5. 企业家的社会责任

对于企业家而言，企业要主动承担社会责任，扮演好科技创新主体这个角色，成为创新项目推动的践行者、助力者。特别是在经济增长放缓的时候，企业不能只顾自身的经济利益，忽视企业责任。决策层要形成科技创新促进企业发展的核心理念，管理层要将科技创新贯彻于项目、方案中，通过实际的工作让员工认识到科技创新关乎每一个人的发展。因此，在新常态下，更需要全社会凝聚共识，形成创新驱动发展的良好社会氛围，以不断提高科技创新能力[①]。

6. 完善鼓励企业创新创业的激励型政策体系

从我国的现实来看，有关调研显示，从2000年到2014年，企业经营管理者认为"缺乏鼓励创新的社会环境"的比例从36.8%上升到41.3%，认为"创新风险与收益不对称"的比例从24.7%上升到40.2%[②]。由此看来，鼓励创新创业除了如前所述培育社会容错机制的文化环境等之外，还应从政策支持与激励机制的角度形成完善的鼓励企业创新创业的体系机制。李克强总理在党的十三届全国人大一次会议上所作的政府工作报告中，就改革科技管理制度、落实和完善创新激励的政策、重视创新创业的绩效评价以及激励机制

---

① 芦苇. 新常态下科技创新的困境与出路 [J]. 经济问题, 2016 (6): 19-24.
② 中国科学院条件保障与财务局. 创新创业离不开企业家精神 [N]. 人民日报, 2015-07-14.

等方面作出了明确的指示，指出创新创业的绩效评价要从重过程向重结果转变，"赋予创新团队和领军人才更大的人、财、物支配权和技术路线决策权""对承担重大科技攻关任务的科研人员，采取灵活的薪酬制度和奖励措施"。目前科技部就科研院所科技成果转化的股权分配已出台相应的政策，并会同国家财税部门颁布了对科技成果转化收益的税收优惠政策。从目前来看，国家在制定和实施推动创新创业方面的政策支持体系正在逐步形成，对今后创新创业的发展将具有实质性的推动。

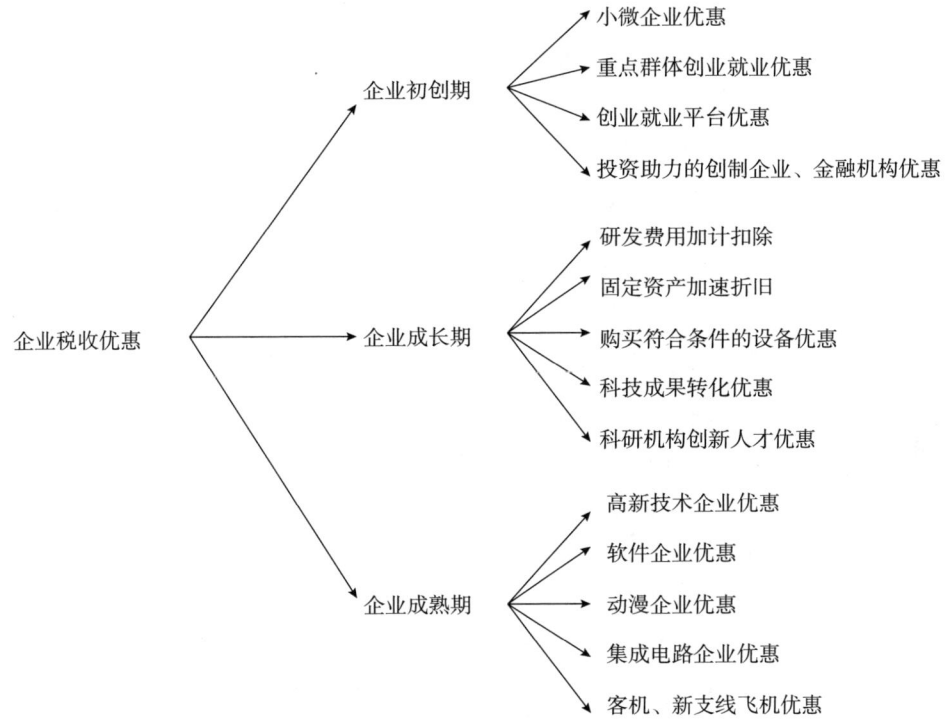

图 8-3 "大众创业 万众创新"税收优惠政策指引

（1）企业初创期税收优惠。企业初创期，除了普惠式的税收优惠，重点行业的小微企业购置固定资产，特殊群体创业或者吸纳特殊群体就业（高校毕业生、失业人员、退役士兵、军转干部、随军家属、残疾人、回国服务的在外留学人员、长期来华定居专家等）还能享受特殊的税收优惠。同时，国家还对扶持企业成长的科技企业孵化器、国家大学科技园等创新创业平台、创投企业、金融机构、企业和个人等给予税收优惠，帮助企业聚集资金。具体如表8-5所示。

表8-5 初创期企业税收优惠

小微企业税收优惠	1. 个体工商户和个人增值税起征点政策
	2. 企业或非企业性单位销售额未超限免征增值税
	3. 增值税小规模纳税人销售额未超限免征增值税
	4. 小型微利企业减免企业所得税
	5. 重点行业小型微利企业固定资产加速折旧
	6. 企业免征政府性基金
重点群体创业就业税收优惠	1. 重点群体创业税收扣减
	2. 吸纳重点群体就业税收扣减
	3. 退役士兵创业税收扣减
	4. 吸纳退役士兵就业企业税收扣减
	5. 随军家属创业免征增值税
	6. 随军家属创业免征个人所得税
	7. 安置随军家属就业的企业免征增值税
	8. 军队转业干部创业免征增值税
	9. 自主择业的军队转业干部免征个人所得税
	10. 安置军队转业干部就业的企业免征增值税
	11. 残疾人创业免征增值税
	12. 安置残疾人就业的单位和个体户增值税即征即退
	13. 特殊教育学校举办的企业安置残疾人就业增值税即征即退
	14. 残疾人就业减征个人所得税
	15. 安置残疾人就业的企业残疾人工资加计扣除
	16. 安置残疾人就业的单位减免城镇土地使用税
	17. 长期来华定居专家进口自用小汽车免征车辆购置税
	18. 回国服务的在外留学人员购买自用国产小汽车免征车辆购置税

续表

创业就业平台税收优惠	1. 科技企业孵化器（含众创空间）免征增值税
	2. 符合非营利组织条件的孵化器的收入免征企业所得税
	3. 科技企业孵化器免征房产税
	4. 科技企业孵化器免征城镇土地使用税
	5. 国家大学科技园免征增值税
	6. 符合非营利组织条件的大学科技园的收入免征企业所得税
	7. 国家大学科技园免征房产税
	8. 国家大学科技园免征城镇土地使用税
对提供资金、非货币性资产投资助力的创投企业、金融机构等给予税收优惠	1. 创投企业按投资额的一定比例抵扣应纳税所得额
	2. 有限合伙制创业投资企业法人合伙人按投资额的一定比例抵扣应纳税所得额
	3. 以非货币性资产对外投资确认的非货币性资产转让所得分期缴纳企业所得税
	4. 以非货币性资产对外投资确认的非货币性资产转让所得分期缴纳个人所得税
	5. 金融企业发放涉农和中小企业贷款按比例计提的贷款扣失准备金企业所得税税前扣除
	6. 金融机构与小型微型企业签订借款合同免征印花税

资料来源：国家税务部局，中国税务网。

（2）企业成长期税收优惠。为营造良好的科技创新税收环境，促进企业快速健康成长，国家出台了一系列税收优惠政策帮助企业不断增强转型升级的动力。对研发费用实施所得税加计扣除政策。对企业固定资产实行加速折旧，尤其是生物药品制造业、软件和信息技术服务业等6个行业、4个领域重点行业的企业用于研发活动的仪器设备不超过100万元的，可以一次性税前扣除。企业购买用于科学研究、科技开发和教学的设备享受进口环节增值税、消费税免税和国内增值税退税等税收优惠。帮助企业和科研机构留住创新人才，鼓励创新人才为企业提供充分的智力保障和支持。具体如表8-6所示。

表 8-6 成长期企业税收优惠

研发费用加计扣除政策	1. 研发费用加计扣除
固定资产加速折旧政策	1. 固定资产加速折旧或一次性扣除
	2. 重点行业固定资产加速折旧
购买符合条件设备的税收优惠	1. 重大技术装备进口免征增值税
	2. 内资研发机构和外资研发中心采购国产设备增值税退税
	3. 科学研究机构、技术开发机构、学校等单位进口符合条件的商品享受免征进口环节增值税、消费税
科技成果转化税收优惠	1. 技术转让、技术开发和与之相关的技术咨询、技术服务免征增值税
	2. 技术转让所得减免企业所得税
科研机构创新人才税收优惠	1. 科研机构、高等学校股权奖励延期缴纳个人所得税
	2. 高新技术企业技术人员股权奖励分期缴纳个人所得税
	3. 中小高新技术企业个人股东分期缴纳个人所得税
	4. 获得非上市公司股票期权、股权期权、限制性股票和股权奖励递延缴纳个人所得税
	5. 获得上市公司股票期权、限制性股票和股权奖励适当延长纳税期限
	6. 企业以及个人以技术成果投资入股递延缴纳个人所得税
	7. 由国家级、省部级以及国际组织对科技人员颁发的科技奖金免征个人所得税

资料来源：国家税务总局，中国税务网。

（3）企业成熟期税收优惠政策。发展壮大有成长性的企业，同样具有税收政策优势，国家充分补给"营养"，助力企业枝繁叶茂、独木成林。目前税收优惠政策覆盖科技创新活动的各个环节领域，帮助抢占科技制高点的创新型企业加快追赶的步伐。对高新技术企业减按15%的税率征收企业所得税，并不断扩大高新技术企业认定范围。对处于服务外包示范城市和国家服务贸易创新发展试点城市地区的技术先进型服务企业，减按15%的税率征收企业所得税。对软件和集成电路企业，可以享受"两免三减半"等企业所得税优惠，尤其是国家规划布局内的重点企业，可减按10%的税率征收企业所得税。

对自行开发生产的计算机软件产品、集成电路重大项目企业还给予增值税期末留抵税额退税的优惠。具体如表 8-7 所示。

表 8-7 企业成熟期税收优惠政策

高新技术企业 税收优惠	1. 高新技术企业减按 15% 的税率征收企业所得税
	2. 高新技术企业职工教育经费税前扣除
	3. 技术先进型服务企业享受低税率企业所得税
	4. 技术先进型服务企业职工教育经费税前扣除
软件企业 税收优惠	1. 软件产业增值税超税负即征即退
	2. 新办软件企业定期减免企业所得税
	3. 国家规划布局内重点软件企业减按 10% 的税率征收企业所得税
	4. 软件企业取得即征即退增值税款用于软件产品研发和扩大再生产的企业所得税优惠
	5. 软件企业职工培训费用应纳税所得额扣除
	6. 企业外购的软件缩短折旧或摊销年限
动漫企业税收优惠	动漫企业增值税超税负即征即退
集成电路企业 税收优惠	1. 集成电路重大项目增值税留抵税额退税
	2. 集成电路线宽小于 0.8 微米（含）的集成电路生产企业定期减免企业所得税
	3. 线宽小于 0.25 微米的集成电路生产企业减按 15% 税率征收企业所得税
	4. 投资额超过 80 亿元的集成电路生产企业减按 15% 税率征收企业所得税
	5. 线宽小于 0.25 微米的集成电路生产企业定期减免企业所得税
	6. 投资额超过 80 亿元的集成电路生产企业定期减免企业所得税
	7. 新办集成电路设计企业定期减免企业所得税
	8. 国家规划布局内的集成电路设计企业减按 10% 的税率征收企业所得税
	9. 集成电路设计企业计算应纳税所得额时扣除职工培训费用
	10. 集成电路生产企业生产设备缩短折旧年限
	11. 集成电路封装、测试企业定期减免企业所得税
	12. 集成电路关键专用材料生产企业、集成电路专用设备生产企业定期减免企业所得税

续表

研制大型客机、大型客机发动机项目和生产销售新支线飞机企业	研制大型客机、大型客机发动机项目和生产销售新支线飞机增值税期末留抵退税

资料来源：国家税务总局，中国税务网。

七、"大众创业、万众创新"与培育新动能

我国的创新创业发端于政府的推动。"十二五"期间，中央层面已出台数十份"创新、创业"相关文件，推动"大众创业、万众创新"，2015年的《政府工作报告》中，李克强总理曾数次提到创新的作用，并强调要努力打造大众创业、万众创新和增加公共产品、公共服务"双引擎"，推动发展调速不减势、量增质更优，实现中国经济提质增效升级。根据此目标，中央政府在2015年制定并实施了创新驱动发展战略纲要和意见，出台推动大众创业、万众创新政策举措，创业环境和经营环境进一步改善。2016年的《政府工作报告》再提"双创"，首次提及要打造众创、众包、众扶、众筹"四众"平台，建设一批"双创"示范基地，培育创业服务业，发展天使、创业、产业等投资，凸显了政府对创业创新支持平台建设的高度重视。

政府要充分利用在社会中扮演的角色，拓宽宣传渠道，突破电视、报纸、杂志等传统的宣传方式，更多地选择互联网、科技馆等渠道，善于捕捉群众关注点，开展各类创新知识宣传教育，使民众形成科技创新是推动经济发展、社会进步原动力的认识。

政府"双创"政策的实施推动一大批创客走上创业创新之路。数据显示，2015年全国新登记注册企业平均每天新增1.2万户，增长率超过20%，新一轮经济增长的关键因素正在逐步形成。

社会的发展是全体社会成员共同努力和奋斗的结果，创新驱动发展战略的提出为我国经济社会发展指明了方向，而国家战略的实施需要上下一心，凝聚力量，达成社会共识。面对复杂的国内外形势，首先，需要凝聚全社会

的力量推动创新的发展,树立以创新推动经济社会发展的理念。创新能力的提高并不是简单地依靠实验室和项目的堆砌就能实现的,从根本上来说,要真正树立起创新发展理念,改变传统的以资本、资源驱动经济发展的观念,落实实践,建立系统的工程项目。其次,要加大舆论宣传,努力营造推动科技创新的良好社会氛围。加大舆论宣传不是简单地写标语、做报告,而是要将科技创新内化于心[1]。

经济增长的核心还在于培育新动能。在中国经济增速趋缓、经济结构转型的新常态下,必须培育壮大新动能,加快发展"新经济"。同时,要推动新技术、新产业、新业态加快成长。

从目前及今后技术创新与产业发展动态来看,在经济全球化条件下,新一轮科技革命和产业革命正在酝酿并催生新产品、新服务、新产业、新业态、新的商业模式;包含"互联网+"、大数据、云计算、物联网、智能化、传感感应技术等核心技术,新的经济业态已经从技术变革层面拓展到企业运行、产业融合、社会生活、人类交往的各个维度,并以经济增长的新动能正在展现它推动产业融合、经济转型升级和社会变迁进步的巨大能量[2]。智能制造、共享经济、数字经济等新技术、新业态构成了新的经济形态,未来一段时期内将成为经济社会发展的新热点、新动能。根据党的十九大确定的发展战略,为中国经济注入新动力:一是将经济增长由投资导向型逐渐转向消费导向型,目前"消费互联网"已有所发力;二是提升制造业的水平,让智能制造成为驱动中国未来经济增长的核心力量。新动能的培育将成为我国在此次技术创新竞争中实现"弯道超车"的新契机。

---

[1] 芦苇. 新常态下科技创新的困境与出路 [J]. 经济问题, 2016 (6): 19-24.
[2] 耿明斋. 新经济的张力及其对经济增长的支撑 [J]. 区域经济评论, 2017 (3): 24-29.

第九章　共享发展

习近平同志关于共享利益的思想可以追溯到 21 世纪初，在 2001 年《求是》上发表署名文章《使人民群众不断获得切实的经济、政治、文化利益》一文指出，"我们党对人民群众的根本利益的认识和实践是随着社会主义改革和建设的不断发展而不断深化的"。中共十四大以后，中国共产党所提出的建设中国特色社会主义经济、政治、文化的基本目标和基本纲领，就是从经济、政治、文化三个方面实现、维护和发展好最广大人民的利益。共享发展是党的十八届五中全会《建议》提出的五大发展理念之一。让人民群众共享改革发展成果，这是社会主义的本质要求，是社会主义制度优越性的集中体现，也是我们党坚持全心全意为人民服务根本宗旨的必然选择。党的十八届五中全会提出共享发展的理念，注重的是解决社会公平正义问题，也揭示了当代中国发展进步的根本出发点和落脚点。[①]

第一节　新时代共享发展理念解读

一、共享发展理念的形成

自中共十一届三中全会以来，我党始终以人民利益为向导，在领导改革开放的过程中，不断强调政治上发展民主，经济上进行改革，始终强调以经济建设为中心，全面提高人民的切身利益。

（一）共同富裕

20 世纪 80 年代初期，邓小平同志认为个人利益服从集体利益，局部利益

---

① 陈帆，董祎垚. 共享思维助力美丽乡村经济建设［J］. 当代旅游（高尔夫旅行），2017-11-15.

应服从整体利益，小局要服从大局，小道理要服从大道理。如果违反这一原则，那么长久看来势必两头都会损失。同时，邓小平同志按照利益的客体不同，把利益分为物质利益和精神利益。建设和谐社会的基础，如果仅仅靠物质条件，我国的革命和建设，不可能胜利。建设社会主义精神文明，最根本的是要让广大的人民都有共产主义的理想，有道德，有文明，守纪律。

邓小平同志还提出了共享利益思想。共同富裕是社会主义的本质之一。一个公有制占主体，一个共同富裕的社会，是我国所要达到的根本目标。坚持走社会主义道路就是实现共同富裕，然而平均发展是不可能的目标，但是只要坚持社会主义道路就不会出现两极分化。中国必须要采取各种手段发展生产力，而发展生产力就必须走改革开放之路。

(二) 文化大繁荣

在2002年召开的党的十六大报告中指出："最大多数人的利益和全社会全民族的积极性创造性，对党和国家事业发展始终是最有决定性的因素。"我们应该贯彻党的方针和政策，基本的着眼点是代表最广大人民的根本利益，使全体人民朝着共同富裕的方向稳步前进。

十六大报告指出："当今世界，文化与经济和政治相互交融。在综合国力竞争中的地位和作用越来越突出。文化的力量，深深熔铸在民族的生命力，创造力和凝聚力之中。"在我国的文化建设中，"必须以中国现实为立脚点，继承民族文化优秀传统，吸取外国文化有益的方面，建设社会主义精神文明，不断提高全民族的思想道德素质和科学文化素质"。形成比较完善的现代国民教育体系、科技和文化创新体系、全民健身和医疗卫生体系。

这次大会提出积极发展文化事业和文化产业，加强文化基础设施建设。开展全民健身运动，提高全民健康水平。最终使人民的政治，经济和文化权益得到切实的尊重和保证。

(三) 利益共享

2007年，党的十七大进一步明确指出始终把实现好、维护好、发展好最广大人民的根本利益作为党和国家一切工作的出发点和落脚点。深入贯彻落实科学发展观是始终需要坚持的。十七大报告还强调"根本利益"要着力解决人民最关心最直接最现实的利益问题。

关注民生问题是马克思主义政党宗旨的体现,是对马克思主义理论和实践的丰富和发展。党的十七大把民生问题提高到了一个新的层次,十七大报告在党的文献中第一次提出了共享利益的原则。要按照"共同建设,共同享有"的原则,着力解决人民群众最关心、最直接、最现实的利益问题。利益共享包括丰富的内容,如国家、企业和个人的共享,中央和地方共享,东部、中部、西部共享,工人与农民共享等。报告还指出在共享的前提下,不同时期可以有所倾斜,如"逐步提高居民收入在国民收入分配中的比重""以促进居民增收为核心"等。这些理论和实践,进一步丰富了马克思主义利益理论。

(四) 深化利益共享

党的十六大报告进一步深化了关于共享利益的创造和实现。论述报告中指出必须从维护最广大人民根本利益的高度,加快建设基本公共服务。报告中还强调实现发展成果由人民共享,必须深化收入分配制度改革,努力实现居民收入增长和经济发展同步,劳动报酬增长和劳动生产率同步,提高居民收入在国民收入分配中的比重,提高劳动报酬在初次分配中的比重。初次分配和再分配都要兼顾效率和公平,再分配更加注重公平。

(五) "三个方面" 利益

习近平同志强调从经济、政治、文化三个方面实现、维护和发展好最广大人民的利益。他指出:"我们党在新时期的全部工作,都是围绕使人民群众不断获得这三个方面的利益而展开的。"还指出了一些存在的问题:"在一些地方和单位中,人民群众'三大利益'的实现不够协调、发展不够平衡,一些群众获得的政治利益、文化利益不像经济利益那么明显。这要求我们党必须要进一步深入研究和不断适应人民群众日益增长的经济、政治和文化需要,切实解决好实现、维护、发展人民群众根本利益中存在的问题和不足,努力为广大人民群众谋取最大的经济、政治、文化利益。"

在党的十八大之后,习近平同志更加重视利益的共享问题,这主要体现在他对保障和改善民生工作的相关指示之中。习近平同志指出,抓民生是抓住人民最关心、最直接、最现实的利益问题。在农村和农民共享利益的问题上,习近平同志强调加快推进城乡发展一体化是落实"四个全面"战略布局的必然要求。全面建设小康社会,最艰巨最繁重的任务在农村,特别是农村的贫困地区。

在党的十八届五中全会之后,习近平同志强调特别要深入学习领会创新,协调,绿色,开放,共享的新发展理念。推动我国经济社会持续健康发展,确保如期实现全面建设小康社会的奋斗目标。经济发展要以保障和改善民生为出发点和落脚点,社会发展要以保障和改善民生为重点,重点解决好人民最关心、最直接、最现实的利益问题;教育、就业、收入分配、社会保障、医疗保障等方面持续推进;增加公共产品有效补给,实现基本公共服务均等化。

(六) 人类命运共同体

人类只有一个地球,各国共处一个世界,要倡导"人类命运共同体"意识。习近平同志就任总书记后首次会见外国人士就表示,国际社会日益成为一个你中有我、我中有你的"命运共同体",面对世界经济的复杂形势和全球性问题,任何国家都不可能独善其身。"命运共同体"是中国政府反复强调的关于人类社会的新理念。2011年《中国的和平发展》白皮书就提出,要以"命运共同体"的新视角,寻求人类共同利益和共同价值的新内涵。[1]

习近平同志在十九大报告中又提出,坚持和平发展道路,推动构建人类命运共同体。同时,他指出中国共产党始终把为人做出新的更大的贡献作为自己的使命,中国将高举和平、发展、合作、共赢的旗帜,恪守维护世界和平、促进共同发展的外交政策宗旨,坚定不移地在和平共处五项原则的基础上发展同各国的友好合作,推动建设相互尊重、公平正义、合作共赢的新型国际关系。2018年3月11日,党的第十三届全国人民代表大会第一次会议通过的宪法修正案,将宪法序言第十二自然段中"发展同各国的外交关系和经济、文化的交流"修改为"发展同各国的外交关系和经济、文化交流,推动构建人类命运共同体"。

---

[1] 周铂涵,黄木. 在人类命运共同体的构建中增强文化自信 [J]. 求知,2018 (5).

人类命运共同体这一全球价值观包含了相互依存的国际权利观、共同利益观、可持续发展观和全球治理观等理念，指出国家在追求本国利益时兼顾他国合理关切，在谋求本国发展中促进各国共同发展。"人类命运共同体"意识超越种族、文化、国家与意识形态的界限，为全人类共享发展提供了全新的视角，为推动世界和平发展给出了一个理性可行的行动方案。迈向命运共同体，必须坚持各国相互尊重、平等相待；迈向命运共同体，必须坚持合作共赢、共同发展；迈向命运共同体，必须坚持共同、综合、合作、可持续的安全；迈向命运共同体，必须坚持不同文明兼容并蓄、交流互鉴。①

二、新时代共享发展理念的核心内容

共享发展是党的十八届五中全会《建议》提出的五大发展理念之一。让人民群众共享改革发展成果，这是社会主义的本质要求，是社会主义制度优越性的集中体现，也是我们党坚持全心全意为人民服务根本宗旨的必然选择。党的十八届五中全会提出共享发展的理念，注重的是解决社会公平正义问题，也揭示了当代中国发展进步的根本出发点和落脚点。②

1. 全民共享

从共享的覆盖面来说，叫作全民共享。共享发展是人人享有、各得其所，而不是少数人共享、一部分人共享。全面小康，覆盖的人口要全面，是惠及全体人民的小康。

2. 全面共享

从共享的内容来说，叫作全面共享。共享发展就要共享国家经济、政治、文化、社会、生态各方面建设成果，全面保障人民在各方面的合法权益，促进人的全面发展。

3. 共建共享

从共享的实现途径来说，叫作共建共享。共建才能共享，共建的过程也

---

① 安然，王勃然. 论《共产党宣言》中蕴含的人本思想 [J]. 学理论，2018（2）.
② 陈帆，董祎垚. 共享思维助力美丽乡村经济建设 [J]. 当代旅游（高尔夫旅行），2017-11-15.

是共享的过程。要充分发扬民主，广泛汇聚民智，最大激发民力，充分调动人民积极性、主动性、创造性，形成人人参与、人人尽力、人人都有成就感的生动局面。

4. 渐进共享

从共享发展的推进进程来说，叫作渐进共享。共享发展必将有一个从低级到高级、从不均衡到均衡的过程，即使达到很高的水平也会有差别。①

三、新时代共享发展理念的主要特征

1. 共享性

共享利益最大的特征是共享性，共享性的本质是共享利益不会像物质一样因为共享而减少，反而可以因为共享而衍生出更多。也可以说，当一个人在占用使用公共资源时，之前使用的人不会因为有新的加入者而感受到质量的减弱。当共享利益被共享使用时，它产生的效果会类似经济利益的规模效应，共享利益在一定程度上跟着人们的占用和使用扩大其影响效应，这一特征是推动人民认可传播共享利益并进一步创造的理论基础。

2. 整体性

共享利益是人类社会利益关系的一个组成部分，是社会中各个主体关系之间的各自利益的累加表现，但这不是简简单单的普通累加，而是具有协同效应的整合累加。这一特性使得共享利益表现为经济利益、政治利益和文化利益的有机构成。

3. 合理性

在国民收入分配中，需要全面协调各种利益关系，可以依据不同团体在经济发展中的不同作用和地位来分配以及保障其相应的利益经济关系。这里所讨论的共享经济观，不是片面地强调某一方的经济利益，而是指包括各个团体在内的综合利益；也不是片面强调某一团体利益的重要性，而是各种团体的平等地位以及经济利益关系的合理化。

---

① 沈跃春. 安徽推进共享发展及其对策建议 [J]. 理论建设，2017（6）：58-63.

4. 稳定性

共享利益是在长期社会发展过程中形成的,因此它不会轻易变化、反复或消失,所以在一定程度上,它具有稳定性。这种特性保证了它的可持续存在和发展。首先,共享利益不一定随着社会发展的变化而同步变化,它有时会落后于社会的发展、社会经济形态的变化,简单来说,就是社会发展的成果没有被社会的全体人民所共享。但有时,共享利益也会领先于时代的变化,如互联网经济的出现,使人们预感到了未来一定趋势的发展方向,无论是领先还是落后都有一定的稳定性体现。

5. 动态性

利益是利益个体之间建立起来的一种对立统一关系,这不是固定不变的,而是在动态变化中发展。在曾经较为落后的人类社会初始发展阶段,社会产品严重不足,人们的需求很少,同时各种利益都处于一个很低的发展水平,所以共享利益发展层次很低。随着社会的进步发展,各种利益在数量、质量上都产生了质的变化,共享利益的重要性也在逐渐发展中凸显,成为了当代社会利益关系中重要的一部分。同时把共享利益作为一个系统来看,这是一个开放的动态系统,不断地与外界交换交流,使它处于一个动态的变化中。

第二节 共享发展的中国道路

一、共享改革成就

(一) 公共服务供给

自2000年以来,中国政府逐步将公共支出的重点由城镇转向了相对不发达的地区。现今,农村地区逐步实现了免费的义务教育,新型农村合作医疗制度、农村养老保障制度和最低生活保障制度也都逐步得到了建立和健全。同时,政府逐步将农村义务教育全面纳入到公共财政保障的范围,建议中央和地方分项目、按比例分担农村的义务教育经费保障机制。

自 2005 年以来，中央政府将支持中西部地区提上日程，适当兼顾东部部分困难地区。通过一系列针对不发达地区和困难群体的公共服务供给政策的倾斜来缩小社会发展差距。截至 2009 年，西部地区基础设施建设迈出实质性步伐，生态环境保护和建设得到显著增强。"西气东输"工程提前一年全线贯通并投入商业运营，"西电东送"工程新增向广东送电 1000 万千瓦的任务提前完成，青藏铁路提前一年全线铺通。西部地区人民生活水平不断提高。在"西部大开发"中，国家一手抓关系西部全局的重大工程，一手抓关系群众切身利益的中小项目，使各族人民不断得到实惠。油路到县、送电到乡、广播电视到村基本实现，县际公路、农村饮水、农村能源、生态移民等工程积极推进，"两基"攻坚计划稳步实施，公共卫生设施建设得到加强，城乡居民收入和生活水平不断提高。2018 年 3 月 5 日，国务院总理李克强向大会作政府工作报告，在谈到对 2018 年政府工作的建议时指出，以经济社会发展需要为导向，优化高等教育结构，加快"双一流"建设，支持中西部建设有特色、高水平大学。

（二）攻坚扶贫工程

经过 21 世纪头十年的扶贫开发，中国贫困人口得到了一定程度的减少，农村居民生产和温饱问题得到基本解决。然而，随着扶贫标准的提高，农村地区依然存在着规模庞大的贫困人群。更为严重的是，贫困地区农村劳动力向城镇转移后，农业生产粗放化、农村空白化现象突出，农村相对贫困问题凸显。2011 月 5 月，中央颁布了《中国农村扶贫开发纲要（2011~2020 年）》，明确提出了到 2020 年稳定实现扶贫对象"两不愁、三保障"（不愁吃、不愁穿，保障其义务教育、基本医疗和住房）等目标，并确定了 11 个连片特困地区等为新时期扶贫攻坚主战场。这客观上促进了扶贫工作进一步的创新[①]。

从 2014 年底开始，"精准扶贫"在新的起点上高位推进，全年扶贫机制创新取得突破，各项工作全面开展。一是对有劳动能力的支持发展特色产业和转移就业。对贫困人口中有劳动能力，当地又具备发展条件，但缺资金，

---

① 洪银兴. 兼顾公平与效率的收入分配制度改革 40 年 [J]. 经济学动态，2018（4）.

缺产业，缺技能的，要立足当地资源条件，扶持特色产业发展，实现贫困人口就地脱贫。这依然是现实农村人口脱贫的主要途径。二是对"一方水土养不起一方人"的实施扶贫搬迁。对生存条件恶劣，生态环境脆弱，自然灾害频发等地区的贫困人口，要实施异地扶贫搬迁。按照人民群众的意愿，做好深入细致的动员工作，做好统筹规划，循序渐进推进搬迁工程，保障搬迁人口有更多的稳定收入，与当地人民一样享有同样的公共服务和基本福利。三是对丧失劳动能力的实施兜底性保障政策。对丧失劳动能力，无法靠自身劳动摆脱贫困的必须通过社会救助，保障基本生活，实现社会兜底脱贫。要加快完善农村低保，新型养老保险以及五保供养等社会救助和保障机制，加强制度之间的统筹衔接。

（三）收入分配

《中共中央关于制定国民经济和社会发展第十三个五年规划的建议》提出，坚持居民收入增长和经济增长同步、劳动报酬提高和劳动生产率提高同步，坚持增加城乡居民收入。调整国民收入分配格局，规范初次分配，加大再分配调节力度，同时，强调实施全面参保计划，实现法定人员全覆盖。而缩小收入差距和建立更加公平可持续的社会保障制度正是共享发展的核心。

衡量一个国家的收入分配差距，国际上通常的指标是基尼系数。基尼系数介于0到1之间，系数越小，收入分配越平均；系数越大，则越不平均。根据国家统计局公布的数据，我国2003年基尼系数为0.479，2008年达到最高点0.491，之后逐年下降，2015年基尼系数为0.462。而主要发达国家的基尼系数一般为0.24~0.36，这反映出我国的收入差距仍然比较大。

2010~2015年，全国居民人均可支配收入从12520元增加到21966元，年均实际增长8.9%，快于同期国内生产总值增长。其中，城镇居民人均可支配收入年均实际增长7.7%，农村居民人均可支配收入年均实际增长9.6%，实现了"十二五"规划《纲要》提出的7%的目标。"十二五"期间城镇单位在岗职工平均工资水平由2011年的42452元/年增加到2015年的63241元/年，年均增长速度为10.5%，扣除消费物价指数影响，2011~2015年在岗职工实际工资水平年均增长率为8.2%。"十二五"期间，农民工工资稳步增长，从

2011年的人均2049元/月增长到2015年的3072元/月,年均增速12.7%。其中,东部地区农民工工资增速最快,西部地区其次,中部地区增速最慢,区域间工资差距由2011年的1.03倍扩大到2015年的1.1倍。

(四) 社会保障制度

改革开放以来,我国开始了社会保障制度的重构。这一过程与国家经济体制改革是同步的。从20世纪80年代开始,在部分城市实行社会保险制度的试点改革,继而在全国范围内实行,经过20年的努力,我国已建立起了适用于市场经济秩序的社会保障制度。目前我国社会保障制度基本包括两大部分:一是完全由国家财政支撑的项目,包括对社会弱势群体的救助、对军人及其军烈属的优抚安置、对无依无靠的孤老残幼、残疾人员以及社会大众举办的社会福利和有关的社区服务,完全属于国民收入再分配范畴,充分体现社会公平;二是由用人单位、职工个人缴费、国家给予适当补助的三方共同筹资的项目,包括养老保险、医疗保险、失业保险、工伤保险和生育保险等(目前我国有关社会保险法律规定,属于用人单位、职工个人和国家三方共同缴费的项目是养老保险、医疗保险和失业保险,生育保险和工伤保险主要由用人单位缴费、国家财政给予适当补助),属于社会保险范畴,其中,养老保险和医疗保险实行个人账户与统筹相结合,其他三项保险属于完全统筹的项目。与前项内容比较,现行我国社会保险是在劳动者与用人单位建立劳动关系的基础上实行的,既体现公平与效率,又注重权利与义务相结合。

截至2013年末,全国城镇职工基本养老保险参保人数为3.22亿人,有1.41亿参加城乡居民基本养老保险的老年人都已领取基本养老金。工伤、失业和生育保险分别覆盖了1.99亿、1.64亿和1.64亿职工。2014年末,城乡居民社会养老保险参保人数为5.01亿人。2015年末,城乡居民社会养老保险参保人数为5.04亿人。2016年基本养老保险覆盖了我国接近65%的人口,参保人数达到了8.88亿人,如图9-1所示。

居民社会保障水平的逐年提高,显示了我国社会保障公共服务体系的初步形成,并在不断提高管理服务水平。

社会保障水平正逐年提高,其中企业退休人员基本养老金实现了"十连

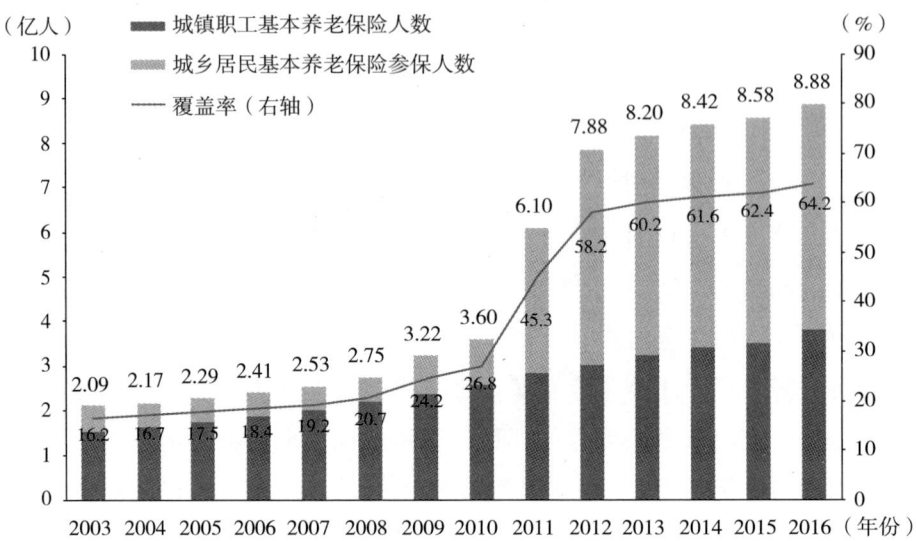

图 9-1 城乡居民基本养老保险覆盖率及增长情况

资料来源：根据公开资料整理。

调"。社保基金收支结余规模不断扩大，抗风险能力增强，截至 2013 年底，五项社保基金收、支和累计结余分别达到 3.52 万亿元、2.79 万亿元和 4.51 万亿元。此外，全国社会保障基金总额突破 1 万亿元。可以说，我国已初步建成社保公共服务体系，并在不断提高管理服务水平。

（五）就业创业

2016 年 1~11 月，城镇新增就业人数 1249 万人，完成全年目标任务的 124.9%。全国城镇新增就业 1314 万人，城镇失业人员再就业 554 万人，就业困难人员实现就业 169 万人，超额完成全年目标任务。2016 年第四季度末，全国城镇登记失业率为 4.02%，低于 4.5% 的年度调控目标。这也意味着，2016 年我国城镇新增就业人数延续了此前三年的增长轨迹，达到 1300 万人的高位。就业继续稳健增长，与当下中国经济转型取得了显著成效有关。近年来，随着资源配置和经济发展方式的转变，中国经济在经历种种阵痛之后，正在持续发力。从以往的投资驱动到现在的消费引导；从"有水快流"的资源型发展，到更加注重科技创新的新经济，种种变化积极而有效。

2007年通过的《中华人民共和国就业促进法》明确提出要以创业带动就业，鼓励自主创业。在这个阶段中，我国经历了第三次创业高峰。2008年后，受国际经济宏观环境的影响，国内中小企业也遇到了一定的问题而陷入了一定的困境。为帮助我国中小企业渡过难关，中央及各地方政府都积极地出台了一系列政策及措施。基于中央鼓励创业的风向标，各相关部委也陆续出台了支持和鼓励创业的政策，这些政策涵盖了创业教育、创业资金、创业税收等方面，为初创企业提供了优惠及扶持。目前，中国已经形成五大创业中心：一是以北京、天津为核心的华北创业中心；二是以上海、杭州、苏州、南京为核心的华东创业中心；三是以深圳、广州为核心的华南创业中心；四是以武汉为核心的中部创业中心；五是以成都、西安为核心的西部创业中心。

二、人类命运共同体的实践

博鳌亚洲论坛2015年年会于3月26日召开，此次年会主题为"亚洲新未来：迈向命运共同体"。国家主席习近平在28日的开幕式作主旨演讲。此次演讲深刻地阐释了"迈向命运共同体"的基本内涵。首先，迈向命运共同体的首要准则是坚持合作共赢、共同发展，这一原则要求所有人摒弃你输我赢的固有思维，重新树立共赢理念，要求一国在追求自身利益时，也能兼顾其他人。同时，迈向命运共同体的主要宗旨是坚持"共同、综合、合作、可持续"的安全观。

在具体实践方面，2014年11月习近平同志到访澳大利亚，促进了中澳自贸协定谈判的正式启动。中韩自贸协定谈判也在2015年2月告一段落，正式协定将在2015年上半年签署完毕。2014年11月11日，亚太经合组织第22次领导人非正式会议就后国际金融危机时期，如何破解区域经济合作碎片化的风险，加快区域经济一体化建设步伐，共同打造合作平台展开了讨论，会议提出要着力打造包括商流、物流、信息流、资金流与人文流在内的"五流一体"的"命运共同体"。此外，我国积极发展与发展中国家的关系，建立中非、中拉等"命运共同体"。习近平多次出席金砖五国领导人会晤，发展双方的关系。在"2015减贫与发展高层论坛"会议上，习近平宣布中国将从改善民生的思路出发，采取系列新举措，帮助发展中国家发展经济。

自"人类命运共同体"这一战略目标由以习近平为核心的新一届中央领导集体提出后，中国在各个领域展开了更多的实践，如"一带一路"建设、亚投行的建立等，这些都很大程度上推动了"人类命运共同体"的进一步发展。目前的实践都还在初始阶段，相信未来会有诸多挑战，也会得到更全面的完善。

第三节 当前中国共享发展的机遇

自新中国成立以来，我国经济发展飞速向前，人民的物质生活得到了很大的丰富，生活水平也得到了提高。共享发展的机遇越来越多，我国进入了一个新时代。

一、国内的机遇

（一）发展新时代

改革开放以来，我国经济水平获得了很大提升，物质基础越来越丰富，发展进入了新时代。国内生产总值得到快速增长，至2010年，我国GDP总量高达41.30万亿元，超过日本成为世界第二大经济体，在此期间GDP增长率基本保持在10%左右，2017年GDP总量更是达到82.71万亿元。GDP的巨大提高，为共享发展提供了丰厚的发展成果。与此同时，居民收入也在不断提高。自改革开放以来，我国居民收入不断得到提高。与改革开放前夕相比，城镇和农村居民收入增加均超过了100倍，不论对城镇来说，还是农村来说，人均可支配收入的提高幅度都不可小觑。随着我国经济的发展，居民收入不断增长，消费水平也不断提高。物质商品越来越丰富，人民的生活水平和物质需求都进入了新时代。

经济社会的发展与物质文化条件相辅相成，相互促进。也就是说，当经济社会发展时，物质文化条件会变得充分，同时促进人的全面发展；而人的全面发展，也实现人潜能的激发，从而使经济社会更进一步发展，人民的物质文化生活得到改善,为最终实现共同富裕这一目标服务,为实现共享发展提供了坚实的基础。①

(二)改革进入新阶段

随着改革开放的深入推进,经济社会发展中的一系列问题不断暴露,尤其是随着深层次的问题出现,中国改革步入深水区,其难度和波及面也在增大,其演变进程经历了从"全面改革"到"深化改革"再到"全面深化改革"的阶段。改革最先开始的是经济体制方面的改革,再到政治体制改革和全方位改革开放,其次从地域而言,从最迫切和难度最小的农村开始,再推及城市及全方位各个领域的改革。改革已经使中国的政治、经济等国家面貌发生了巨大的变化。40年的改革开放,中国经济高速发展,人民的物质生活条件得到极大改善,已经实现了从温饱不足的阶段到总体小康阶段的根本性进步,但与此同时,伴随着我国物质生活、文化精神面貌的大变革,中国发展也面临着瓶颈和成长的烦恼,面临着更多的更深层次的问题。收入分配差距大、城镇与农村之间、各地区之间发展存着不平衡,自然资源的匮乏耗竭等出现在发达国家工业化历程中的问题也集中出现在我国的目前发展中。这些问题接踵而至,矛盾与问题错综复杂,新旧缠绕,使得我们很难向前进一步发展。②

改革进入新阶段,发展重难点并存,重点社会保障、基本医疗、环境保护、公共文化等公共服务供给问题,教育、就业和医疗卫生体制改革等基本民生保障问题,难点农村贫困人口脱贫问题等一系列现实问题突出,也为共享发展的实践创造了机遇。面对着发展中诸多方面的不平衡,人们对公平发展环境、发展机会的渴望日益加深。党中央面对着人民的诉求与渴望,在党的十八届五中全会中,党中央提出了共享的发展理念,把人民的诉求和根本利益放在第一位。共享发展理念能够着眼于中国社会发展的实际,在实践中不断改善人民生活,关注人们对公平正义的诉求,不断推动发展成果的共享,

---

① 刘德亮. 经济新常态视域下共享发展研究 [D]. 赣州:江西理工大学,2017.
② 张晓林. 全面深化改革:历史的必然 现实的需要 [N]. 深圳特区报,2013-11-26.

使共享发展成为解决全面深化改革难题的重要手段。①

二、国外的机遇

(一) 和平和发展的时代主题

和平与发展是当今时代的两大主题，在全球化的背景下，世界各国各地区之间的交流合作日益增多、逐步加深。世界正在经历百年未有之大变局，世界各国人民的命运从未像今天这样紧紧相连。在这样的背景下，全球的治理模式正面临着新的调整与转换，也对我国扩大多边合作、深入推动共享发展以及建立"人类命运共同体"提供了新的发展契机。同时，尽管中国愿意适应新形势的变化，在新时代面前，愿同世界各国携手构建"人类命运共同体"，发展全球伙伴关系，拓展友好合作，展现新担当，但事实上，整个世界主要还是由发达国家控制的，新兴国家在国际舞台的话语权还有待进一步地发展增强，希望由发展中国家推动的和平与发展的国际格局能逐步取代霸权主义与强权政治，为世界人民的共享发展创造相对稳定的外部环境。

新中国成立以来，中国始终坚持和平发展理念，走和平发展道路。从毛泽东时代的第三世界定位，到邓小平、江泽民时代"和平和发展"的发展理念，到胡锦涛时代提出的构建"和谐世界"。中国坚定不移地实践"和平发展"的发展主题，因此在国际舞台上，中国获得了大多数国家的理解支持。同时，"和平发展"从来都是中国历届政府的外交出发点与根本目标。在这种目标与责任下，习近平同志提出了构建"人类命运共同体"，这是和平发展理念在新阶段的形式，也是目前国际新形势下共享的新机遇。

(二) 在国际舞台的角色转变

随着中国经济实力的提升，中国逐步成为国际治理体系中的重要成员之一，促使其在更大的舞台上发挥积极作用，为中国谋求共享发展、构建"人类命运共同体"提供了历史机遇。在目前的历史阶段，中国的综合国力得到了很大的提升，已排名世界第二，世界各国期待中国能够承担与综合国力相

---

① 魏洪源. 共享发展理念的历史嬗变研究 [D]. 大连：东北财经大学，2016.

匹配的国际责任，而当下世界的发展迫切需要中国的支持和贡献。中国经济的发展，实力的增强，都有利于维护我国在国际社会中的国家利益，并对促进世界的和平发展有着积极的作用。

在实践中，中国积极推进"一带一路""亚投行"等建设，坚持共建共享的原则。"一带一路"建设促进了沿线国家经济发展和区域间的开放合作，增强了中国与沿线国家的国际产能合作、文化交流与互信友谊，构建了海陆空立体式内外联动的开放新格局，使更多国家共享发展机遇和成果。但是，受地理区位、自然环境、发展基础、政治制度和民族地域文化等的影响，亚洲国家发展水平差异较大，除个别区域，整体而言一体化水平很低，在世界经济一体化趋势日益明显、区域经济一体化日渐增强的背景下，亚洲各经济体的一体化仍任重道远。由中国主导成立的亚投行在重点领域基础设施建设投融资，带动了整个区域向着一体化方向发展。这些实践都为营造和平、安全、互利共赢的"人类命运共同体"做出巨大贡献，为实现共享发展创造了条件。

第四节　当前中国共享发展的挑战

一、来自国内的主要挑战

（一）公共服务供给差距明显

改革开放以来，中国的财政支出呈现快速增长的态势。在以经济建设为中心的指导思想下，国家财政支出对经济建设有着很强的支持作用。但可以发现的是中国财政中基本公共服务部分每年增长很不稳定。1994年和1999年的增长率甚至超过了30%，而2003年的增长率则不到10%，波动比较大，反映出基本的公共服务的财政支出没有形成稳定的增长，受到了很多其他财政项目的干扰。

长期以来中国各个地区之间又存在着严重的经济发展不平衡，在财政分权改革后更加突出。由于地方政府在提供一些基本的公共服务方面常常缺乏足够的资金，经济发达地区和欠发达地区的差异广泛存在。以 2014 年为例，在医疗卫生方面，北京每千人拥有的卫生技术人员、注册护士等多达 17.74 人。而在安徽省则只有 7.95 人，只有北京的 45%，在其他中西部地区普遍更低。

在户籍制度建立后，城市和农村被分开来，城市与农村的不平衡开始显现，并一直存在，存在于基础教育、医疗卫生，社会保障等方面。即使九年义务制教育在一定程度上缩小了城乡基础教育的差距，但事实上在办学条件和经费来源上还是有着很大的差距。城乡医疗卫生资源配置不均衡更是使得城乡水平之间的差距变得更大。

现在很多公共服务并不是根据人民群众的真正需求来提供的，而是由政府部门的意愿和利益来决定的。比如政府部门的发展规划意图，是依据对外地学习、模仿，对上级的政策解读的。而人民群众对公共服务的需要不能反映在公共服务的供给，这就导致了供给和需求有错位。政府部门完全垄断了公共服务的供给，因此应该尽快改变以政府为唯一中心的公共服务供给模式，逐步建立起由政府、企业和社会力量共同提供公共服务的多中心供给模式。政府是公共服务的主要供给者，是按照自己的意愿，而不是社会和人民的意愿，而且公共服务供给的类型、数量、成本等设计不科学，又缺乏竞争，同时政府没有意识去提高效率，不计成本，这导致了供给效率低下。如果不能考虑提高供给的效率，将会越来越导致人民群众的实际需要得不到解决[1]。

（二）扶贫攻坚存在效用差异

精准扶贫脱贫首先要明确"扶持谁""如何脱"的问题，也就是要精准识别"贫困户"和"脱贫户"，做到扶贫对象精准、脱贫成效精准。我国现行脱贫标准是农民年人均纯收入按 2010 年不变价计算为 2300 元，2014 年现价脱贫标准为 2800 元，2016 年约为 3146 元。从实际情况看，在每年"动态

---

[1] 李燕凌，喻琪. 我国基本公共服务供给的现状分析与思考 [J]. 经济研究导刊，2015 (13)：4-7.

调整、有进有出"过程中，按照家庭年人均纯收入标准精准识别贫困户存在难以辨认、情况复杂等问题。农户收入大部分是现金而非转账方式，基本上不记录收入台账，这造成了难以准确计算农民家庭的年人均纯收入。对老年人家庭如何认定贫困存在两难。

精准扶贫的资金，包括专项扶贫资金、行业扶贫资金、社会帮扶资金、驻村工作队和驻村干部动员筹集的帮扶资金。驻村工作队和驻村干部是精准扶贫资金的主要供给主体。在专项帮扶资金方面，中国的帮扶资金和项目在计划、审批、实施和监督管理方面，依然处于各专项资金按照不同规则由不同部门负责，所谓"九龙治水"的状态。而且有一些与帮扶相关的资金和项目管理制度存在着与"帮扶到户"相抵触的内容和条款。

(三) 收入分配不公平较明显

1. 城乡收入差距

长期以来，由于受计划经济体制的影响，我国城乡收入差距比一般发展中国家更为突出。改革开放以来，随着我国经济飞速发展，城乡居民收入大幅提高，但农村居民收入，无论是在增长幅度还是增长速度上均不及城市居民，这已经成为了我国经济社会发展令人关注的焦点之一。虽然我国现阶段采取了多种惠民措施，如取消农业税，给予农民补贴等，但没有从根本上扭转城乡之间居民收入比例扩大的趋势。城乡收入差距的逐步扩大，不仅会影响我国经济的健康持续发展，也阻碍了城乡一体化的进程。因此大幅度缩小城乡收入差距已经成为一个迫切需要解决的重大问题。

2. 区域收入差距

我国居民收入分配不均衡还表现为明显的地域性不均衡。在东部沿海地区的居民，居民收入显著增长，但同时中西部地区的居民收入增长非常缓慢，呈现出"东高西低"的态势。东部地区位于优越的沿海地理位置再加上改革开放优先发展东部地区的优惠策略。沿海地区在中西部地区之前就富了起来，导致了东西部之间差异很大。要改善这一问题，必须要通过优惠策略向中西部倾斜，投资向中西部倾斜来解决。不加以改善区域收入差距大的问题，将可能会导致地区动荡的严重后果。

(四) 社会保障体系不够完善

1. 社会保障覆盖面不广

我国虽已建立基本的社保体系,且不断推广覆盖到更多的人群,但这个覆盖程度远远不够。目前中国还是存在着缺乏社会保险的基本意识,很多人不愿意参加社会保险。农村的社会保障目前仅仅是实现了新型合作医疗的全面覆盖,养老保险还在局部试点之中。很多农民没有意识到社会保险的重要性与普遍性,这种思维严重阻碍了社会保障的普及。此外,我国的国情还有一定的特殊性,很多的农村人员进城务工,虽然他们成为了城市建设的一分子,但却没有参与社会保险,而且这种比例还在不断地扩大。[①]

2. 社会保障管理体制落后

现行的社会保障管理体制是按社会保障项目分类实施的分级管理,分散管理,条块分割严重,从而出现了机构重叠,不仅在纵向上缺乏监督管理,并且在内部缺乏完整的协调机制,形成了混乱状态的多层次社会保险关系[②]。社会保障体系"碎片化"的问题尤为突出。在我国社会保障制度中,根据不同社会群体需求情况实行不同的社会保障政策,再加上各种制度之间的边界不清,造成了社会保障制度异质化,"碎片化"问题突出,结果就是既没有效率也不公平,而且适应性差,不能适应流动人口的需求,这个问题必须得到解决。

3. 医疗保障体系不够健全

目前我国医疗保障体系主要存在医疗保障水平差异过大,财政投入明显不足,三种保险制度衔接不畅等问题。目前我国主要有城镇职工医疗保险、城镇居民医疗保险和新型农村合作医疗制度这三种医疗保险形式。从三种医

[①] 蒋智昕. 我国社会保障体系中存在的问题及对策 [J]. 经营管理者, 2015 (3).
[②] 安徽省财政科学研究所课题组, 叶翠青, 汪文志. 构建多层次社会保障体系研究 [J]. 公共财政研究, 2015 (4): 44-53.

疗保险缴费看出，职工医保明显较高，居民医保次之，而新农村合作缴费很低①。与其他国家相比我国卫生投入在整体上也处于一个较低的水平。

长期以来，全国卫生总费用仅占国民生产总值的5%左右，远远低于高收入国家平均8%的水平。并且在财政补贴、参保人群方面，还存在着很大的失衡，除了个人缴纳部分，大部分主要是由职工所在单位和部门给予补助支付，但补助的标准大不相同。

4. 养老服务体系的基本情况

目前我国是世界上唯一老年人口过亿的国家，中国老年人口约占亚洲老年人口数的1/2，占全球老年人口数的1/5，人口老龄化在我国主要呈现出绝对数大、增长速度快、高龄化程度严重，未富先老的特征。

由于我国需要养老的人口基数众多，我国在养老服务体系中存在很多问题。首先，政府是公共产品的供给主体，有责任和义务提供满足老年人的养老产品，建立养老福利机构，但是目前政府在社会化养老服务供给过程中角色定位不清。政府过多地将养老服务供给的主动权放任给市场，又未能对私营养老企业或组织给予政策上的优惠和税收支持，并且养老服务行业的利润很低，导致大量的养老机构服务商退出市场，造成了养老服务市场缩小，质量和数量下降。

其次，财政资金投入不足问题严重。中央和地方养老服务设施建设的财政预算在"十二五"期间仅占财政在社会服务领域全部支出的约1.7%。同时设施建设投资的地方配套不足，严重影响了建设进度和成效。养老护理员短缺和专业化程度不高的问题也困扰着养老机构，目前我国养老护理行业中存在养老护理员专业技能不高、用工难，老年社工素质低下等问题。养老机构中的医生、护士、营养师、康复师、心理咨询师等专业人才在职称评定、相关待遇等方面不能享受到平等的资格②。

---

① 吕春，张依国，黄显官，曾海. 构建城乡一体化医疗保障体系的思考——以泸州市为例 [J]. 医学与法学，2015（2）：47-51.

② 莫龙. 人口老龄化对中国人口发展战略的制约及对策 [J]. 人口与发展，2013, 19（1）：52-63.

(五) 就业创业结构性矛盾突出

融资难、融资贵是中国当前创业环境中无法回避的问题。目前，国家针对大学生创业的支持政策，以财政补贴为主，财政支持力度有限；银行及其他机构因大学生创业项目风险较大，放贷、投资的积极性不高。对小微企业来说，当前中国企业融资过度依赖间接融资，股权、债券等直接融资发展严重落后，直接融资的"短板"成为创业企业发展壮大的掣肘因素。更值得注意的是，初创企业的初始收益大多微薄，但面临的生存风险却十分巨大。比如，在税收和社保成本方面，虽然国家颁布了相关的补贴和减免政策，但较重的税收及社保负担给初创阶段的小微企业的成长带来较大的压力。

二、来自国外的主要挑战

(一) 不同国家利益诉求冲突

在近几十年的全球化发展中，经济学家预期这样的迅速发展可以给每个国家都带来经济增长的红利，但事实并非如此，发展中国家、新兴国家没有从中获得丰厚的回报，反而使得本已存在的发达国家与发展中国家之间的贫富差距更加严重。[①] 与此同时，财富也在越发集中。瑞信（Credit Suisse）研究指出，2017年，全球50.1%的财富集中在1%的人手里，该比例首次超过50%。英国国会公布的报告显示，到2030年，全球64%的财富将集中到1%的人手里。

世界贫富差距的不断扩大加剧了国际形势的不稳定性，使居于贫困境况的许多发展中国家产生抵触情绪，引发对现有国际经济政治秩序的不满，这些将对"命运共同体"的构建产生不可忽视的负面影响。[②]

(二) 贸易保护主义抬头

2008年的世界金融危机使得国际社会，特别是发达经济体普遍面临着经济衰退、市场萎缩以及产业竞争力下降等一系列问题，加速催化了贸易保护

[①②] 张旭辉. 论"命运共同体"理念及其新时期中国外交实践 [D]. 安庆：安庆师范大学，2016.

主义的抬头。①

一些国家为了确保自己的优势地位而限制、打压其他国家出口，将导致以出口为主的国家遭受重大损失，贸易争端增加。例如2013年的中欧光伏大战，欧盟委员会宣布对产自中国的光伏产品征收11.8%的临时反倾销税，成为涉案金额超过220亿欧元的重大贸易争端，有关人士估计欧盟一旦征收惩罚性关税，会导致大批光伏企业破产，给中国造成超过3500亿元的产值损失。这种贸易保护策略会进一步使得全球经济失衡、贫富差距拉大，最终影响到经济全球化进程，共享发展也无从谈起。

(三) 霸权主义强权政治长期存在

霸权主义和强权政治的长期存在阻碍着"人类命运共同体"的构建。冷战时期，美国和苏联为了获得世界霸权而开展如军事竞赛和局部战争等一系列对抗措施，主要实施范围是第三世界国家和地缘政治上重要的"中间地带"。冷战结束后，美国成为世界唯一的超级大国，在经济、政治和军事上拥有绝对的优势，但崇尚权力政治仍是其亘古不变的目标。美国明确提出建立以美国为中心的"世界新秩序"，发挥在全世界的"领导作用"，保持自己的霸权地位。因此，美国的全球战略和行为方式具有强烈的霸权主义、强权政治的色彩。

在国际事务方面，美国以自己国家的利益、意志为第一原则，对于不顺从的国家会进行以经济制裁为主的方式干预，甚至还诉诸武力。在结盟关系方面，美国一贯遵循利己主义，经常为了本国的利益，不顾他国民众的利益。在20世纪90年代，美国政府在世界各国的一致反对下，违反《反弹道导弹条约》，强行研发和部署导弹防御系统，企图打破全球战略平衡。从这些都可以看出，美国从未以"和平发展"为国家事务的主题与目标，坚持推行单边主义，这对世界的和平发展有着破坏性的影响。随着时代的发展，美国的霸权主义战略也随之调整，美国越来越重视信息时代中的"软权力"，为了守护已有的霸权地位，美国积极实行文化扩张，以价值观输出的方式来控制国际政治经济秩序。

---

① 郭晓东. 新时期中国和平发展战略的外部挑战及对策研究 [D]. 南京：南京师范大学，2014.

霸权主义和强权政治的存在，使得联合国等国际权威组织的作用变得十分有限，国际公约变得名存实亡，地区问题变得日益复杂，地区局势变得更加动荡，这严重威胁着世界的和平发展进程。构建"人类命运共同体"必须消除霸权主义和强权政治的阻碍，这是一项长期而艰巨的国际任务。[①]

（四）国际争端解决机制不够完善

构建人类命运共同体，促进全世界共享发展，必须形成一定的国际争端解决机制，一个不完善的国际争端解决机制往往会造成主权国家之间的矛盾愈演愈烈，极大地冲击着对共享发展的认同，这将直接影响着"人类命运共同体"的建构。

我国等许多发展中国家往往青睐用谈判和磋商等外交手段来解决一系列国际争端，但是由于谈判和磋商缺少外力介入和公正的第三方监督，谈判和磋商的结果在很大程度上会受到争端双方的力量对比的影响，从而有可能导致力量较弱的一方利益受损。因此，不完善的国际争端解决机制已经成为困扰当今国际社会走向合作，增加认同的重大现实障碍。

第五节 新时代推动共享发展的路径

一、增加公共服务供给

（一）创新公共服务供给的决策机制

首先要创新公共服务供给观念，政府要转变自己在公共服务供给上的角色。要实现公共决策的科学化，不再是从上而下单向的决策导向，要提高政府的决策水平，推动决策的民主化。同时，决策的评估需要进一步加强，这些需求评估是要通过调查研究得到的，分析了解公众对公共服务的需求情况进行过程评估，对决策方案得以按原定设想执行的程度进行考察。

[①] 张旭辉. 论"命运共同体"理念及其新时期中国外交实践 [D]. 安庆：安庆师范大学，2016.

(二) 形成多中心公共服务供给模式

首先需要明确的是公共服务在生产、投资和管理上是可区分的。应该根据不同公共服务的特点，结合政府、企业和社会力量的优势，采取不同的供给模式，实行公共服务供给主体的多元化。政府也应该积极发现自己不适合的公共服务供给领域，并从该领域退出，将其交还给市场，充分发挥市场的活力，让市场向公众供给更多的公共服务，弥补政府公共服务供给的不足。[①] 当然地方政府要在该过程中对各个部门进行管理，来确保竞争的公平性。

二、缩小收入分配差距

(一) 提高低收入者的收入水平

加快实行收入分配向弱势群体和低收入者倾斜的制度变迁，着力提高最低工资标准，促进低收入岗位工资增长，切实维护其权益。首先，初次分配必须按资分配，坚持效率优先的原则，没有效率的公平只能是"共贫"。其次，再分配更加注重公平，照顾社会上弱势群体，给予其基本的生活保障。最后，完善社会保障制度，它是社会正常运行中的稳定器和调节器。由此政府部门需做好三条保障线，即下岗职工生活保障、失业保障和最低生活保障，使弱势群体感受到国家和社会关怀的存在。

(二) 扩大中等收入者比重

借鉴发达国家的成功经验，扩大中等收入者比重。在产业结构升级上，政府应尽其所能，积极推动，因此产业结构升级与高新技术产业和第三产业发展并进，社会收入的分配状况才能发生变化[②]。此外，还要完善市场评价要素贡献并按贡献分配的机制，实施鼓励创新的激励机制，实行以增加知识价值为导向的分配政策，提高科研人员成果转化收益分享的比例与力度。

(三) 加强税收调节力度

完善税收制度，充分发挥税收调节收入分配的作用。税收，特别是个人

---

① 贾凌民，吕旭宁．创新公共服务供给模式的研究［J］．中国行政管理，2007 (4)：22-24．
② 陈新年．“扩中”路线图［J］．前线，2012 (2)：16-17．

所得税实现收入分配的公平,是市场经济体制的国家中政府普遍采用的行之有效的手段。就我国实际来说,我国还需要推进资源税改革,实现资源的可持续发展;完善所得税制,合理确定个人所得税的起征点和累进税率。另外还要发挥消费税、遗产税、赠予税对过高收入者的调节功能和作用,这不仅可以缩小收入差距,还可以为下一代提供公平竞争的机会,有助于完善三次分配机制。

(四) 加大精准扶贫力度

要修正我国当前机械按照规模和区域进行贫困识别的方式,要构建自下而上的贫困群体识别方式,修正和确定贫困人口规模,确保片区内外的贫困群体不仅被识别,而且得到精准帮扶。如何做到精准识别,首先是对住房等是否为危房的判断,专业人员是可以利用技术手段来实现的,但在一些家庭年人均纯收入、义务教育方面,很难通过政府部门和村民组织来简单识别。这里可以通过推广一些经验,通过农户申报、村民评议、组织评估的程序和方式,来核查农户经济状况,识别贫困户。这种程序和方式引入了"村民评议"环节,既能提高识别贫困户的绝对精准度,也能确保相对精准度。[①]

同时,必须要加强帮扶资金多渠道的统筹管理。首先,帮扶资金要下放,使行事权和财权高度统一。其次,扶贫资金管理权限要下放,做到扶贫资金在基层的整合,提高扶贫到户的效率。最后,要探索多渠道的筹资模式。既要探索地方政府与金融机构扶贫的合作模式,又要大力发展专业性民间组织参与帮扶到户工作,并用法律的形式加以规范和制约。

三、建立更加公平更可持续的社会保障制度

(一) 完善社会保障制度设计

长期以来,我国社会保障制度缺少系统化的顶层设计,"碎片化"问题是其发展的必然结果。注重加强社会保障制度的顶层设计,通过向全体公民实施年金制度,对各项养老保障制度进行改革,实现各类养老保险制度在年金制度上的统一和统筹,着力解决社会保障"碎片化"的问题。在多层次社会

---

① 沈水生. 扶贫脱贫工作中存在的几个难题及建议 [J]. 行政管理改革, 2017 (7): 28-33.

保障制度的构建过程中,确立社会保障制度公平的价值取向和协调可持续的发展理念。建立合理的责任分担机制,完善利益协调机制。统筹考虑城乡社会保障协调发展,经济保障与服务保障全面进行,确保政府、企业、社团、家庭和市场的作用都能得到有效的发挥[①]。

(二)扩大社会保障覆盖范围

扩大社会保障覆盖面,这是解决我国社会保障当前问题的首要任务。以非公有制单位职工、灵活就业人员、农民工和农民为重点扩大各项社会保障制度的覆盖面。同时,加强财政补贴,加强宣传力度,利用各种宣传手段让广大农民认识社会保障,接纳社会保障,到人民群众中去,让人民群众了解加入社保的重要性并积极加入。

(三)健全医疗保障体系

健全医疗保障要从缩小医疗保障水平差距,拓宽医疗保障的筹资渠道和规范医疗保障资金的监督管理三方面入手。目前三种医保形式之间的待遇和缴费差距比较大,为了进一步实现公平,更好地保障城乡居民的需求和权益,应逐步统筹城乡医疗保险,逐步缩小城乡之间的差距。拓宽医疗保障筹资渠道可以从拓宽财政渠道入手,如税收,可以在现有国家和地方税收中增加税种,如医疗健康保障税,烟草、药品生产经营附加税等。比如增加预算外收入,提取一定比例的收入,建立地方健康保障基金,将预算外收费项目的收入作为医疗保障基金。在确立社会化多元投资渠道时,可以从社会公正的角度,以社会化的眼光来寻找社会筹资切入点[②]。

(四)完善养老服务体系

完善养老服务体系的对策,主要从建立多层次养老服务体系和发挥政府的引导作用以及拓宽资金投入渠道入手。从我国家庭人口结构和未富先老等国情来看,养老服务需求是多层次,多样化的,目前的养老情况难以来满足

---

① 安徽省财政科学研究所课题组,叶翠青,汪文志. 构建多层次社会保障体系研究 [J]. 公共财政研究,2015 (4):44-53.
② 崔爽,赵军绩,谭志敏,杨九龙. "十一五"期间我国新型农村合作医疗基金筹资机制和支付方式发展方向的探讨 [J]. 中国初级卫生保健,2006,20 (2):4-8.

现实的养老需要。

我国特色养老模式应该是以居家为基础,社区为依托,机构为补充,形成多层次的养老服务体系。同时,政府是公共政策和公共服务的提供主体,应当发挥其主导作用,制定相关的扶持政策,给予相应的财政资助。

政府部门需要增加政策的支持力度,建立属于养老服务的公共财政基金,建立多元化的资金筹措和运作机制,推进养老社会政策的多层次、多种类和多方式。在拓宽资金投入渠道方面,应建立社会养老发展资金专项预算。

各地根据实际情况,每年安排资金纳入财政预算,并进入人民代表大会审议范畴。制定以奖代补政策,发挥财政资金的资源配置功效,引导各种社会力量进入社会养老服务领域。对新建养老机构、新建养老床位实行一次性建设补贴,对各类机构养老服务床位给予经营补贴。

(五)进一步健全法律法规

发达经济体的发展经验表明,法律与制度建设是社会得以健康运行的基本保障,作为发展中大国,我国社会保障体系的运行更需要法律和制度的规范与保障。通过相应的社会保障运行体系法律法规的不断完善,推动我国社会保障工作有法可依。在已颁布的《中华人民共和国社会保障法》的基础上,逐步制定《社会救济法》《社会福利法》和《社保基金法》等,形成以社会保障基本法为主干,以社会保障法单行法为具体体现的完整、统一的多层次社会保障法体系。

在大力推进社会保障法制建设的同时,进一步加强法制宣传工作。只有劳动者维权的意识提高,才能使社会保障工作稳步规范实行,依法完善社会保障基金的监督和管理机制。[①]

四、扩大劳动人口就业能力

1. 加强职业培训

职业培训是建设人力资源强国和实现创新驱动发展的重要支撑,也是解

---

① 安徽省财政科学研究所课题组,叶翠青,汪文志. 构建多层次社会保障体系研究 [J]. 公共财政研究,2015(4):44-53。

决结构性就业矛盾和提高就业质量的根本措施。在"十三五"期间,需要进一步加强职业培训,提高劳动者就业能力,健全对技能人才的培养和重点人群职业培养①。

2. 积极鼓励创业

把创业与就业结合起来,以创业带动就业,将催生经济社会发展新动力,是稳增长、扩就业,促进社会纵向流动、公平公正的重大举措,对于推动经济结构调整、走创新驱动的发展道路具有重大的意义。

3. 完善创业服务机制

政府可以划分不同的经济发展区,建立完整完善的创业服务机制,提高具体办事单位的办事效率。制定符合全局要求和适应本地区发展的政策。建立一套政府的服务体系;大力开展研发工作,对创业者的项目给予技术上的支持和帮助。利用政府宏观调控的职能,为广大的创业者提供准确可靠的信息。在市场方面,对于知识产权,政府要加大保护力度,对创业者的新产品新技术必须要给予法律上的支持和保护,使他们的辛勤工作成果不被侵犯,进一步提高创业热情。②

五、推进人类命运共同体建设

1. 多方面支持多边贸易制度

中国应继续致力于促进全球贸易自由化、便利化,维护和发展开放型世界经济,推动经济全球化朝着更加开放、包容、普惠、平衡、共赢的方式发展。继续旗帜鲜明地反对各种形式的保护主义,支持多边贸易体制,继续积极参与多边贸易谈判,维护世贸组织主渠道地位,利用促贸援助等项目,帮助发展中国家和最不发达国家更好地融入经济全球化,推动世贸组织在全球经济治理中发挥更大作用。同时,加快实施自由贸易区战略,继续优化自贸区布局,提高自由贸易水平和标准,继续做好已生效自贸协定的宣传实施工

---

① 马永堂. 国外实施就业优先战略的经验 [J]. 中国劳动, 2010 (9): 26-28.
② 朱传杰. 完善我国创业环境 [J]. 合作经济与科技, 2011 (1): 4-7.

作,加快构筑立足周边、辐射"一带一路"、面向全球的高标准自贸区网络,促进全球贸易自由化和便利化进程。

同时继续借助 G20、金砖以及 APEC 等多边合作平台,深入落实各方在 G20 杭州峰会、金砖国家领导人厦门会晤和 APEC 北京领导人会议达成的重要共识,积极构建开放透明的全球贸易和投资治理格局,推动形成开放融合的全球大市场、大贸易、大流通格局,实现互利共赢、共同发展。

2. 坚决摒弃霸权主义和强权政治

中国外交应继续坚持不界定盟友、不树对立面,但不等于中国外交战略没有重点、没有倾向。中国的外交原则应该更加清晰,即坚持和平发展、互利共赢、以我为主、为我服务。"中国的发展离不开世界,世界的发展也需要中国"。充分汲取传统中华文化中"和而不同"的思想精髓,主张国际间公道正义,承诺不搞新老对抗,不走国强则霸的老路,"不谋求地区事务主导权,不经营势力范围"。

3. 创新国际争端解决机制

要以"人类命运共同体"为理念建立国际争端解决机制,就需要树立"国家集体主义"意识,站在人类社会发展的高度,统筹考虑,关切各方利益,解决矛盾冲突,进一步创新国际争端解决机制,实现"人类命运共同体"的构建。我国一直致力于构建"人类命运共同体",始终努力做到对周边、对世界开放,作为构建"人类命运共同体"的倡导者,中国不断根据国际形势和自身发展状况调整践行自己的发展理念,也积极地针对那些阻碍"人类命运共同体"的制度、秩序做出反抗,提出可以解决的建议,这足以体现我国愿意与世界各国一起构建健康积极、开放互利的"人类命运共同体"。

第十章 新时代中国经济转型发展展望

2017年10月18日,党的十九大报告中明确提出了中国发展新的历史方位——中国特色社会主义进入了新时代。"进入新时代",是我党从党和国家事业长远发展的角度,从改革开放40年的历史进程中得到的全新科学判断和认知。这一明确判断,对于我国社会主义事业发展具有承前启后、继往开来的重大历史意义。

第一节 新时代经济转型思路

中国特色社会主义新时代的判断,是建立在中国经济发展进入"新常态"认识后的另外一个重大突破。"新常态"更多地集中在经济发展领域,而"新时代"则是从经济社会发展的各个方面,站在高屋建瓴的角度提出来的。

一、调整发展理念

在2014年12月召开的中央经济工作会议上,对"经济进入新常态"作出系统阐释,并提出了"认识新常态,适应新常态,引领新常态"的要求。在经济发展进入新常态后,中国经济发展的基本理念、战略部署、发展路径与以往相比都将发生根本性变化。

过去几年,中国经济最终消费不断上升,服务业占比不断提高,宏观经济运行的稳定性大大增强,中等收入群体规模的不断增强,供给侧结构性改革取得了一定的成效,市场功能进一步增强,科技创新和技术扩散正在快速提升,这些都为高质量发展提供了有力的技术支撑。

从提高经济高质量发展的角度分析,经济高质量增长需要微观主体面对公平竞争的市场经济秩序，实行全要素的市场自由流动；整体经济发展的产业结构、市场结构、区域结构进一步升级和优化，各地经济发展进入良性发展轨道；在全国范围内，则要求经济发展进一步均衡，区域经济发展差距、地区经济差距进一步缩小。在发展理念上，要坚持开放、创新、绿色、协调、共享发展。

二、完善战略部署

"决胜全面建成小康社会，开启全面建设社会主义现代化国家新征程"。党的十九大在对决胜全面建成小康社会作出部署的同时，明确了从2020年到21世纪中叶分两步走全面建设社会主义现代化国家的新的奋斗目标。

习近平总书记在十九大报告中明确要求，既明确要全面建成小康社会、实现第一个百年奋斗目标，又提出乘势而上开启全面建设社会主义现代化国家新征程，向第二个百年奋斗目标进军。

"两个一百年"目标的提出，确立了我国社会主义事业发展的长远目标。而这一长远目标的实现，需要分成几个不同的战略阶段，当前最主要的任务，就是要解决个别地区贫困发展的问题，要从协调区域经济发展、共享改革开放40周年成果的角度，引领贫困人口的"脱贫致富"，真正做到全面小康，实现第一个百年目标。

三、重构发展路径

在发展路径上，必须注重科技投入与科技创新；必须要注重教育发展。始终要将教育和创新的投入规模放在重要地位，各级财政在安排各项财政支出预算时，应该将教育和科技投入放到首要位置，优先保障。各地要制定出台行之有效的科技创新扶持政策和教育优先发展政策。要因地制宜提出切实可行的科技和教育发展战略。

目前，各地区在人才争夺与竞争方面同质化严重，注重对院士、博士、长江学者等高级人才的你争我夺，造成资源同质化重复利用，而却在加工制造业、现代服务业方面的专业化人才严重缺乏，需要加大职业技术教育及在职培训的力度。要纠正目前"人才大战"中片面注重数量,不注重质量,只注重投入,不注重成果的错误做法,真正提高全社会的创新能力和教育水平。

四、重置发展动力

在发展动力上,要通过大众创业、万众创新,培育经济增长新动能。要从以投资、出口拉动经济增长转换到注重消费对经济增长的带动作用,注重以现代服务业引领第三产业的发展,实现产业结构由中低端向中高端转换;以法治引领,重塑市场经济的法治精神。

通过实施乡村振新战略及扶贫战略,促进社会收入分配格局向"橄榄型"社会迈进。大力推进城市群规划与建设,推进京津冀一体化建设、长江经济带建设、粤港澳大湾区建设以及东北振兴、西部发展、中部崛起战略,构建经济社会协调和谐发展的新格局。

第二节 深入推进供给侧结构性改革

2015年11月10日,习近平主席首次提出了"供给侧改革",称"在适度扩大总需求的同时,着力加强供给侧结构性改革,着力提高供给体系质量和效率,增强经济持续增长动力。"供给侧结构性改革旨在调整经济结构,使要素实现最优配置,提升经济增长的质量和数量。增强经济持续增长动力就是实施创新驱动战略。① 供给侧结构性改革实质上就是要在技术创新、投资结构转型、生产组织方式的重构、优化资源配置、坚持绿色发展等方面走出一条中国特色的发展路径。

一、引领技术创新

当前,中国经济的再次腾飞,正面对当前全球知识经济快速发展、信息技术和新一代互联网技术的发展、多种战略性新兴产业广泛发展的大好时期。

---

① 吕筱蓉. 通过竞争政策推进供给侧结构性改革 [D]. 杭州:浙江理工大学,2017.

一方面，要以体制机制创新促进分享经济发展，建设共享平台，做大高技术产业、现代服务业等新兴产业集群，打造动力强劲的新引擎。并运用信息网络等现代技术，推动生产、管理和营销模式变革，重塑产业链、供应链、价值链，改造提升传统动能，使之焕发新的生机与活力[①]。另一方面，也要注意到各国都倾注知识、人才、资本进行大规模开发和研究，各国在高新技术开发领域的竞争越来越激烈。中国需要从生产要素相对优势的角度，加大基础人才培育和引进的力度，从注重数量型增长向质量、效益型经济增长转型的角度，全面提升研发能力和知识产权保护能力，利用既有技术基础和知识产权，激发更多高精尖人才积极创新的热情。

二、调整投资结构

近几年是属于制造业去产能的大时代，党的十九大报告不再提 GDP 发展速度，确立了今后发展的主基调是更加注重经济发展中质量和效益的提升，质量和效益的提升重在全要素生产率的提升，因而以技术创新为核心的创新发展和以战略性新兴产业发展为主方向的投资结构的调整将成为今后发展的主旋律，因此本轮库存周期的结束与新一轮周期的启动取决于投资结构调整效应的初步显现，库存周期会拉长。

三、重建生产组织

从生产能力和产业组织方式来看，传统产业供给能力大幅超出需求，产业结构必须优化升级，企业兼并重组、生产相对集中不可避免，要更加注重新兴产业、服务业、小微企业的引领作用，构造生产智能化、专业化的新的产业组织新方式。[②]

---

① 胡家全. 杂合视角下《2016 年国务院政府工作报告》翻译研究 [D]. 成都：四川师范大学，2017.

② 姜凤，季景叶. 落实以学生为中心教学方式略探——以《围绕主题 抓住主线》一课为例 [J]. 思想政治课研究，2018（2）.

四、优化资源配置

从资源配置模式和宏观调控方式来看,配合供给侧结构性改革工作,坚决打击假冒伪劣行为,加快淘汰劣质企业,建立"僵尸企业"退出机制,促进优胜劣汰,为优秀企业发展腾出市场空间。充分发挥竞争政策在维护市场机制、规范市场秩序、促进公平竞争方面的重要作用,促进产业政策和竞争政策有效协调,打破制约创业创新的行业垄断和市场分割,切实提高市场发展活力和资源配置效率。[①]

五、持续开放发展

改革开放是中国经济取得40年快速发展的基本经验。开放不仅为中国经济发展注入了活力,更为中国企业取得竞争优势、获得全球市场提供了平台。开放提高了中国经济全球化的水平。

在将来中国经济发展中,应该坚持双向开放,统筹国内国际两个市场;坚持自主创新,实现科技进步,获得全球竞争优势;进一步探索开放机制,积极推进"一带一路"倡议,为全球治理贡献中国智慧。

第三节 大力引领园区科技创新

改革开放以来,我国在大中小城市设立了经济特区、经开区、高新区、工业园区、国家级新区、自贸区等创新型经济功能区,充分动员了国内的资金、技术、人力资源,又有效地吸引了国外的资本、技术、人才等投入产业发展,形成独特的经济主体和经济增长极,创造了中国经济发展的另类成功模式。新时期园区经济要围绕未来发展目标,通过落实五大发展理念和深化供给侧结构性改革加快转型发展,努力实现由以要素驱动为主向以创新驱动为主转变,由同质化竞争向差异化发展转变,由以招商引资为主向以招商引

[①] 张茅. 着力营造有利于创新发展的市场环境 [EB/OL]. 世界大学城, http://www.worlduc.com/blog2012.aspx? bid = 50595012.

智寻求技术创新为主转变,促进园区产业技术迈向中高端水平,在更高层次参与国际经济合作和竞争。

一、构建科技创新新高地

2016年《实施〈中华人民共和国促进科技成果转化法〉若干规定》(以下简称《规定》)出台,《规定》提出了具体的创新成果转化措施。新时代,我国科技和经济的发展均有了不俗的成果,但是二者的有效结合仍然是新时期面临的难题之一。科技成果不能孤立地存在,倘若其不能有效地转化成推动经济发展的生产力,经济和社会价值就无法实现。所以,政府应当积极主动地完善创新发展体制,厘清创新成果转化链条中各方的关系,解决三方的对接问题,推动创新成果转化。

政府是创新成果转化的关键。虽然在每年各个地区的政府工作报告、发展公告中都有相关数据的统计和披露,但在实际工作中并没有把科技成果转化作为工作的重点。政府要从市场入手,深入市场、深入企业,到实践中调研,了解市场需求,以需求为导向,以科研项目落地为标准,和企业做好对接工作,制定出操作性强的政策措施。

各大高校和大院大所要转变现有的评价机制。不应单单看重课题申报和论文发表数量。转而建立科学有效的考评激励机制,大成果转化类科研项目的评分比重,鼓励、引导科研人员走向国际、国内市场。[①]

二、建设科技创新新中心

运用"互联网+"打造成果转化平台。传统的科技成果转化方式耗时长、耗费高,成果转化的滞后性已经不能适应科技、经济、社会发展的需求。因此,要充分利用"互联网+"模式,建立专业的创新成果转化网络服务平台,打通"供""需"双方的通道,实现线上、线下一体化。

推动企业在创新成果转化中的作用,破除传统的考核体制的瓶颈,将原

---

① 芦苇. 新常态下科技创新的困境与出路 [J]. 经济问题,2016 (6):19-24.

有的单纯利润考核拓展为利润和研发投入与转化率考核,并将考核体制一步步落实到制度层面。目前,对于大量的科技型中小微企业,各地都相继出台了扶持、鼓励政策,但要以更加详细的制度措施使之落到实处,从准入门槛、经营情况等各方面规范科技型企业的发展。①

积极探索建立国际合作创新园,增强科技创新驱动能力,提高我国企业在全球价值链及国际分工中的地位,依托区域比较优势,形成开放创新新高地。

三、完善市场配置新模式

从目前我国企业和传统制造业的转型来看,表面上是政策要求、产能过剩的压力,深层次看则是新技术浪潮冲击下寻求新的经济增长点的问题。企业和传统制造业所在的各行各业,或迟或早都要经历类似的新技术冲击和行业洗牌,只有通过全面深化改革,拥抱新技术、创新发展、重塑商业环境、增强竞争态势,才能真正实现转型升级和增强持续发展能力。

技术、设备以及人才共同构成了企业提升创新能力的基础。企业受资金规模的限制,很难及时引入先进的技术设备,针对这种情况,可以考虑建立校企合作模式,利用高校、科研院所的设备,将其投入到企业的研发活动中,走"产、学、研"相结合之路;还可以和当地有资质的相关实验室进行合作,吸收他们先进的技术,实现企业自身技术能力的提高。在技术引进的同时,企业应考虑自身的技术吸收和消化能力,选择最适合企业发展的、带有技术优势的高新技术,使企业能满足不断发展的市场需求。

四、规范科技创新新体制

首先,要立足于国家的长远发展,要以长远的眼光,有重点、有目标、有计划地部署基础研究。在重大科学基础研究领域,要体现国家意志,着眼提升未来国家竞争力,明确目标,进行前瞻性、战略性部署,抢占全球科学

---

① 芦苇.新常态下科技创新的困境与出路[J].经济问题,2016(6):19-24.

技术发展的制高点。其次,要加大基础研究投入的比例。基础研究的研究周期长、投入经费多,政府要发挥引领作用,加大基础研究的政府投入;同时,大中型企业在保证企业发展的情况下,提高基础研究投入比例,充分发挥示范作用,以影响带动一大批科技型中小企业的发展。最后,要加强基础研究人才队伍的建设。要培养一批长期从事基础研究的人才团队。①

第四节 跨越"中等收入陷阱"

全球现代化进程表明,中等收入阶段要面对五大挑战,完成五大转型。在中等收入阶段,各个国家由于发展起点、资源禀赋、发展路径、外部挑战等因素的差异,存在全要素生产率挑战、城镇化挑战、生态环境挑战、被动依附型挑战和不平等挑战。面对五大挑战需要完成五大转型:经济增长方式由粗放型向集约型提升、产业结构由中低端向中高端提升、国民财富由中低收入水平向中高收入水平提升、社会阶层结构由"哑铃型"向"橄榄型"提升、生产生活方式从传统农业社会向现代工业社会提升的转型时期。转型成功,就能跨越"中等收入陷阱"。借鉴各国的发展实践,结合中国经济发展的实际情况,笔者认为,只要贯彻好习近平主席提出的五大发展理念,就一定能够成功跨越"中等收入陷阱"。

一、发挥政府战略导向作用

要跨越"中等收入陷阱",不能忽视政府的作用。从20世纪60年代开始,所有成功跨越中等收入陷阱的国家都有一个共同点,即都有一个适合本国经济发展的战略。

改革开放以来,中国经济社会发展的经验表明,适合中国经济发展的、体现中国特色社会主义道路的发展战略,才是中国经济社会稳定发展的战略基础。从20世纪80年代的"三步走"战略、"翻番"战略,到步入21世纪

---

① 芦苇. 新常态下科技创新的困境与出路 [J]. 经济问题, 2016 (6): 19-24.

后的产业结构调整优化升级、供给侧结构性改革战略，各届政府在关键时间提出的关键决策，都大力提升了中国经济的实力，引领中国经济社会逐步摆脱贫困，稳步迈向全面小康。

下一步，中国经济发展正在进入跨越"中等收入陷阱"的关键时期，适应经济发展"新常态"，放弃简单的GDP增长目标，逐步放缓经济增长速度，以"五大发展理念"为指引，强化经济发展质量，以全面提升中国经济增长质量为基础。

二、推进缩小城乡发展差距

从工业化和城镇化的良性互动角度来看，我国城乡差距是由多方面原因造成的。第一，我国在土地制度、户籍制度、行政体制、财税体制等方面都存在着一定的缺陷，严重制约着城镇化的推进和工业化的协调发展；第二，城市的基础设施和公共服务能力不足以承载农村居民流向城市；第三，我国的城镇化水平呈现出东高西低的状况，处于内陆地区的中西部地区的城镇化发展水平远远达不到这种状态；第四，很多城市在实现城镇化的过程中，过分追求城市的规模扩张，使得很多城市的基础设施不够完善，城市功能并没有得到相应的提升和加强，忽视了城镇化发展中的内在质量和素质的提升。

为此，在下一步我国经济社会发展中，缩小城乡发展差距，解决"二元经济结构"存在的问题，着力推进新型城镇化和农业现代化协同发展，第一，要扫清我国城镇化发展道路上的相关障碍，加快推进新型城镇化建设。在户籍制度改革、土地制度改革、住房制度改革等方面多措并举，大力推动乡村经济发展。第二，深化财政、金融体制改革，建立完善的激励机制，激励政府有计划地解决人口落户问题；改革城镇的管理体制，调整和规范化城镇的规模、结构和机构设置情况，发展具有当地特色的中小城市和小城镇。第三，通过构建农业发展的三大体系加快推动农业的现代化。要把建设现代化的农业产业体系、生产体系和经营体系作为我国在今后的农业现代化发展中"三大支柱"，走一条具有中国特色的产出高效、资源节约、环境友好的农业发展道路。用现代化的武器装备农业，用现代化的技术服务农业，用现代化的要素投入农业，用现代化的方式改造农业，推动我国的农业发展由原来的拼资源、拼消耗的发展方式转向依靠技术等高科技手段上来，从根本上改变我国农业的发展方式。

三、深化收入分配制度改革

深化收入分配制度改革，其主要目标是要实现居民收入增长和经济发展同步、劳动报酬增长和劳动生产率提高同步，形成经济增长、公平分配和社会和谐的良性互动局面。

首先，要创新公共服务供给观念，政府要转变自己在公共服务供给中的角色。要始终坚持以人为本，要从满足人民群众的需要，方便人民的生活着眼。完善社会保障制度设计、扩大社会保障的覆盖范围、逐步提高社会保障的社会化程度是以一定的经济实力为基础的。一个国家或一个地区社会生产力水平高，经济实力强，社会保障覆盖范围就广，社会保障给予标准就高，社会保障体系就健全完善。

其次，加快实行收入分配向弱势群体和低收入者倾斜的制度变迁。初次分配必须按资分配，坚持效率优先的原则。着力提高最低工资标准，促进低收入岗位工资增长，切实维护其权益。实施精准扶贫政策，既能提高识别贫困户的绝对精准度（与脱贫标准相比较），更能确保相对精准度（农户之间相互比较），防止出现不贫困的家庭被认定为贫困户而真正的贫困家庭却未被认定为贫困户的现象。

再次，借鉴发达国家的成功经验，扩大中等收入者比重。一方面，要积极推动产业结构升级，只有积极推动产业结构升级，大力发展高新技术产业和第三产业，社会收入的分配状况才能发生变化[①]。另一方面，还要完善市场评价要素贡献，并按贡献分配的机制，实施鼓励创新的激励机制，实行以增加知识价值为导向的分配政策，提高科研人员成果转化为收益分享的比例。

最后，我国还需要推进资源税改革，实现资源的可持续发展；完善所得

---

① 陈新年."扩中"路线图[J].前线，2012（2）：16-17.

税制，合理确定个人所得税的起征点和累进税率。另外还要发挥消费税、遗产税、赠予税对过高收入者的调节功能和作用，这不仅可以缩小收入差距，还可以为下一代提供公平竞争的机会，有助于完善三次分配机制。

四、提升经济发展驱动能力

紧紧抓住新一轮世界科技革命带来的战略机遇，大力推进"创新驱动战略"对接开放、对接全球化的规则和机制，提高"中国智造"的竞争力和"中国模式"的影响力，推动中国经济社会发展走上内源创新驱动的轨道。

首先，要真正树立起创新发展理念，改变传统的以资本、资源驱动经济发展的观念，落实实践，建立系统的工程项目。其次，要加大舆论宣传，努力营造推动科技创新的良好社会氛围。加大舆论宣传不是简单的写标语、做报告，而是要将科技创新内化于心[①]。政府要充分利用在社会中扮演的角色，拓宽宣传渠道，突破电视、报纸、杂志等传统的宣传方式，更多地选择互联网、科技馆等渠道，善于捕捉群众关注点，开展各类创新知识宣传教育，使民众形成科技创新是推动经济发展、社会进步原动力的认识。

企业要主动承担社会责任，扮演好科技创新主体这个角色，成为创新项目推动的践行者、助力者，特别是在经济增长放缓的时候，企业不能只顾自身的经济利益，忽视企业责任。决策层要形成科技创新促企业发展的核心理念，管理层要将科技创新贯彻于项目、方案中，通过实际的工作让员工认识到科技创新关乎每一个人的发展。因此，新常态下，更需要全社会凝聚共识，形成创新驱动发展的良好社会氛围，以不断提高科技创新能力[②]。

五、提高全要素劳动生产率

自然资源、劳动力、资本、技术、产业政策与制度因素等对经济增长的影响可以概括为全要素生产率与经济增长变化之间的相关关系。从全要素生产率来看，至少应该有如下几个方面。

[①][②] 芦苇. 新常态下科技创新的困境与出路[J]. 经济问题，2016（6）：19-24.

首先,提高自然资源的集约应用能力。中国过去几十年的经济增长,很大程度上依靠的是粗放式生产方式。这种生产方式通过大规模资源投入来获得经济增长,虽然快捷,看上去也比较具有效率。但是,自然资源是有限的,不可能无限制供给;另外,粗放式生产模式也造成了资源的大量浪费,破坏了生态环境,甚至直接导致了生态失衡。这是一种不可延续的方式。提高资源集约应用能力,不仅是因为资源的有限供给,而且更为重要的是经济社会的可持续发展能力。

其次,劳动力质量的大幅提升。过去中国经济增长快速的原因之一就在于廉价劳动力的无限供给。随着经济发展,中国廉价劳动力资源正在逐步丧失:一方面,劳动力资源供应出现紧缺;另一方面,劳动力价格因生活成本的提升也在不断提高。将来中国经济增长,要从劳动力密集型产业向资本密集型、技术密集型产业转型,政府要采取有效措施,加大技术工人、蓝领阶层的培育力度,突出职业技术教育的重要地位,同时要加大收入分配向一线技术工人的倾斜力度。提高个人产出能力,全面提高全社会劳动生产率水平。

最后,进一步发展完善金融市场。要从企业融资需求和融资能力提升的角度出发,在银行业快速发展的同时大力扶持非银金融机构的发展。一是提高企业间接融资能力,注重提升银行业服务实体经济的能力,大规模提升银行业对中小企业、科技型企业的信贷支持规模。要通过信用担保机构、信用制度的建设,大力提高企业间接融资能力。二是提高企业直接融资能力,按企业生命周期要求,注重发展天使投资、风险投资、私募股权投资等投资基金,加快产权交易市场、创业板市场、中小板市场、主板市场的建设和完善步伐,真正为企业提升直接融资能力发挥作用。三是设立政府引导基金,通过政府产业政策,吸引民间资本、海外资本向政府鼓励发展的产业和部门有序流动,既能使有关产业得到扶持发展,又能防范资源浪费和产业过度发展。

参考文献

[1] 2012年全国科技工作会议在京召开[J]. 中国农村科技, 2012 (2): 8.

[2] 2015年中国环境状况公报（摘录）[J]. 环境保护, 2016, 44 (11): 43-51.

[3] 2016年《中国环境状况公报》（摘录）[J/OL]. 环境保护, 2017 (11): 35-47.

[4] 2017年中国物联网行业发展现状—中国物联网[EB/OL]. 聪慧网, http://info.secu.hc360.com/2017/05/051000889569.shtml, 2017-05-05.

[5] [美] H. 钱纳里等. 工业化和经济增长的比较研究（中文版）[M]. 上海: 上海三联书店, 1995.

[6] [美] M. 索洛. 经济增长理论. 一种解说[M]. 上海: 上海三联书店, 1995.

[7] [美] W. W. 罗斯托. 从起飞进入持续增长的经济学[M]. 成都: 四川人民出版社, 1988.

[8] [美] 保罗·罗默. 长期增长中的资本积累[M]//罗伯特巴罗. 现代经济周期理论, 北京: 商务印书馆, 1997.

[9] [美] 丹尼斯·梅多斯. 增长的极限[M]. 北京: 商务印书馆, 1984.

[10] [美] 道格拉斯·诺斯. 财产权利与制度变迁——产权学派与新制度学派译文集[M]. 上海: 上海三联书店, 1991.

[11] [美] 道格拉斯·诺斯. 制度、制度变迁与经济绩效[M]. 上海: 上海三联书店, 1994.

［12］"新四大发明"亮个相！［EB/OL］．新华网，http．//www.xinhuanet.com/info/2017-10/27/c_136709316.htm，2017-10-27.

［13］"与党派主席面对面"民盟中央副主席徐辉：不调研就不发言［EB/OL］．微口网，http：//www.vccoo.com/v/fv4de4，2017-02-14.

［14］安徽省财政科学研究所课题组，叶翠青，汪文志．构建多层次社会保障体系研究［J］．公共财政研究，2015（4）：44-53.

［15］安然，王勃然．论《共产党宣言》中蕴含的人本思想［J］．学理论，2018（2）．

［16］把科技人力资源开发放在科技创新最优先位置——解读《中国科技人力资源发展研究报告（2014）》［J］．科协论坛，2016（6）．

［17］鲍辉．城市发展中规避"不经济性"的探讨［D］．兰州：兰州商学院，2011.

［18］北京4月将举办IoT物联网论［J］．办公自动化，2018（5）．

［19］毕德鹏．2015绿色产业园转型催生六大看点［N］．中国建材报，2015-04-16.

［20］毕乐武．携手科学人文打造绿色教育——信阳高中绿色教育探索与实践［J］．中国教育学刊，2015（S1）．

［21］蔡淑瑛．知识产权保护对我国区域技术创新的影响研究［J］．现代经济信息，2017（17）：297.

［22］陈昌智．经济发展大辞典［M］．北京：人民出版社，2017.

［23］陈春根，杨欢．FDI对我国高新技术产业国际竞争力影响的实证研究［J］．特区经济，2012（10）：248-250.

［24］陈芬．中国经济面临不确定性的挑战［J］．中国经济信息，2016（16）：30-31.

［25］陈福明．邓小平——改革创新的光辉典范［J］．中华魂，2008（12）：39-41.

［26］陈弘仁，张振．提质创品牌国货当自强——工业和信息化部部长苗圩和副部长辛国斌就推进实施《中国制造2025》等热点回答中外记者提问

[J]. 中国经贸导刊, 2017 (10): 27-31.

[27] 陈吉宁. 以改善环境质量为核心 全力打好补齐环保短板攻坚战 [J]. 环境保护, 2016, 44 (2): 10-24.

[28] 陈静. 2017 中国产业园区持续发展论坛探索园区新时代 [EB/OL]. 中国科技网, http://www.stdaily.com/index/h1t8/2017-12/12/content_607410.shtml, 2017-12-12.

[29] 陈凯, 杜江峰. 完善我国社会保障体系的再思考 [J]. 山西高等学校社会科学学报, 2007, 19 (1): 46-49.

[30] 陈若愚, 赖发英, 周越. 环境污染对生物的影响及其保护对策 [J]. 生物灾害科学, 2012 (2): 226-229.

[31] 陈文敬. 中国对外开放三十年回顾与展望（二）[J]. 国际贸易, 2008 (3): 4, 7-8.

[32] 陈文敬. 中国对外开放三十年回顾与展望（一）[J]. 国际贸易, 2008 (2): 6.

[33] 陈新年. "扩中"路线图 [J]. 前线, 2012 (2): 16-17.

[34] 陈彦斌, 刘哲希. 中国企业创新能力不足的核心原因与解决思路 [J]. 学习与探索, 2017 (10): 115-124.

[35] 陈耀. 推动国家级开发区转型升级创新发展的几点思考 [J]. 区域经济评论, 2017 (2).

[36] 陈宗兴. 深入学习贯彻十九大精神 推进新时代美丽中国建设 [J]. 中国生态文明, 2017 (6).

[37] 成长春, 汤荣光, 杨凤华. 长江经济带: 走好生态优先绿色发展之路 [J]. 人民周刊, 2017 (19): 54-55.

[38] 程恩富, 侯为民. 转变对外经济发展方式的"新开放策论"[J]. 激辩"新开放策论", 2010.

[39] 程虹. 2017 中国创新面临的十大挑战 [J]. 中国中小企业, 2017 (2): 57-59.

[40] 程虹. 2017 中国创新面临的十大挑战 [J]. 中国中小企业, 2017

（2）：57-59.

[41] 池静. 促进内蒙古能源产业投资基金发展浅析［J］. 现代营销（下旬刊），2014（6）：95-96.

[42] 迟福林. 改革还有很长的路［M］. 北京：中国经济出版社，2001.

[43] 褚栓海，李宝霞. 绿色GDP是促进循环经济的"火车头"［J］. 公关世界，2005（1）：53.

[44] 崔波. 中国低碳经济的国际合作与竞争［D］. 中共中央党校，2013.

[45] 崔爽，赵军绩，谭志敏，杨九龙. "十一五"期间我国新型农村合作医疗基金筹资机制和支付方式发展方向的探讨［J］. 中国初级卫生保健，2006，20（2）：4-8.

[46] 但斌. 树不能长到天上——中国超级金融周期的出路何在？［EB/OL］. 新浪网，http.//blog.sina.com.cn/s/blog_ 4a78b4ee0102x0ka.html.

[47] 邓维杰. 精准扶贫的难点，对策与路径选择［J］. 农村经济，2014（6）：78-81.

[48] 邓小平文选（第1~3卷）［M］. 北京：人民出版社，2010.

[49] 刁寅霞，吕振然. 中国环境问题的挑战［J］. 商品与质量，2011（S6）：209.

[50] 丁莹. 关于设立潍坊滨海产业投资基金有关问题的研究［D］. 济南：山东大学，2011.

[51] 丁颖，邹洋，师颖新. 基于宏观经济计量模型的财政政策效应分析［J］. 经济与管理研究，2011（12）：23-28.

[52] 董李蕊. 我国西部高技术产业发展的影响因素分析［D］. 重庆：重庆理工大学，2017.

[53] 董庆霞，岳东峰. 以协调发展理念推进全面建成小康社会［J］. 领导之友，2017（5）：21-25.

[54] 杜传忠，刘英基，郑丽. 基于系统耦合视角的中国工业化与城镇化协调发展实证研究［J］. 江淮论坛，2013（1）：33-39.

[55] 杜方利. 东亚经济的崛起 [M]. 上海：上海远东出版社, 1998.

[56] 杜秀萍. 习近平：深刻认识建设现代化经济体系重要性 推动我国经济发展焕发新活力迈上新台阶 [EB/OL]. 新华网, 2018-01-13.

[57] 杜悦英. 生态效益：新时代高质量发展的推动力 [J]. 中国发展观察, 2018（7）.

[58] 杜占元. 新时代新使命新作为 奋力谱写高校科技工作新篇章 [J]. 中国高等教育, 2018（2）：14-17.

[59] 杜壮. 今天你创业，没钱也能"任性" [J]. 中国战略新兴产业, 2015（22）：45-47.

[60] 段文斌, 余泳泽. FDI资本挤入（挤出）效应的内在机制及其"门槛特征"研究——理论推导与面板门限实证检验 [J]. 南开经济研究, 2012（6）：49-63.

[61] 发展环境等问题阻碍中国吸引高端人才 [J]. 中国科技信息, 2013（15）：18-19.

[62] 樊文敏. 亚投行成立原因及对我国经济的影响分析 [J]. 商, 2015（19）：198-199.

[63] 范春荣. 引入全生命周期绿色采购理念 [N]. 中国政府采购报, 2015-05-19.

[64] 范恒山. 生态文明建设是系统工程大众工程 [EB/OL]. 搜狐网, http：//www.sohu.com/a/124501459_162758, 2017-01-17.

[65] 方栓喜. 扩大中等收入群体的体制创新 [J]. 经济与管理评论, 2016（6）：10-15.

[66] 付子堂, 郑伟华. 新全球化背景下的中国法治现代化新路径 [J]. 法治现代化研究, 2018（2）.

[67] 改革开放二十年，环境保护结硕果 [J]. 陕西环境, 1999（1）：35-38.

[68] 高帆. 协调发展的社会主义政治经济学 [M]. 上海：复旦大学出版社, 2016.

[69] 高宏星. 论低碳经济发展的制度创新 [J]. 华北电力大学学报（社会科学版），2012（6）：1-4. [70] 高卉杰，徐光耀. 基于我国高技术产业特点的监测指标应用 [J]. 今日科苑，2015（5）：83-94.

[71] 高晶晶. 股权投资行业新趋势：国有资金大举入场 [J]. 国际融资，2017（9）：19-22.

[72] 耿明斋. 新经济的张力及其对经济增长的支撑 [J]. 区域经济评论，2017（3）：24-29.

[73] 龚婷. "一带一路"：国际舆论反应初探及应对建议 [J]. 对外传播，2015（3）：24-26.

[74] 郭晓东. 新时期中国和平发展战略的外部挑战及对策研究 [D]. 南京：南京师范大学，2014.

[75] 国际货币基金组织. 世界发展报告 [M]. 北京：中国财政经济出版社，1995，1996，1997.

[76] 国家创新驱动发展战略确定"三步走"目标 [J]. 杭州化工，2016，46（2）：4.

[77] 国家高端智库专家为落实《政府工作报告》相关目标建言 [EB/OL]. 安徽理论网，http：//ll.anhuinews.com/system/2017/03/17/007583278.shtml，2017-03-17.

[78] 国务院办公厅. 国务院办公厅关于促进开发区改革和创新发展的若干意见 [EB/OL]. http：//www.gov.cn/zhengce/content/2017-02-06/content_5165788.htm，2017-02-06.

[79] 国务院关于印发"十三五"国家科技创新规划的通知 [EB/OL]. 中华人民共和国中央人民政府网，http：//www.gov.cn/zhengce/content/2016-08/08/content_5098072.htm，2016-08-08.

[80] 国务院印发《关于积极推进"互联网+"行动的指导意见》 [EB/OL]. 新华网，http：//www.xinhuanet.com/tech/2015-07/04/c_127984624.htm，2015-07-04.

[81] 韩春清，夏丹，曹燕宁. 通过建设"双创"平台助推小微企业产融

服务[J].产业经济评论,2018(1):5-14.

[82] 何毅亭.以习近平同志为核心的党中央治国理政新理念新思想新战略(第一版)[M].北京:人民出版社,2017.

[83] 红色记忆——写在中国共产党成立90周年[J].今日科苑,2011(14):1.

[84] 洪银兴.兼顾公平与效率的收入分配制度改革40年[J].经济学动态,2018(4).

[85] 胡鞍钢.携手四海 共赢世界 大国外交的"中国风范"透析[J].人民论坛,2014(6).

[86] 胡家全.杂合视角下《2016年国务院政府工作报告》翻译研究[D].成都:四川师范大学,2017.

[87] 胡锦涛文选(第1~3卷)[M].北京:人民出版社,2016.

[88] 胡锦涛总书记为何提出"四个创新"?[EB/OL].人民网—中国共产党新闻网,http://cpc.people.com.cn/GB/64093/64103/11723903.html,2010-05-28.

[89] 胡乃武,金碚.国外经济增长理论比较研究[M].北京:中国人民大学出版社,1990.

[90] 胡培丽.走近这些"大国重器"[J].当代学生,2018(Z1).

[91] 胡艺,沈铭辉.中韩贸易20年:回顾与展望[J].东北亚论坛,2012(5).

[92] 胡志勇."一带一路"的地缘风险与挑战浅析[J].西部学刊,2016(15):7.

[93] 互联网+[EB/OL].世界大学城,http://www.worlduc.com/blog2012.aspx?bid=48384398,2015-12-20.

[94] 黄群慧,李晓华.创新发展理念.发展观的重大突破[J].经济管理,2016(11):1-10.

[95] 黄征学,王旭阳.协调发展的内容与内涵[J].全球化,2018(3).

[96] 黄志亮. 论中国经济发展模式的几个主要特点——马克思主义在中国经济发展实践中的最新运用 [J]. 当代经济研究, 2005 (6): 44-47.

[97] 汇通. 美国经济低迷料成新常态但三季度增速料受到意外提振 [EB/OL]. 中国银河证券, http.//www.chinastock.com.cn/yhwz_about.do?methodCall=getDetailInfo&docId=5531260, 2016-10-25.

[98] 激发全社会创造活力 加快建设创新型国家 [EB/OL]. 人民网, http://theory.people.com.cn/n/2012/0716/c83846-18527043.html, 2012-07-16.

[99] 贾磊. 论"人类命运共同体"的内涵、思想渊源与路径选择 [D]. 长春: 吉林大学, 2017.

[100] 贾凌民, 吕旭宁. 创新公共服务供给模式的研究 [J]. 中国行政管理, 2007 (4): 22-24.

[101] 贾学平. 推动经济社会发展的"互联网+"[EB/OL], 新浪网, http.//blog.sina.com.cn/s/blog_a3eb87400102vraa.html, 2015-09-28.

[102] 江小涓. 应对中国发展面临的新挑战根本上要靠创新 [EB/OL]. 价值中国网, http.//www.chinavalue.net/finance/blog/2008-9-23/87466.aspx, 2008-09-23.

[103] 江泽民文选（第1~3卷）[M]. 北京: 人民出版社, 2006.

[104] 姜凤, 季景叶. 落实以学生为中心教学方式略探——以《围绕主题 抓住主线》一课为例 [J]. 思想政治课研究, 2018 (2).

[105] 姜琳, 高亢, 刘巍巍, 张泉. 从"中国制造"到"中国创造"[J]. 科技传播, 2018 (4).

[106] 姜作培. 国际金融危机背景下中国经济转型研究 [J]. 毛泽东邓小平理论研究, 2009 (8): 13-17.

[107] 蒋晓华. 论信息经济的测算方法和指标体系 [J]. 铜陵学院学报, 2006, 5 (1): 51-53.

[108] 蒋智昕. 我国社会保障体系中存在的问题及对策 [J]. 经营管理者, 2015 (3).

[109] 卡尔·马克思. 资本论（第2卷）[M]. 北京: 人民出版社, 2004.

[110] 开悟. PE 之中国——中国私募股权投资基金破茧而出 [EB/OL]. 新浪网, http://blog.sina.com.cn/s/blog_72417ea40100pakz.html, 2011-02-19.

[111] 李诚. 人工智能"抢位战"硝烟渐起 [J]. 智库时代, 2017 (1).

[112] 李春伟. 全球价值链与产业升级 [J]. 新商务周刊, 2013 (16): 16-18.

[113] 李娣. 中国走向生态文明建设新时代 [J]. 全球化, 2018 (3).

[114] 李光磊. 2017 年 VC/PE 市场发展的四大趋势 [EB/OL]. 新浪网, http://finance.sina.com.cn/roll/2016-12-29/doc-ifxzczfc6582774.shtml, 2016-12-29.

[115] 李海. 聚焦二十国集团领导人第十二次峰会 [J]. 中学政史地: 高中文综, 2017 (10): 9-16.

[116] 李辉. 浅谈高职院校品牌管理课程的现状与改革 [J]. 中国成人教育, 2010 (24): 77-78.

[117] 李佳颖. 共享经济的内涵、模式及创新监管的对策 [J]. 经济体制改革, 2017 (6): 27-31.

[118] 李京文, D. 乔根森等. 生产率与中美日经济增长研究 [M]. 北京: 中国社会科学出版社, 1993.

[119] 李俊峰. 绿色发展. 中国的机遇与挑战 [A]. 北京论坛, 2013 (1).

[120] 李克强主持召开国务院常务会议决定设立国家新兴产业创业投资引导基金 [EB/OL]. 新华网, http://www.xinhuanet.com/2015-01/14/c_1113997033.htm, 2015-01-14.

[121] 李莉, 刘瑞. 关于我国环保现状的思考 [J]. 科技信息, 2011 (16): 44.

[122] 李万. 加快形成掌控核"芯"技术的大国创新生态系统 [J]. 智慧中国, 2018 (5).

[123] 李文兰. 习近平开放发展理念研究 [D]. 武汉: 华中师范大学, 2017.

［124］李旭光．坚持绿色发展 打造生态屏障［J］．新长征（党建版），2014（6）．

［125］李雪冬，江可申，魏洁云．我国高技术产业技术进步与外资溢出影响分析——基于数据包络与灰关联分析方法［J］．科技进步与对策，2012，29（23）：54-59．

［126］李燕凌，喻琪．我国基本公共服务供给的现状分析与思考［J］．经济研究导刊，2015（13）：4-7．

［127］李伊，易守宽．浅谈现代企业的劳资关系：从富士康说起［J］．云南财经大学学报（社会科学版），2010，25（6）：113-114．

［128］李毅中．国务院常务会议决定设立国家新兴产业创业投资引导基金等［J］．工程机械，2015．

［129］李勇坚．中国数字经济发展的战略与方向［EB/OL］．中青在线，http：//news.cyol.com/yuanchuang/2017-12/07/content_16755028.htm，2017-12-07．

［130］李争粉．中国区域科技进步评价报告2015［N］．中国高新技术产业导报，2016-07-25．

［131］厉害了，我的大国重器——十九大报告中的国家科技创新重大成果［J］．广东科技，2017（12）．

［132］林智钦．绿色发展的路径选择［EB/OL］，人民网-人民日报，http．//theory.people.com.cn/n/2014/0429/c40531-24953921.html，2014-04-29．

［133］林智钦．绿色发展的路径选择［EB/OL］．人民网，2014-04-29．

［134］刘德亮．经济新常态视域下共享发展研究［D］．赣州：江西理工大学，2017．

［135］刘德伟．海南自由贸易试验区真的不一样［J］．中国外资，2018（9）．

［136］刘会齐．科学发展观指导循环经济建设［J］．生态经济，2008（10）：76-79．

［137］刘慧萍．黑龙江省农业高新技术园区建设与发展研究［D］．哈尔

滨：东北农业大学，2000.

[138] 刘加祥．五大发展理念对中国特色社会主义发展理论的贡献［D］．济南：曲阜师范大学，2016.

[139] 刘卿霞．浅谈社会保障利益激励机制的重要性［J］．山西科技，2012（4）：21-22.

[140] 刘世锦．中国绿色发展的机遇与挑战［J］．低碳世界，2012（1）：12-13.

[141] 刘伟，扬云龙．比较经济学［M］．北京：中国财政经济出版社，1990.

[142] 刘伟．工业化进程与产业结构研究［M］．北京：中国人民大学出版社，1995.

[143] 刘小瑜．中国产业结构的投入产出分析［J］．北京：经济管理出版社，2001.

[144] 刘旭．我国企业"走出去"面临的形势和对策［J］．中国经贸，2012（4）：36.

[145] 龙海波．以创新驱动引领高质量发展——学习习近平总书记在广东代表团重要讲话［J］．紫光阁，2018（4）．

[146] 卢曾．中国如何跨越中等收入陷阱［D］．昆明：云南财经大学，2012.

[147] 芦苇．新常态下科技创新的困境与出路［J］．经济问题，2016（6）：19-24.

[148] 鲁春艳．浅议建立中国特色的社会保障体系［J］．法制与社会，2016（10）．

[149] 陆岷峰，吴建平．长尾理论指导下的"互联网+普惠金融"发展路径研究［J］．长春金融高等专科学校学报，2016（6）：5-14.

[150] 陆旸．全要素生产率的变化趋势及对经济增长的贡献［J］．中国金融，2016（20）．

[151] 陆旸．中国全要素生产率变化趋势［J］．中国金融，2016（20）：

40-42.

[152] 吕春,张依国,黄显官,曾海.构建城乡一体化医疗保障体系的思考——以泸州市为例[J].医学与法学,2015(2):47-51.

[153] 吕筱蓉.通过竞争政策推进供给侧结构性改革[D].杭州:浙江理工大学,2017.

[154] 栾莉."中国梦"视域下的绿色发展研究[D].武汉:湖北省社会科学院,2017.

[155] 栾盈菊.新时代中国特色社会主义思想的伟大意义[J].党史博采(理论),2018(3).

[156] 论学习贯彻习近平新时代中国特色社会主义思想和党的十九大精神[J].采写编,2017(6).

[157] 罗成翼.基于人类命运共同体的核威慑道德风险考量[J].北京大学学报(哲学社会科学版),2018,55(1):22-29.

[158] 罗吉.从经济大国的崛起看我国技术创新能力的国际差距[J].现代企业,2017(3):66-67.

[159] 马涛.中国对外贸易绿色发展的挑战和应对[J].生态经济,2015,31(7):172-174.

[160] 马相东,王跃生.全球贸易新常态与中国外贸发展新策略[J].中共中央党校学报,2015,19(6):77-84.

[161] 马晓惠.安得四海皆清漾,还我渤海一片[J].海洋世界,2011(10):44-47.

[162] 马新.社会保障的制度约束及其矫正[J].重庆社会科学,2011(9):18-24.

[163] 毛松森.基于模糊综合评判法的宏观经济评价与预警研究[D].青岛:中国海洋大学,2010.

[164] 美国三季度经济增速料受到意外提振[EB/OL].黄金网,http://gold.cnfol.com/caijingyaowen/20161024/23682055.shtml,2016-10-24.

[165] 莫龙.人口老龄化对中国人口发展战略的制约及对策[J].人口

与发展，2013，19（1）：52-63.

[166] 莫荣. 就业优先："十二五"时期的战略选择 [J]. 中国劳动，2011（2）：6-11.

[167] 穆少杰，周可新，方颖，朱超. 构建大尺度绿色廊道，保护区域生物多样性 [J]. 生物多样性，2014，22（2）：242-249.

[168] 内蒙古自治区财政厅课题组. 统筹城乡医疗保障体系的政策研究 [J]. 北方经济，2010（7）：21-23.

[169] 聂洪光. 生态创新理论研究现状与前景展望 [J]. 哈尔滨工业大学学报（社会科学版），2012（5）.

[170] 聂文杰，苏慧文. 中小企业技术创新研究初探 [J]. 经济研究导刊，2010（34）：32-34.

[171] 宁南山. 从日本官方报告看中国科技实力 [EB/OL]. 中国战略网，http：//observe.chinaiiss.com/html/20177/7/a8cdc7.html，2017-07-07.

[172] 牛丽君. "牢牢把握科技进步大方向"——中国科技改革开放40年 [J]. 湘潮，2018（6）.

[173] 潘文岚. 中国特色社会主义生态文明研究 [D]. 上海：上海师范大学，2015.

[174] 逄锦聚，景维民等. 中国特色社会主义政治经济学通论 [M]. 北京：经济科学出版社，2016.

[175] 彭人哲. 略论社会利益之失衡：基于收入差距的研究 [J]. 生产力研究，2010（12）：25-26.

[176] 彭致圭. "园区经济"发展模式要实现"四个创新" [J]. 领导决策信息，2003（28）：25-25.

[177] 前瞻产业研究院. 中国产业园区持续发展蓝皮书.

[178] 钱宇. 绿色发展理念视域下中国经济可持续发展研究 [D]. 长春：吉林财经大学，2017.

[179] 乔晓剑. 亚洲基础设施投资银行成立的原因及其影响 [D]. 北京：北京外国语大学，2017.

[180] 秦书生. 社会主义生态文明建设研究 [M]. 哈尔滨：东北大学出版社，2015.

[181] 清科研究中心. VC/PE 必读 2016《政府工作报告》抓住十大投资机会 [EB/OL]. http：//simu.jrj.com.cn/2016/03/09105820663818.shtml，2016-03-09.

[182] 求是. 开放发展是我国走向繁荣富强的必由之路 [EB/OL]. 新浪网，http：//blog.sina.com.cn/s/blog_b1489af70102w8ox.html.

[183] 全球化浪潮下的中国企业——中国企业全球化探索之路与发展现状 [J]. 中国中小企业，2016（3）：18-22.

[184] 人工智能将怎样改变我们的生活？——来自 2015 中国人工智能大会的报告 [J]. 晚霞，2015（16）：16-17.

[185] 任广峻. 推动物质文明与精神文明协调发展研究 [J]. 法制与社会，2016（24）.

[186] 任浩，甄杰，叶江峰，仲东亭，刘斌等. 2017 中国产业园区持续发展蓝皮书 [M]. 上海：同济大学出版社，2017.

[187] 任理轩. 坚持开放发展——"五大发展理念"解读之四 [EB/OL]. 人民网，http.//opinion.people.com.cn/n1/2015/1223/c1003-27963150.html，2015-12-23.

[188] 任沁沁，李云路，李建华. 从高铁到核电. 中国致力向世界输出高新技术 [EB/OL]. 环球网，http.//finance.huanqiu.com/data/2014-06/5027116.html，2014-06-19.

[189] 任思奇，邓若玉. 习近平"命运共同体"思想探源 [J]. 人民论坛，2016（5）：44-46.

[190] 任泽平. 中国宏观经济分析框架 [J]. 发展研究，2017（11）：40-43.

[191] 任仲平. 让变革为我们赢得历史的机遇——写在两个五年规划交替之际 [EB/OL]. 人民网，http.//opinion.people.com.cn/GB/8213/49160/49205/13445970.html，2010-12-10.

[192] 荣开明．努力走向社会主义生态文明新时代——略论习近平推进生态文明建设的新论述［J］．学习论，2017（1）：5-9．

[193] 山西省工业联合会会长彭致圭："园区经济"发展模式要实现"四个创新"［J］．领导决策信息，2003（28）：25-25．

[194] 上海自贸区正式挂牌　中国改革开放迈出新步伐［J］．国际商务财会，2013（9）：4．

[195] 深圳经济特区管理线是条什么线？［J］．人生与伴侣（综合版），2018（2）：22-23．

[196] 沈铭．基于协同创新思路提升高校创新能力的理论研究与示范［J］．科技促进发展，2013（4）：59-61．

[197] 沈水生．扶贫脱贫工作中存在的几个难题及建议［J］．行政管理改革，2017（7）：28-33．

[198] 沈跃春．安徽推进共享发展及其对策建议［J］．理论建设，2017（6）：58-63．

[199] 盛忠谊．绿色包装研究［J］．包装世界，2009（4）．

[200] 十九大报告点赞六大科技成果［J］．地理教育，2018（3）．

[201] 石晨霞．全球治理机制的发展与中国的参与［J］．太平洋学报，2014，22（1）：18-28．

[202] 世界银行．东亚奇迹［M］．北京：中国财政经济出版社，1995．

[203] 世界银行《2020年的中国》编写组．2020年的中国：新世纪的发展挑战［M］．北京：中国财政经济出版社，1997．

[204] 舒朝普．分享经济释放经济增长新动能［J］．服务外包，2016（4）：42-45．

[205] 舒朝普．政府工作报告新词解读［J］．服务外包，2016（4）：26-29．

[206] 数字经济［EB/OL］．经济参考．http：//jjckb.xinhuanet.com/2017-12/14/c_136824423.htm，2017-12-14．

[207] 数字经济引领经济增长新时代［EB/OL］．国家发展改革委官网，

http：//www.ndrc.gov.cn/zcfb/jd/201709/t20170929_862271.html 2017-09-29.

［208］数字经济引领经济增长新时代［J］.财经界，2017（11）.

［209］司马宁.新常态下企业创新能力的路径选择和对策［J］.企业科技与发展，2015（7）：1-3.

［210］宋晓亭.中医药技术创新的种类及法律保障［J］.科技促进发展，2008（5）：72-75.

［211］孙灵燕.中国共产党的创新发展理念研究［D］.上海：上海师范大学，2017.

［212］孙业礼.创新是民族进步的灵魂，是国家兴旺发达的不竭动力——学习江泽民同志关于科技创新的有关论述［J］.党的文献，2000（1）：14-19.

［213］孙业礼.共同富裕：六十年来几代领导人的探索和追寻［J］.党的文献，2010（1）：80-87.

［214］谭炼.基于财政引导下的全面参与式扶贫开发模式问题研究［D］.北京：中国财政科学研究院，2017.

［215］谭铁牛，曾静平.智能传播的现实应用、理论溯源与未来构想［J］.浙江传媒学院学报，2018（2）.

［216］汤子帅.全国高新区156个十年增长3倍 贡献12%GDP［EB/OL］.新京报网，http：//www.bjnews.com.cn/graphic/2017/08/04/453039.html，2017-08-04.

［217］唐祥来.新时代中国特色社会主义民生财政理论创新和制度建设［J］.经济与管理评论，2018（4）.

［218］田春生.经济增长方式的国际比较与中国的选择［DB/OL］.百度文库，https：//wenku.baidu.com/view/2ea6333a0912a216147929c3.html，2011-11-26

［219］田惠敏，曹红辉."一带一路"的动因与挑战［J］.全球化，2015（6）：75-76.

［220］田杰棠.以创新为支点推动高质量发展［J］.中国邮政，2018（6）.

[221] 涂剑. 促进山西产业结构升级的产融结合模式研究 [D]. 太原：山西财经大学, 2008.

[222] 汪顺利, 王丰超. 以产业比较视角浅析我国高端制造业自主创新模式 [J]. 中国科技纵横, 2014（14）：221-222.

[223] 汪欣华. 习近平绿色发展思想研究 [D]. 贵阳：贵州财经大学, 2017.

[224] 王爱遥. 习近平开放发展理念研究 [D]. 成都：四川省社会科学院, 2017.

[225] 王国勇, 邢溦. 我国精准扶贫工作机制问题探析 [J]. 农村经济, 2015（9）：46-50.

[226] 王海权. 浅谈金融会计在防范金融风险中的作用 [J]. 金融会计, 2017, 1（9）：22-27.

[227] 王宏伟. 资本效率与经济增长 [M]. 北京：经济科学出版社, 2004.

[228] 王亮. 经济发展中的制度因素——马克思主义制度经济理论与西方制度经济学的比较研究 [J]. 长春工业大学学报（社会科学版）, 2008, 20（5）：42-45.

[229] 王亮. 中国承接软件外包产业转移竞争力研究 [D]. 北京：中央民族大学, 2013.

[230] 王琳. 当代中国共产党人共同富裕思想研究 [D]. 北京：北京交通大学, 2014.

[231] 王明夫. 中国未来10年的大趋势 [EB/OL]. 搜狐网, http：//www.sohu.com/a/18289819_135434, 2015-06-10.

[232] 王明夫. 中国社经大势与商业大未来资料 [EB/OL]. E书联盟, https：//max.book118.com/html/2016/0820/52196640.shtm.

[233] 王蓉. 论我国刑法应当规定而尚未规定的环境犯罪 [J]. 环境资源法论丛, 2003：162-192.

[234] 王庭芳, 刘金芝. 论中国特色的对外开放之路 [J]. 郑州航空工

业管理学院学报，2012，30（4）：74-77.

［235］王伟. 新疆就业扶贫的现状及对策建议［J］. 农业部管理干部学院学报，2017（4）.

［236］王文博，班娟娟. 绿色投融资激活"一带一路"新发展［N］. 经济参考报，2018-08-28.

［237］王娅. 中国共产党绿色发展理念的演进历程与实践研究［D］. 合肥：安徽大学，2017.

［238］王一鸣. 连载之三 跨越"中等收入陷阱"的战略选择［J］. 中国投资，2011（5）：28-31.

［239］王一鸣. 形成对外开放新体制［EB/OL］. 中国经济网，http：//www.ce.cn/xwzx/gnsz/gdxw/201511/24/t20151124_7104395.shtml，2015-11-24.

［240］王煜. 教师眼中的未来五年 教育由量变到质变［J］. 新民周刊，2015（43）：50-51.

［241］王岳平. 十六大以来我国产业政策及结构调整的进展和展望［J］. 经济研究参考，2007（65）：2-16.

［242］王跃. 基于激励性财政政策的秦皇岛市经济发展质量研究［D］. 河北：燕山大学，2010.

［243］王韵. 五大发展理念的马克思主义人学思想研究［D］. 重庆：西南大学，2017.

［244］王桢. 写好建设现代化经济体系这篇大文章［J］. 新湘评论，2018（5）：59-60.

［245］王祖毅. 太空新旅的守望者——东海救助局执行"神舟八号"海上应急保障任务纪实航海［J］. 航海，2011（6）：18-20.

［246］未来10年，这三大趋势将给中国商业环境，投资机会带来历史性巨变！［EB/OL］. 微口网，http：//www.vccoo.com/v/76b95b，2015-10-26.

［247］魏洪源. 共享发展理念的历史嬗变研究［D］. 大连：东北财经大学，2016.

［248］翁燕珍，王利彬. 投融资体制改革对交通基础设施领域的影

响——解读《关于深化投融资体制改革的意见》［J］．中国公路，2016（17）：56-61．

［249］我国研发经费已占 GDP1.54%［EB/OL］．新浪网，http：//finance. sina. com. cn/roll/20091217/00013149668. shtml，2009-12-17.

［250］吴秋林．"一带一路"中民族文化保护的前瞻性思考［J］．西南民族大学学报（人文社会科学版），2018（6）．

［251］吴苡婷．张江列中国产业园区百强第二位［N/OL］．上海科技报 http：//www. duob. cn/cont/848/202302. html，2017-12-07.

［252］西蒙·库兹涅茨．现代经济增长［M］．北京：北京经济学院出版社，1989．

［253］习近平．坚持节约资源和保护环境基本国策努力走向社会主义生态文明新时代［N］．人民日报，2013-05-25（1）．

［254］习近平：在文艺工作座谈会上的讲话［EB/OL］．新华网，http：//www. xinhuanet. com/politics/2015-10/14/c_ 1116825558. html，2015-10-14.

［255］习近平．决胜全面建成小康社会 夺取新时代中国特色社会主义伟大胜利——在中国共产党第十九次全国代表大会上的报告［J］．学理论，2017（11）：4-21.

［256］习近平继续出席 G20 峰会：强调要携手构建增长友好型经济［EB/OL］．新浪网，http：//finance. sina. com. cn/roll/2017-07-09/doc-ifyhvyie 0715459. shtml，2017-07-09.

［257］习近平强调：坚持节约资源和保护环境基本国策 努力走向社会主义生态文明新时代［J］．城市规划通讯，2013（10）．

［258］习近平在中国科学院第十七次院士大会，中国工程院第十二次院士大会开幕会上发表重要讲话［N］．人民日报，2014-06-10（1）．

［259］肖丹丹，陈进．"中等收入陷阱"风险规避研究——人力资本的视角［J］．当代经济管理，2013，35（4）：57-65.

［260］肖晓．新媒体语篇中的重新语境化及意义转换［D］．广州：华南

理工大学，2017.

［261］新时代：绘就中国创新发展新蓝图［J］.科技中国，2017（11）.

［262］邢超.创新链与产业链结合的有效组织方式——以大科学工程为例［J］.科学学与科学技术管理，2012，33（10）：116-120.

［263］邢华华.每一天都如履薄冰——访天宫二号空间实验室系统电总体主任设计师南洪涛［J］.党员干部之友，2016（10）：14-15.

［264］熊光清.新自由主义的本质及其对中国的影响［J］.当代世界与社会主义，2018（2）.

［265］徐向东.以解放思想为先导全面贯彻落实科学发展观［J］.学理论，2012（19）：15-16.

［266］颜晓峰.正确处理新形势下人民内部矛盾［J］.军队政工理论研究，2011，12（1）：13-16.

［267］阳轮弟.习近平军民融合发展战略思想研究［D］.广州：广州大学，2017.

［268］杨春平.我国生态补偿制度研究［D］.长春：吉林大学，2016.

［269］杨贵杰.西安高新技术产业开发区发展战略研究［J］.西安：西安科技大学，2006.

［270］杨眉，郭芳，姚冬琴.新丝路战略的经济支点［J］.中国经济周刊，2014（26）：18-27.

［271］杨效宏.产业结构转型与中国广告产业发展［J］.广告大观（理论版），2011（1）：53-55.

［272］姚淑梅，杨长湧，李大伟.世界经济处于弱复苏周期［J］.中国发展观察，2016（15）：22-24.

［273］野中郁次郎，竹内弘高.创造知识的企业——日美企业持续创新的动力［M］.李萌，高飞译.北京：知识产权出版社，2012.

［274］易靖韬，方宁，华思衡.特朗普新政推进对人民币汇率的影响及未来展望［J］.国际贸易，2018（5）.

［275］殷轶良.以"互联网+"引领智能制造［J］.装备制造，2015（9）.

[276] 英媒称中国现"共享午睡胶囊" 昏昏欲睡的上班族有救了 [EB/OL]. 参考消息网，http：//www.cankaoxiaoxi.com/china/20170712/2181461.shtml，2017-07-12.

[277] 雍兰利．风险投资的几种发展模式 [J]．经济论坛，2001（4）：37-37.

[278] 于川信．理清"融合"的大思路——关于推进军民融合式发展顶层设计的思考 [J]．国防科技工业，2013（2）.

[279] 于杨．试论全球治理转型时期的中国参与战略 [J]．吉林广播电视大学学报，2016（2）：129-130.

[280] 余斌．我国经济发展的阶段性特征与结构性改革 [J]．广东经济，2017（2）：6-13.

[281] 袁刚，蒋丽，陈亚鸿，石光辉，张军．绿色教育与人才培养的实证探析——以扬州环境资源职业技术学院为例 [J]．扬州教育学院学报，2013，31（1）：45-48.

[282] 袁祖社．"共享发展"的理念，实践与人类命运共同体的价值建构 [J]．南京社会科学，2017（12）：46-53.

[283] 曾令慧．三维 CAD 与科技创新 [J]．价值工程，2012，31（5）：151-152.

[284] 曾鹏．绿色发展理念视阈下美丽中国建设研究 [D]．武汉：武汉大学，2017.

[285] 曾庆功．中国解决钓鱼岛争端的对策研究 [D]．沈阳：东北大学，2015.

[286] 曾云翔，向绪伟．社会公正：缩小收入分配差距的意义与路径探究 [J]．乐山师范学院学报，2014，29（11）：82-86.

[287] 翟金德，王国聘．浅议环境友好型社会视阈下的城市公民生态素养 [J]．世纪桥，2010（23）：155-156.

[288] 张安冬．关于新时期"大统战"格局下年轻一代统战工作的思考 [J]．山西社会主义学院学报，2016（2）：63-66.

[289] 张二震, 戴翔. 论开发区从产业集聚区向创新集聚区的转型 [J]. 现代经济探讨, 2017 (9): 1-6.

[290] 张盖伦. 总书记点赞的科技亮点 [EB/OL]. 中央广播网, http.//tech. cnr. cn/techgd/20171019/t20171019_ 523992578. shtml, 2017-10-19.

[291] 张泓宁, 陈瑾. 分享经济对经济发展新动能的培育与启示 [J]. 企业经济, 2017 (10): 31-34.

[292] 张惠鹏. 略论知识经济的概念与特征 [J]. 理论界, 1998 (1): 27.

[293] 张建平. "一带一路"战略像一服中药方——关于"一带一路"建设的五大解析 [J]. 中国经贸导刊, 2015 (31): 46-47.

[294] 张捷, 管浩. 发展环境等问题阻碍中国吸引高端人才 [EB/OL]. 科学网, http.//news. sciencenet. cn/htmlnews/2013/7/280190. shtm, 2013-07-21.

[295] 张晶. 准确把握共享发展理念的科学内涵 [J]. 南阳市人民政府公报, 2016 (6): 22-24.

[296] 张乐乐. "两山论"视域下美丽乡村建设路径探究 [J]. 农家参谋, 2018 (4).

[297] 张利娟. 数字经济: 未来发展新引擎 [J]. 中国报道, 2018 (1): 46-47.

[298] 张茅. 着力营造有利于创新发展的市场环境 [J]. 现代企业, 2016 (4): 4-6.

[299] 张年亮, 林笛. 告别野蛮生长, 走上规范化法治化之路 代表委员"把脉"互联网金融业发展 [J]. 中国防伪报道, 2016 (5): 55-56.

[300] 张萍, 班锦. 浅谈价值论视角下的GDP增长与经济发展 [J]. 才智, 2011 (20): 57.

[301] 张巧玲. 如何在农村幼儿园实施环保教育 [J]. 新课程学习 (上), 2011 (4).

[302] 张芮菱. 社会主义生态文明观的三向度解析 [J]. 中共四川省委党校学报, 2018 (1).

[303] 张晓林．全面深化改革：历史的必然 现实的需要［N］．深圳特区报，2013-11-26．

[304] 张晓林．全面深化改革．历史的必然现实的需要［EB/OL］．中国社会科学网，http://www.cssn.cn/xr/xr_rw/xr_xrld/201311/t20131127_882053.shtml，2013-11-26．

[305] 张旭辉．论"命运共同体"理念及其新时期中国外交实践［D］．安庆：安庆师范大学，2016．

[306] 张跃军．寻找"看不见"的世界［J］．当代学生，2016（1）：15-17．

[307] 张照萌，魏中，张飞，季城，曹忠立．简论新时代体育专业大学生创新创业实践能力培养［J］．价值工程，2018（20）．

[308] 赵春明，赵远芳．国际贸易新规则的挑战与应对［J］．红旗文稿，2014（12）：18．

[309] 赵刚．全面创新全链创新全球创新——习近平总书记创新思想解读［J］．前线，2016（10）：20-22．

[310] 赵高扬，李波．健康素质研究［J］．内江科技，2010，31（12）：25．

[311] 赵建军．中国的绿色发展机遇、挑战与创新战略［J］．人民论坛·学术前沿，2013（19）：80-85+95．

[312] 赵建军．中国实施"绿色发展"面临的机遇与挑战［J］．环境与发展论坛，2012．

[313] 赵永利．我国生态文明建设视野下的绿色发展研究［D］．长春：吉林大学，2017．

[314] 赵振华．缩小居民收入差距的若干政策建议［J］．刊授党校，2011（1）：40-42．

[315] 郑浩峻．充分发挥企业在科技成果转化中的主体作用［J］．中国公路，2017（17）：65-66．

[316] 郑联盛．共享经济：本质，机制，模式与风险［J］．国际经济评

论，2017（6）：45-69.

[317] 郑良芳.2015年全球经济在深度调整中艰难复苏[J].青海金融，2016（2）：12-13.

[318] 郑之杰.跨越"中等收入陷阱"的国际经验教训[J].红旗文稿，2014（19）：17-19.

[319] 政府工作报告首提"工匠精神"的深意[J].东西南北，2016（8）：12-14.

[320] 中共中央关于全面深化改革若干重大问题的决定[M].北京：人民出版社，2013.

[321] 中共中央关于制定国民经济和社会发展第十三个五年规划的建议[M].北京：人民出版社，2016.

[322] 中共中央国务院印发《国家创新驱动发展战略纲要》[EB/OL].国务院新闻办公室网站，http：//www.scio.gov.cn/xwfbh/xwbfbh/wqfbh/33978/34585/xgzc34591/Document/1478339/1478339.html，2016-05-20.

[323] 中共中央文献研究室.十七大以来重要文献选（上）[M].北京：中央文献出版社，2007.

[324] 中共中央文献研究室编.十八大以来重要文献编选（上）[M].北京：中央文献出版社，2014.

[325] 中共中央文献研究室编.十八大以来重要文献编选（中）[M].北京：中央文献出版社，2016.

[326] 中共中央文献研究室编.习近平关于社会主义经济建设论述摘编[M].北京：中央文献出版社，2017.

[327] 中共中央宣传部.习近平总书记系列重要讲话[M].北京：人民出版社，2014.

[328] 中共中央宣传部编.习近平总书记系列重要讲话读本[M].北京：学习出版社，人民出版社，2016.

[329] 中国高端人才缘何流失：重物质奖励缺人文关怀[EB/OL].百度文库，https：//wenku.baidu.com/view/dd3f2eea9e3143323968936f.html.

[330] 中国共产党第十八届中央委员会第五次全体会议公报［EB/OL］. 新华网，http.//www.xinhuanet.com/politics/2015-10/29/c_1116983078.htm，2015-10-29.

[331] 中华人民共和国国民经济和社会发展第十三个五年规划纲要［M］. 北京：人民出版社，2016.

[332] 中华人民共和国国务院新闻办公室. 中国的环境保护（1996—2005）［M］. 北京：外文出版社，2006.

[333] 中华人民共和国科学技术部. 国家高新区创新发展统计分析［EB/OL］. http://www.most.gov.cn/kjbgz/201708/t20170802_134346.htm，2017-08-02.

[334] 中华人民共和国科学技术部. 国家重点园区创新监测报告2016［M］. 北京：科学技术文献出版社，2016.

[335] 钟实. 共创亚洲与世界的美好未来——博鳌亚洲论坛2018年年会举行［J］. 经济，2018（8）.

[336] 钟正生，夏天然. 产业周期VS库存周期：制造业复苏的故事究竟有多真？［EB/OL］. http://futures.jrj.com.cn/2017/04/27074922392617.shtml，2017-04-27.

[337] 周铂涵，黄木. 在人类命运共同体的构建中增强文化自信［J］. 求知，2018（5）.

[338] 周成名等. 经济增长论［M］. 长沙：湖南人民出版社，1998.

[339] 周方银. 中国离全球治理体系的核心还有多远？［J］. 当代世界，2015（10）：20.

[340] 周楠. 现阶段我国地区居民收入差距分析［J］. 江汉论坛，1997（6）：16-19.

[341] 周跃辉. 加快建设现代化经济体系［N］. 学习时报，2018-03-05.

[342] 周振华. 现代经济增长中的结构效应［M］. 上海：上海三联书店，1995.

[343] 朱传杰. 完善我国创业环境［J］. 合作经济与科技，2011（1）：

4-7.

[344] 朱勇,吴易风. 技术进步与经济的内生增长——新增长理论述评[J]. 中国社会科学,1999(1).

[345] 宗平. 中国科技的力量[J]. 老友,2016(2):4-5.